JN182151

空海とインド中期密教

高橋尚夫・野口圭也・大塚伸夫 編

春秋社

1　**弘法大師坐像**　高野山金剛峯寺蔵　写真提供：高野山霊宝館

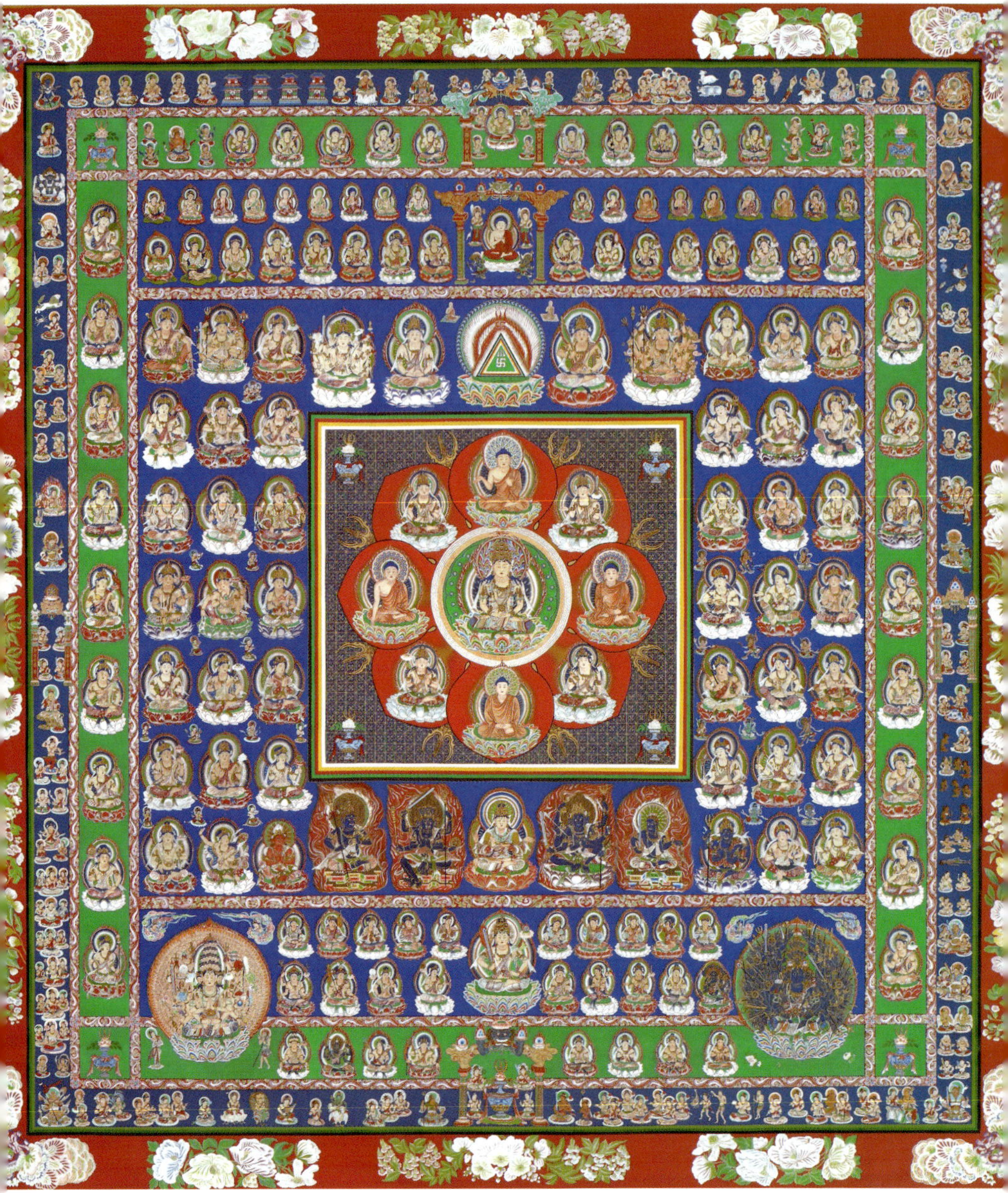

2　空海請来本に基づく「胎蔵曼荼羅」 平成大曼荼羅（中村幸真画）／東京・西新井大師蔵

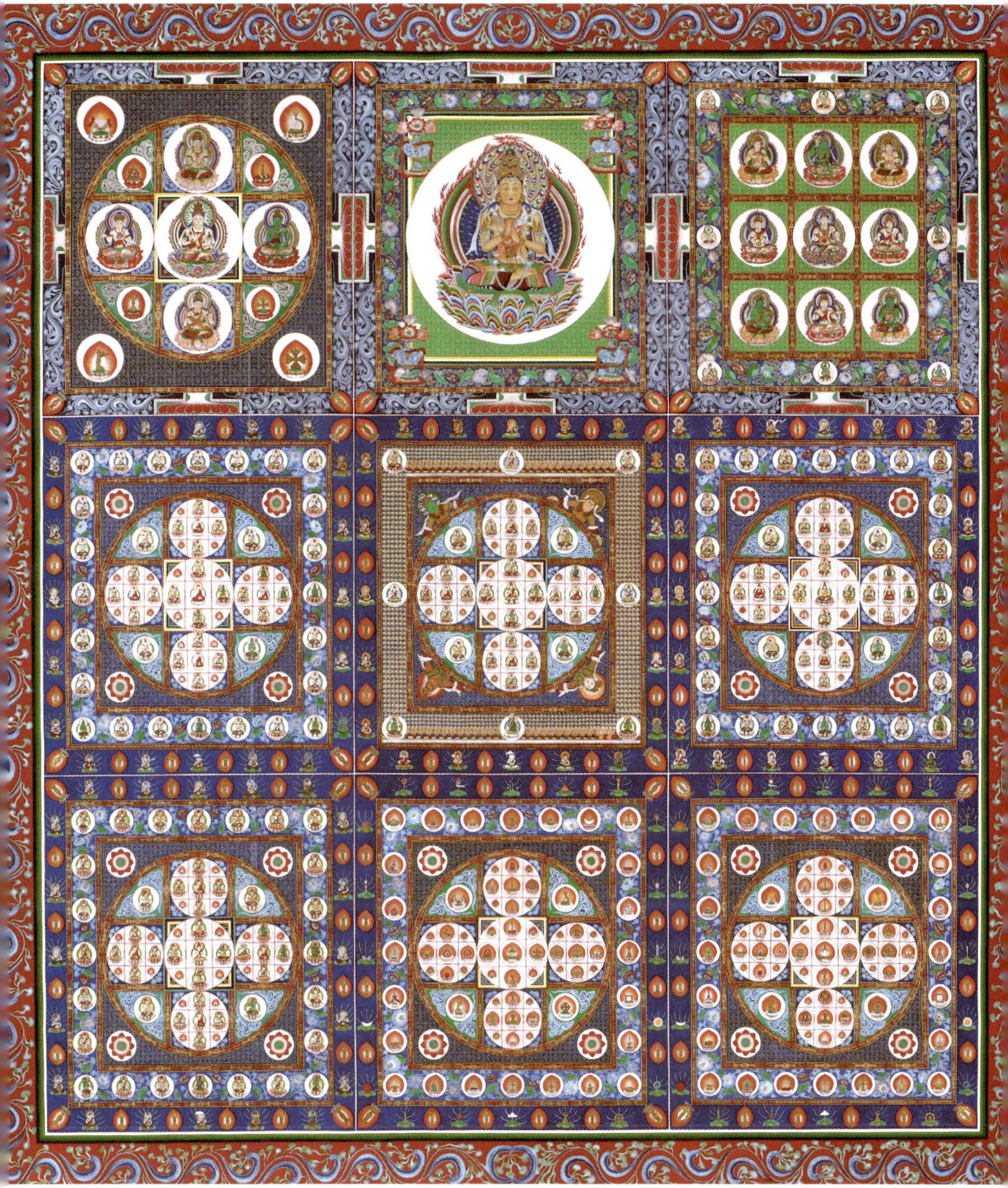

3　空海請来本に基づく「金剛界曼荼羅」　平成大曼荼羅（中村幸真画）／東京・西新井大師蔵

4 『理趣経』の五秘密曼荼羅　京都・醍醐寺蔵　写真提供：便利堂

はしがき

二〇〇五年一一月に松長有慶編著『インド後期密教』（上・下）が刊行され、左道密教と貶称されてきたタントラ仏教の面目が一新されたのはまだ記憶に新しい。その後、大塚伸夫の博士論文『インド初期密教成立過程の研究』の後を受け、高橋・木村・野口・大塚編『初期密教―思想・信仰・文化』が刊行されたのは二〇一三年七月である。以上、いずれも春秋社刊。通常、インド密教の歴史は初期・中期・後期に分類される。残された中期密教を埋めたいという同社の企画により編集されたのが本書である。特に中期密教は日本密教の中核をなすところから、空海の名を冠し、『空海とインド中期密教』と題した。これら三部作によって、インド密教の大枠と日本密教の特徴とが浮き彫りになればと密かに期するものである。

先にインド密教の歴史は初期・中期・後期に分類されてきたと述べたが、必ずしも厳密な分類とはいえず、特に初期・中期の分類にはさまざまな限定が必要とされる。プトゥンの代表的な四分類法（所作《しょさ》・行《ぎょう》・瑜《ゆ》伽《が》・無上瑜《むじょうゆ》伽《が》）をはじめ、空海の三分類法（金剛頂宗経・胎蔵宗経・雑部《ぞうぶ》真言経等）、江戸時代に始まるとされる純密《じゅんみつ》・雑密《ぞうみつ》の二分類法など、さまざまな分類法を紹介しつつインド中期密教の特質を明かしたものが、野口「第Ⅰ部第1章　インド中期密教とは何か」である。特に成立時期に基づく時間的な区分と内容的な区分、インドと日本との相違など巧みに論じられている。

中期密教を代表する三部の経典、『大日経』『金剛頂経』『理趣経』の主要文献を網羅的に紹介しているのが種村「第Ⅰ部第2章　主要文献」である。三部の経典テキストのみならず、関係の儀軌《ぎき》や周辺への影響、註釈文献まで漏れなく豊富な知識に基づき最新情報を提供してくれている。これにより、筆者は今まで『一切金剛出現』を「サルヴァヴァジュローダヤ」(Sarvavajrodaya) としてきたが、「サルヴァヴァジュローダヤー」(Sarvavajrodayā) であることを確認した。

中期密教を代表する経典である『大日経』と『金剛頂経』の注釈者であるブッダグフヤ、アーナンダガルバ、シャークヤミトラの三大学匠について詳細に述べたものが奥山「第Ⅰ部第3章　注釈者と注釈書」である。この三大学匠は「意味に精通した方ブッダグフヤ、言葉に精通した方シャークヤミトラ、意味と言葉の両方に精通した方アーナンダガルバ、あるいは、論理に精通した方シャークヤミトラ、ウパデーシャに精通した方ブッダグフヤ、両方による実践に精通した方アーナンダガルバが［瑜伽タントラに］精通した三人と称される」とあり、この三者について詳細な伝記をものしている。

密教研究は経典や儀軌、註釈などの文献のみから成り立つものではない。密教美術と一口ではいえないものがあろうが、美術を中心に解明しているのが森「第Ⅰ部第4章　造形と美術」である。インド密教美術の場合、厳密な意味での初期・中期・後期の三期に分類することは不可能と思われるが、現存する作例の中から胎蔵大日、金剛界大日、八大菩薩、さらには五仏にまでわたり、豊富な写真資料を駆使して解明している。

インドの周辺に伝わった中期密教のうち、ネパール密教について論じたのが、山口（しのぶ）「第Ⅱ部第1章　ネパール」である。ネパールのカトマンドゥ盆地では今でもネワール仏教が信仰されており、インドでは失われてしまった密教儀礼が今でも行われている。特に中期密教の儀礼である「師《グル》曼荼羅供養」と、死者儀礼としておこなわれている「悪趣清浄《あくしゅしょうじょう》マンダラ」の儀礼を取りあげている。なお、ネパール密教はアーナンダガルバの系譜に繋がることも明かしている。

チベットに残る曼荼羅や密教絵画を中心に論じたのが、田中「第Ⅱ部第２章　チベット」である。『大日経』の伝播とその法系について、現在チベットに伝えられているのはブッダグフヤ流ではなく、インドの学匠ジェーターリー（一〇世紀）に始まるものであるという。現在にも残る大日経系の修学コースの情報は、該博な知識の持ち主である執筆者ならではのものであろう。胎蔵曼荼羅の作例、『初会金剛頂経』の伝播とその法系、金剛界系の曼荼羅の作例などチベットのみならず北京やシルクロード地域にまで広げ、最新の情報を提供してくれている。また、チベット密教はアーナンダガルバの系譜に繋がることも論じられている。

中期密教の請来と展開と題して、中国での中期密教について論じたのが、山口（史恭）「第Ⅱ部第３章　中国」である。善無畏《ぜんむい》や一行《いちぎょう》、金剛智等が『大日経』や『略出念誦経《ねんじゅ》』、また関連の儀軌等を漢訳し、中国に中期密教が広がる基礎を築いたのを請来期とし、不空の活躍した時代を展開期とし、皇帝との関係や時代の風潮を絡めて歴史的手法をもって生き生きと描いてくれている。ここに余談ではあるが、金剛智訳『略出念誦経』はアーナンダガルバの『サルヴァヴァジュローダヤー』と非常に関係の深いことを記しておきたい。

東南アジアの密教について、特にインドネシアで発見された二つの碑文を中心に東南アジアに伝播した密教について論じたのが、種村「第Ⅱ部第４章　東南アジア」である。アルロ・グリフィス（フランス極東研究所）の碑文の研究論考「文字で記された仏教時代の過去の痕跡―インドネシア碑文における真言と陀羅尼」を取りあげ、詳細にかつ興味深く論じている。紹介された二つの碑文はともにアーナンダガルバの『サルヴァヴァジュローダヤー』と関連しており、ジャワに伝わった密教がアーナンダガルバの系譜に繋がることは大変興味深い。

カッツ（J. KATS）の「Sang Hyang Kamahāyānikan, 's Cravenhage. 1910」の密教要文（pp. 17–30）は、灌頂《かんじょう》

に関する阿闍梨《あじゃり》の手鏡にも相当するもので、これもアーナンダガルバの『サルヴァヴァジュローダヤー』と深い関係を有している。『サルヴァヴァジュローダヤー』の相承系譜に、アーナンダガルバの二代前にジュニャーナヴァジュラの名前が出てくる。奥山論考にも言及されているが、『真実摂経』の系譜に、アーナンダガルバの師としてイェシェードルジェ（Jñānavajra）がいる。もし、この人物が『略出念誦経』の訳者である金剛智（Vajrabodhi?）であったならば壮大な夢が描けるが、それは置いておく。しかしながら、ネパール、チベット、ジャワ、中国、日本に伝わった金剛頂経系密教は、アーナンダガルバによって大成された密教の系譜であることは歴然としている。種村論考はその事実の一端を解明してくれているようである。

中期密教を代表する三種の経典、『大日経』『金剛頂経』『理趣経』について解説を施したのが、「第Ⅲ部　空海とインド中期密教［1］経典篇」である。まず空海に最も影響を及ぼした『大日経』について論じたのが、大塚「第Ⅲ部第1章『大日経』」である。『大日経』は七章三六品からなる浩瀚なものであるが、論考の前半ではその一々にわたって概要を施し、『大日経』の全体像が浮かび上がる仕組みになっている。後半では、『大日経』と空海の思想との関連を、空海の主要著作である『弁顕密二教論《べんけんみつにきょうろん》』『即身成仏義《そくしんじょうぶつぎ》』『声字《しょうじ》実相義《じっそうぎ》』『秘蔵宝鑰《ひぞうほうやく》』『十住心論《じゅうじゅうしんろん》』を取りあげ、その特徴を論じている。重厚にしてかつ詳細なる論考は、本書のタイトルである『空海とインド中期密教』を代表するものである。

『大日経』とともに両部大経の一つである『金剛頂経』について解説したものが、高橋「第Ⅲ部第2章『金剛頂経』」である。参考文献にも挙げてあるが、オーソドックスな解説として、すでに二篇の優品があり、少し視点を変えて開題風に論じたものであるが、いささか空回りをした感がぬぐえない。ただ、葬儀や法要、儀式等で必ず唱えられる四智の梵讃（奠供《てんぐ》）の解釈は、少しは役に立つかも知れない。

真言宗の読誦経典として最も重要な『理趣経』について論じたのが、川﨑「第Ⅲ部第3章『理趣経』」である。『理趣経』には現在、一一種の類本が数えられている。それらの簡潔な紹介と注釈書に触れ、空海の開題も汲みしながら『理趣経』のタイトルをわかりやすく述べている。『理趣経』の構成を述べたのち、人口に膾炙《かいしゃ》される性愛を説いた経典との誤解を払拭する大楽思想の根幹を明かしている。また、空海の著作『実相般若経答釈』に取りあげられた四つの課題にも触れ、空海の『理趣経』理解にも深い学殖を示している。『理趣経』のオールラウンドな解説である。

本書のタイトルである『空海とインド中期密教』に最もふさわしい論考が、この「第Ⅳ部　空海とインド中期密教［2］曼荼羅篇」である。そのうち、胎蔵曼荼羅について論じたのが田中「第Ⅳ部第1章　胎蔵曼荼羅」である。おそらく読者は胎蔵曼荼羅の構造や尊格、またその意義などの解説を期待するかも知れない。しかし田中論考はありきたりの曼荼羅の説明ではなく、胎蔵曼荼羅に関する成立の事情について斬新な見解を披露している。まず、現図《げんず》曼荼羅の成立について、先学の業績を踏まえつつ、空海の著作とされる『秘蔵記』や『摂無礙経《しょうむげきょう》』との関係を詳細に論じ、文献の成立にいたる前の口伝や図像の先行の可能性にも論及するなど、平安初期と同時代の唐やシルクロードの密教まで視野に入れるべきであると論じている。

かたや、金剛界曼荼羅に関して現存の遺品について論じたのが乾「第Ⅳ部第2章　金剛界曼荼羅」である。まず、入唐八家《にっとうはっけ》の請来した金剛界曼荼羅を列挙し、九会曼荼羅と八十一尊曼荼羅についてその構成を明かす。そして空海正系の現図曼荼羅の現存する高雄曼荼羅、俗にいう血曼荼羅、長谷寺本等についてその由来を明かし、空海正系とは別系統の西院曼荼羅（伝真言院曼荼羅）、子島曼荼羅、亀龍院曼荼羅等にも触れている。また、主として天台系に用いられている八十一尊曼荼羅にも詳しく触れている。その他、『五部心観《ごぶしんがん》』や五智如来等にも言及し、わが国に伝わった種々なる金剛界曼荼羅の全貌を明らかにしているといっても過言ではない。

残る『理趣経』の曼荼羅について論じたのが川﨑「第Ⅳ部第3章　『理趣経』の曼荼羅」である。まず、空海との関連を述べ、文献の解説を施し、日本では不空三蔵の『般若理趣釈』に基づき、チベットではアーナンダガルバの流義に基づいていることを述べる。次いで、『理趣経』には一八種の曼荼羅が知られるが、なかでも最も中心となる「金剛薩埵十七尊曼荼羅」を主として論じている。不空説とアーナンダガルバ説とを対比させつつ三つのタイプに分かれることを示唆し、第一のタイプである標準型、すなわち中尊金剛薩埵、四方の欲・触・愛・慢の四金剛菩薩、花・香・灯・塗の内四供養女、嬉・笑・歌・舞の外四供養女、鉤・索・鎖・鈴の四摂《ししょう》菩薩の十七尊の尊容を詳しく述べている。また、五秘密曼荼羅や説会《せつえ》曼荼羅、愛染曼荼羅にも触れ、余すところがない。

以上、まことに簡単ではあるが、全14章の紹介を終えた。執筆者はみな著名な方々であるので紹介は省き、他の現代学者をも含め敬称を省略させていただいた。また、インド中期密教という限定された領域であるため、同一の文献資料が頻出する。それぞれ執筆者により表記の相違があり、尊重すべきであることは重々承知の上で、書物の性質上、統一させていただいた。失礼の段をお詫び申し上げるとともに、執筆者各位に心から感謝申し上げる次第である。

最後になって恐縮ではあるが、このような企画を取りあげていただいた春秋社の神田明会長と澤畑吉和社長に甚深なる謝意を表すとともに、編集の労をとられた編集部の桑村正純氏にも厚く御礼を申し上げたい。

平成二八年八月

高橋尚夫

空海とインド中期密教……目　次

空海とインド中期密教

第I部 インド中期密教

第1章 インド中期密教とは何か

野口圭也

一　密教経典をいかに分類するか

インド仏教の歴史において、後に密教と総称される潮流が発生した。大塚（二〇一三、七～一〇頁）によれば、それは紀元後三世紀前後から五世紀半ばを最初期とし、六世紀から七世紀にかけて発展を遂げた。そして一三世紀初頭のインド仏教滅亡にいたるまで、その潮流に属する膨大な分量の経典が編纂されていった。その数は、漢訳経典の集大成である大正新脩大蔵経中の密教部に属するものが五七〇部余り、チベット大蔵経ではさらに多く、北京版では経典で七〇〇部以上、論疏部では実に三一〇〇部以上にのぼる。チベット大蔵経の大多数を密教典籍が占めていることになる。この他に今日までに失われたものもあるので、実際にはさらに多くの文献が存在していた。これだけ多くの経典と注釈論書類が残っていることから、密教はインド仏教においてかなりの隆盛をみていたと判断してよいだろう。

これだけ文献の数が多くなると、それらを分類整理する必要が生じてくる。すでにインドにおいて二種・

三種・四種・五種・七種に分ける分類法が提唱されていたが、現代の研究者に最も流布しているのは、チベットの高名な学匠であるプトゥン・リンチェントゥプ（一二九〇～一三六四）による四分類法である。各階梯と、それぞれに該当する代表的な経典は以下の通りである。この四分類法の枠組みは、仏説である聖典ばかりでなく、論書類にも適用される。

所作《しょさ》タントラ……………陀羅尼《だらに》・神呪《じんしゅ》経典、『蘇悉地羯羅経《そしつじからきょう》』、『蘇婆呼童子請問《そばこどうじしょうもん》経』、『蕤呬耶《すきや》経』

行《ぎょう》タントラ……………『大日経』、『金剛手灌頂タントラ』

瑜伽《ゆが》タントラ…………『金剛頂経』、『理趣経』、『悪趣清浄《あくしゅしょうじょう》タントラ』

無上瑜伽《むじょうゆが》タントラ……『秘密集会《ひみつしゅうえ》タントラ』、『ヘーヴァジュラ・タントラ』、『時輪《じりん》タントラ』

仏説とされる聖典は、密教においてもほとんどが「経」と漢訳される。しかし原語では、従来の「スートラ」に代わって「タントラ」という語が用いられるようになっていった。特に無上瑜伽階梯の経典では、もっぱら「タントラ」と名乗っている。チベットでは「タントラ」と総称するのが一般的で、上述のチベット大蔵経北京版で「密教経典」に相当するのは「タントラ」のチベット語訳である「ギュ」、密教の論疏部も「ギュ・デル」とされている。

プトゥンの四分類法はチベット仏教において継承され、チベット仏教最大の学匠であるツォンカパ（一三五七～一四一九）も採用している。ツォンカパの高弟であるケートゥプジェー（一三八五～一四三八）は『タントラ類総論』において各階梯に配当されるタントラを挙げている。高田仁覚は、主にケートゥプジェーに基き、その他の目録も統合して、各階梯に配当されているタントラと、現在のチベット大蔵経デルゲ版と北京版、および大正新脩大蔵経に収められている密教経典との対応を一覧表にして示している（高田、一九七八、五二一～七四頁）。

経典の成立年代としては、所作タントラの経典群は、ここに題名を挙げた経典は六世紀後半から七世紀前半とされるが、それ以前に成立したものも多い。逆に後代に成立したものも含まれている。続いて『大日経』が七世紀の中ごろ、『金剛頂経』はそれに少し遅れて七世紀半ばから後半にかけて、と考えられている。『金剛手灌頂タントラ』は『大日経』に少し先行し、『悪趣清浄タントラ』は成立過程が複雑だが基本型は『金剛頂経』の少し後の成立である。さらに無上瑜伽タントラでは、『秘密集会タントラ』が八世紀後半、『ヘーヴァジュラ・タントラ』はそれに少し遅れて八世紀末から九世紀、『時輪タントラ』はさらに下がって一〇世紀末から一一世紀初頭の成立とされている。

この四分類法は、所作タントラの中に時代がずっと下がってから成立したものも含まれるとはいえ、概ね密教経典の成立順序に対応している。したがってこの分類に基づいて、後代に成立したものを除いた所作タントラと、行タントラの一部を初期密教経典、行タントラの内の『大日経』と瑜伽タントラを中期密教経典、そして無上瑜伽タントラを後期密教経典として、インド密教を初期・中期・後期に分ける時代区分が一般的に行われている。本書でも基本的にこの区分に従っている。

上述の高田作成の表には、行タントラと瑜伽タントラに含まれる密教経典として上記以外にもいくつかの経典が挙げられている。典拠によって若干の出入りがあるが、いくつか例を挙げてみよう。番号はチベット大蔵経北京版大谷目録のものである。

行タントラ……『グフヤマニティラカ』(一二五番)、『聖八女尊陀羅尼』(一九六番)、『聖ヴィドヤーウッタマ大タントラ』(四〇二番)、『聖宝炬陀羅尼大乗経』(四七二番)――宋・法天訳『大方広総持宝光明経』(大正蔵一〇、二九九番)に対応。また所作タントラに挙げた『蘇婆呼童子請問経』は、サキャ派では行タントラに含めている。

瑜伽タントラ……『金剛頂大秘密瑜伽タントラ』(一一三番)、『一切秘密タントラ王』(一一四番)、『降三世大儀軌王』(一一五番)、『吉祥《きちじょう》最勝《さいしょう》本初《ほんじょ》大乗儀軌王』(一一九番)―宋・法賢訳『仏説最上根本大楽金剛不空三昧大教王経』(大正蔵八、二四四番)に対応、『吉祥最勝本初真言儀軌品』(一二〇番)、『一切如来身語心秘密荘厳タントラ王』(一二二番)、『金剛《こんごう》場《じょう》荘厳《しょうごん》大タントラ王』(一二三番)

また注釈・論書としては、『大日経』の注釈としてブッダグフヤによる『広釈』が行タントラ部に、『金剛頂経』の注釈としてブッダグフヤの『タントラ義入』、シャークヤミトラの『コーサラ荘厳』、アーナンダガルバの『真性作明』および『一切金剛出現』、またアーナンダガルバの『吉祥最勝本初釈』が瑜伽タントラ部に、それぞれ挙げられている。

瑜伽タントラには『理趣経』系の経典が含まれるが、ここで挙げられている『理趣経』は、略本である『般若理趣経』ではなく、いずれも『吉祥最勝本初』すなわち『理趣広経』の系統である。略本のチベット語訳に相当する『聖般若波羅蜜多理趣百五十頌』(大谷一二一番)はこの表には含まれていない。

二　空海の「三分類法」

一方、日本密教には、これとは異なる密教経典の伝統的な分類法が存在する。九世紀初頭に真言宗を開いて日本密教を確立した空海は、『大日経』と『金剛頂経』とを自らの思想と実践の根拠とした。空海が、真言宗徒が学ぶべき仏典を列挙した『真言宗所学経律論目録』(『三学録』)には、空海の分類によって、「金剛頂宗経」として『金剛頂経』の系統に属する経典、「胎蔵宗経」として『大日経』および関連する文献が含まれている。またそれ以外の多くの陀羅尼・神呪経典等を「雑《ぞう》部《ぶ》真言経等」とまとめている(『三学録』、一〇五〜一一二頁）。以来、真言宗の伝統においては、『大日経』『金剛頂経』を所依の経典とし、「両部大経」というようになった。さらに、この二経に基づく密教を純正密教すなわち「純密《じゅんみつ》」、それ以前の密教を雑部密教すなわち「雑密《ぞうみつ》」とする分類が定着している。上記の分類を当てはめると、純密は中期密教であり、雑密には初期密教の大部分が該当することになる。

雑密・純密という分類は、三崎（一九六七a、一九六七b）が指摘している通り、江戸時代中期の霊雲寺慧光（一六六六〜一七三四）に始まるとされる。それまでは『大日経』および『金剛頂経』系以外の密教経典を一括して「雑部」と呼んでいたものの、前者を「純正密教」とみなして価値に差をつけることはなかった。空海の密教思想においては『大日経』と『金剛頂経』の両経がとりわけ重要であったことから、この二系統を特記し、それ以外を一括したものと考えられる。また『三学録』において空海は、『蘇悉地羯羅経』『蘇婆呼童子請問経』を「雑部」ではなく、『根本説一切有部毘奈耶《こんぽんせついっさいうぶびなや》』とともに「律」に数えている。これらは現代では『大日経』に先行する初期密教経典とされるが、空海はそれとは異なる解釈を示していたことになる。

『三学録』に空海が挙げている経典は不空訳のものが圧倒的に多い。「経　合わせて一百五十部二百巻」（『三学録』、一〇五）とあるうち、不空以外の訳者によるものは失訳・不明とされるものを含めて三〇部に満たない。そのうち、善無畏《ぜんむい》訳が六部、金剛智訳が五部である。また空海の直接の師である般若の訳も三部ある。不空訳が全体の約八割を占めていることになる。特に「金剛頂宗経」は全六二部中に不空以外の訳は九部のみで、不空訳経典の割合は八五パーセントである。空海にとって真言宗徒の学ぶべき密教経典とは、基本的に不空訳の経典であったことが理解される。また「論」に挙げられているのは、『菩提心論』と『釈摩《しゃくま》訶衍論《かえんろん》』の二部のみで、このうち『菩提心論』は龍猛《りゅうみょう》（龍樹）造・不空訳とされる。しかし先学の研究によって実際には不空撰と考えられている。

空海は不空を尊崇し、自らの宗教活動の範を不空に求めていたことが知られているが、それはこのような経典の選択にも見て取ることができる。不空の訳経は、自らの目録では七七部一〇一巻と記し、『貞元録』には一一〇部一四三巻、弟子の飛錫の碑文では八三部一二〇巻、空海の『秘密曼荼羅教付法伝』巻二では一五〇巻とされ、大正新脩大蔵経には一六〇余部が「不空訳」として収録されている。『三学録』の「経」には一二〇余部の不空訳経典が収められているが、これは大正新脩大蔵経中の不空訳経の四分の三に相当する。

これに対して、菩提流志《ぼだいるし》などによって八世紀初めまでに訳出された密教経典は『三学録』には驚くほど少ない。阿地瞿多《あじくた》訳・菩提流志訳・宝思惟《ほうしゆい》訳が各一部あるのみである。阿地瞿多訳は『陀羅尼集経《だらにじっきょう》』であるから収められて当然であるが、『大日経』『金剛頂経』訳出前夜というべき時代に、多数の密教経典を訳出して中期密教の端緒を開いたといってもよい菩提流志の訳経からは、『金剛光焔止風雨《こんごうこうえんしふうう》陀羅尼経』（大正蔵一九、一〇二七番）という、風雨を止めるという特別の目的のための短い経典一部のみである。殊に、真言宗で重視する光明真言について、その功徳を説く不空訳『不空羂索毘盧遮那仏大灌頂光明真言《ふくうけんじゃくびるしゃなぶつだいかんじょうこうみょうしんごん》』（大正蔵一九、一〇〇二番）を挙げていながら、それに先行して訳出され同真言の出典である菩提流志訳『不空羂索神変《じんぺん》真言経』（大正蔵二〇、一〇九二番）は挙げていない。このことは不空訳経を最重要視する空海の立場を明らかにするものといえるだろう。

不空以外の訳経としては、上記の通り善無畏と金剛智によるものが不空に次いで多い。金剛智は不空の師であり、善無畏が長安に入った数年後に不空も長安に来ている。この三者は真言宗の相承《そうじょう》系譜にも名前が挙げられる。したがって空海の密教とは、善無畏と金剛智が相次いで来唐して訳経を開始した七二〇年前後から、不空が入寂し空海が生誕した七七四年までの約五〇年間に、不空を中心として長安（および洛陽）で展開した密教が第一義的に該当するといえるだろう。そして空海のこのような考え方は、その後の真言宗の教学にも暗黙のうちに継承されていったと見てよいだろう。

われわれは、経典のすべてが釈尊在世中に説かれたのではなく、釈尊入滅後に長い時間をかけて今日われわれの知る経典が成立したことを知っている。しかし空海にとっては、時代を経て徐々に新たな経典が成立していったのではなく、経典とはすべて釈尊が在世中に説かれたもので、ただ経典の漢訳時期に早いと遅いとがあるだけ、との認識であったはずである。したがって空海の意識では、「雑部真言経」も『大日経』も『金剛頂経』も、説かれたのはほぼ同じ時であり、ただ内容に相違があるのみ、ということになる。そして、これらの経典はすべて仏説たる聖典であるから、空海が意図したのは単に内容による密教経典分類であり、経典に対して価値判断を下していたとは考えにくい。

純密・雑密という分け方は、空海自身によるものではないが、空海の教学に基づいて真言宗内で継承され、現在でも用いられている。しかし、あくまで漢訳経典に対する真言宗内での分類であるから、これを密教経典全体に当てはめることは不可能である。

かつて、日本におけるインド密教の研究は、初期も中期も後期も真言宗の僧侶によって始められ、進められてきた。現在は真言宗の僧侶ではないインド密教研究者が日本でもかなり多くなっているが、依然として真言宗関係者の割合は圧倒的に多い。すると、筆者を含めて真言宗僧侶の密教研究者には、純密・雑密という真言宗の伝統的経典分類が、無意識のうちに影響を及ぼしている可能性がある。『大日経』と瑜伽タントラを中期密教経典とした場合も、漢訳としては金剛智・善無畏・不空の訳経が中心となる。これは、『三学録』中の「胎蔵宗経」「金剛頂宗経」にほぼそのまま該当する。

三　インド中期密教の特質

初期密教や後期密教と比較して、インド中期密教にはどのような特色が見られるだろうか。松長有慶は、「中期密教と初期密教の相違点」として、次の五点を挙げる（松長、一九八〇、一三六〜一三八頁）。

①修法の目的

初期密教では、「陀羅尼とか呪文、あるいは経典の読誦、宗教儀礼の目的が、主として現世利益を求める除災にあった」が、「中期の密教経典になると、成仏が主目的とされ」、「密教の伝統的な除災を目的とする呪法が、成仏を目的とする儀礼にまで昇華させられている」。

②修法の組織化

「初期密教経典では、印契、陀羅尼（もしくは呪文）、観法がそれぞれ別個に説かれ、おのおのの発展過程も独自のものであった」が、「中期の密教経典にいたってはじめて、印契、陀羅尼、三摩地（samādhi）を身語心（kāyavākcitta）の三密として、身体と言葉と心の三者を一体化した組織的な観法にまで育てあげている」。

③大乗思想の関連

「初期密教経典の大部分は、現世利益を志向したものがほとんどで、仏教教理による裏づけに乏しい」。「それに対して、中期密教経典においては、中観、唯識、如来蔵といった大乗仏教の基本的な教説が、密教儀礼とか観法の中に積極的に取り入れられている」。このことを松長は「大乗思想の儀軌化」と呼んでいる。

④曼荼羅

仏、菩薩、明王、諸天といった諸尊格を「整理し、体系化する端緒は、七世紀はじめ阿地瞿多によって訳された『陀羅尼集経』」であるが、中期密教経典では「『大日経』を中心とした大悲胎蔵生曼荼羅」および「『真実摂経』によって金剛界曼荼羅」といった「組織的な曼荼羅が描かれるようになる」。

⑤教　主

「初期密教経典が、釈尊の教説であるのに対して、中期密教経典では、法を人格化した大毘盧遮那如来すなわち大日如来の説法となる」。

また頼富本宏は、「作業仮説の一つとして、中期密教の概略的な特徴」として、以下の四点を挙げている（頼富、一九九九、三二頁）。

①本尊が大日（毘盧遮那）如来である。

②成仏を主たる目的とする。

③身体と言葉と精神（心）を駆使した、いわゆる三密行を用いる。

④諸尊の集会を表現したマンダラを完備している。

これらは順次、上記の松長の挙げた五点の特徴のうちの、教主、修法の目的、修法の組織化、曼荼羅とほぼ対応している。

また初期密教と中期密教を対比して、次のような表を作っている（頼富、二〇〇〇、二六頁）。

	初期密教	中期密教
成立推定年代	四～六世紀	七世紀

代表経典	諸陀羅尼経典 変化観音経典	大日経 金剛頂経
中心尊格	釈　迦 変化観音	大日如来 金剛界五仏
主要目的	現世利益	成　仏
マンダラ	未整備	整　備
実践修行	陀羅尼読誦（一密行）	印・真言・三摩地（三密行）

さらに、頼富の研究の集大成である『密教仏の研究』では、次のように述べている（頼富、一九九〇、四〜六頁）。

まず、密教の特色として以下の三点を挙げる。

①われわれの現存在にあたる俗なるものが、何らかの状況下において、実在を象徴する聖なるものと相即しうるという神秘的色彩の強いこと。

②神秘的合一体験を人為的に現出するために、何らかの行法的プロセスを具備している。

③神秘的な効力をもつと信じられる聖音などを媒介として対象に働きかけ、それを左右しようとする呪術的な要素が強いこと。

その上で、密教の分類として、まず雑密・純密を挙げる。そして雑密を「雑然とした未整備の密教」とし、「初期密教にほぼ該当するが、日本では、最澄・空海の入唐以前、つまり奈良時代、および平安時代初期に行われていた、十分に体系化されていない密教を指す」と定義する。そして純密との相違点として以下の四点を挙げる。
①本尊となる尊格は、釈迦如来、薬師如来などの顕教仏、もしくは十一面、千手、不空羂索などの特殊な形態をとる変化《へんげ》観音などである。
②上記の尊格の陀羅尼（口密《くみつ》）を唱えることが中心で、身密《しんみつ》（印相を結ぶこと）、意密《いみつ》（心に瞑想すること）をも完備した三密行には到っていない。
③治病、求児、延命などの現世的利益が強調され、本尊との瑜伽合一を説くことはほとんどない。
④密教世界の縮図ともいうべきマンダラが、まだ完全に出来上がっていない。
これに対して純密については、「真言・天台の両密教」のこととして、雑密に比して以下のような特徴を挙げる。
①本尊が、大日（毘盧遮那）如来という新しい性格をもった宇宙的な仏格である。
②三密行を総合的に駆使する全身的行法が完成している。
③従来の現実的な目的に加えて、自らのうちに仏を体現する成仏の思想が説かれている。
④大日如来を中心に戴くマンダラが出来上がり、思想上・実践上、不可欠の役割を果たしている。
そして雑密・純密の分類法は、『大日経』『金剛頂経』までを扱っているが、「その後、新たに成立したものを含んでいないのが難点」として、「最近では、密教の母国であるインドの密教の展開を基本にして、初期・中期・後期という三期に分けた歴史的分類法が用いられることが多い」と述べる。

その上で、「初期密教とは、インドにおいて四世紀から六世紀にかけて成立した、神呪的陀羅尼を中心とする未体系な密教であり、わが国の分類でいう雑密に相当する」としている。一方、「中期密教とは、七世紀の頃に新しくインドで成立した『大日経』『金剛頂経』などを中心とする体系的な密教であり」「純密がこれに当たる」とする。さらに後期密教については、「八世紀から九世紀にかけて、インド全域を覆ったタントリズムの流行とともに、密教の中にも、性的行法や生理的行法を基本要素とする新しいタイプの密教が台頭してきた」としている。ここに挙げた中期密教の特徴は、頼富の他の著書に述べられていることと基本的に同じであり、松長の挙げた特徴とも重なるところが多い。

またプトゥンの四分類法との対応としては、「所作タントラと行儀タントラの一部が初期密教に、行儀タントラの残りと瑜伽タントラが中期密教にあたるといえよう」と述べている。ここでいう「行儀タントラ」とは「行タントラ」のことであり、それを『大日経』とそれ以外とに分けている。「行儀タントラの一部」とは『金剛手灌頂タントラ』を特に意識しており、「行儀タントラの残り」とは『大日経』を指す。

『金剛手灌頂タントラ』はチベット語訳のみが現存するが、『大日経』さらに『金剛頂経』の先駆的経典として注目されている(頼富、一九九〇、一一八頁、伊藤、二〇一三、一〇七~一〇八頁)。マンダラの構造は胎蔵マンダラにかなり近く、所作タントラであるが中期密教的性格を多分に含む『不空羂索神変真言経』とともに、単純に初期密教に含めることが躊躇される経典である。

前述の通り、純密・雑密とは真言宗の伝統における漢訳経典の分類であるから、真言宗で用いられていない、漢訳の存在しない経典に適用するのは適切ではない。逆に中期密教に含まれる経典にも漢訳の存在しないものがある。すなわち、初期密教=雑密=所作・行タントラ、中期密教=純密=『大日経』および瑜伽タントラ、と単純に同置することはできないことに留意すべきであろう。

初期密教から後期密教まで、またインド・チベット密教から中国・日本密教まで、密教のすべての領域を網羅する密教学研究の両大家の見解に付け加えるものは特にないが、筆者自身の見解を簡単に述べておこう。筆者はかつてインド後期密教の特色と、初期密教経典の要件に触れたことがある。

まず一般的な大乗経典すなわち顕教の経典と比較して、密教経典であることの特徴として試みに次の五点を挙げる（野口、二〇一三、二五〜二六頁）。

①呪（明呪《みょうしゅ》・神呪・大呪・真言・陀羅尼など）が説かれている。
②儀礼の記述がある。
③呪と儀礼の効用が強調されている。
④主尊をとりまくパンテオンが形成されている。
⑤経典の成立時期が早すぎない。

これらの項目を松長・頼富の挙げる初期密教の特徴と対照すると、「呪」は口密の強調、「呪と儀礼の効用」は現世利益の強調、「パンテオンの形成」はマンダラが未整備であることと対応するといえるだろう。「経典の成立時期」については、大塚の挙げる三〜六世紀、頼富の挙げる四〜六世紀という年代と対応する。

一方、後期密教の特徴としては、次の五点を挙げている。しかしこれらは「皆、基本的には中期密教にすでに見出されるものである」が、「無上瑜伽密教においては、それらがいずれも極端化している」としている（野口、一九九九、六〇〜六四頁）。

①現生成就
②象徴万能主義
③解脱至上主義
④師の絶対性
⑤秘密保持

これらの項目を松長・頼富の挙げる中期密教の特徴と対比すると、「現生成就」は成仏を主たる目的とすること、「象徴万能主義」は三密行の完成と対応する。またマンダラの完成もこれに該当するといえる。「師の絶対性」と「秘密保持」もまた中期密教にもみられる顕著な特色である。

一方、大きな相違点は、「解脱のための実践であるならば、いかなる行為も容認される」という解脱至上主義が、中期密教においてはさほど強調されていないことである。またマンダラの主尊が、大日（毘盧遮那）如来から、阿閦《あしゅく》如来あるいは恐ろしげな姿をした男女合体仏となることも重要な相違である。これは後期密教における象徴万能主義・解脱至上主義の徹底とかかわっている。

四　「中期密教」に対する異論

「中期密教」という区分を立てることについては異論も提出されている。まず、初期・中期・後期という区分について、日本密経研究の立場から苫米地誠一が問題点を指摘している（苫米地、二〇一三、二九五〜二九七頁）。

苫米地の指摘は、先に本書とほぼ同じ編者によって刊行された『初期密教』（春秋社）における苫米地の論考「奈良時代の密教経典」において述べられたものである。苫米地は、まず「純密」と「雑密」という日本密教における区分と、プトゥンのタントラ四分類法を対比し、「初期密教が雑密＝作タントラ、中期密教が純密＝行タントラ・瑜伽タントラ、後期密教が無上瑜伽タントラとして区分される」と現在設定されている密教区分をまとめる。その上で、「初期・中期・後期という概念はあくまで時代区分であり、時間的なもの」として、「初期・後期に対して中期を称する期間があまりに短い」こと、ならびに瑜伽タントラと無上瑜伽タントラとの共通性に比して「『大日経』と『金剛頂経』との相違はより大きい」が、「雑密とされる経典の中には『大日経』と近しいものも見られる」と述べる。

確かに、「中期」に相当する期間は、『大日経』と『金剛頂経』の成立年代を基準とするならば、七世紀から八世紀前半までに限定される。苫米地は少し前倒しして、「六世紀から不空のインド行の八世紀前半頃」とするが、それでも初期と後期に比べると期間が短いのは確かである。

もう一つ指摘するのは、本来は異なる概念である時間的な区分と内容的な区分との間の齟齬である。まず、雑密と純密の区分は必ずしも確固たるものとはいえないことを述べ、「中期密教という概念を、あまりにも『大日経』と初会『金剛頂経』に限定し、その周辺の経典を初期密教とする理解には少なからぬ違和感を覚える」とする。初期密教あるいは雑密とされる経典と、中期密教あるいは純密経典とが断絶しているわけではないので、双方の要素が混在することも、ある方がむしろ当然である。それを、ここまでは初期、ここから後は中期、と機械的に区分したり、初めから中期密教経典の範囲を定めて、それ以外は含めない、とする態度は確かに不適切であろう。

経典は一度に完成形が出来上がったのではなく、長い時間をかけて徐々に成立したものがほとんどである。さらに同一の経典が複数回、漢訳されることも稀ではない。そのため苫米地は「初期密教時代に成立した経典が、中期・後期密教の時代に加筆・増広されることもあるだろう」が、それを「単純に初期密教経典としてよいものか」との疑問を提出する。そして、「中期・後期密教時代に加筆・増広された諸本は、初期密教時代に成立した経典の類本の一つであろうとも、それ自体の成立は中期・後期密教時代としてよいのではないだろうか」と述べる。

そのように考えることによって「『蘇悉地羯羅経』『蘇婆呼童子請問経』『金剛手灌頂タントラ』『瞿醯経』など、『大日経』に近接する多くの経典が中期密教に含まれてくること」になり、「初期密教と中期密教の区分も、より合理的基準をもつことができるのではないか」とまとめる。その上で、苫米地の論考では「時代的区分法である初期密教という呼称を用いず、雑密・純密という概念によって密教経典の日本伝来を見ていきたい」と述べている。

『蘇悉地羯羅経』と『蘇婆呼童子請問経』は『大日経』と同じ善無畏（輸波迦羅）訳、『瞿醯経』（『蕤呬耶経』）は不空訳、『金剛手灌頂タントラ』は漢訳はないが先述のように『大日経』との親近性が指摘されている経典である。これらの経典は、訳者の点からも内容からも、『大日経』周辺経典として中期密教に数えることも決して不可能ではない。

また静春樹は、『金剛頂経』の成立によって「パラダイムシフトが生じた」（静、二〇〇七、二三頁）とする立場から、『大日経』と『金剛頂経』（静はそれぞれ『毘盧遮那現等覚《びるしゃなげんとうがく》』と『真実摂経《しんじつしょうきょう》』とする）をまとめて「中期密教」とする見方を根本から否定する。静の論述は詳細にわたるので、すべてをここに紹介することはできないが、要約すると以下のようになろう（静、二〇〇七、二二頁）。

①日本の密教研究者、特に真言教学の中の研究者は、『毘盧遮那現等覚』と『真実摂経』を「両部の大経」として「金胎不二《こんたいふに》」の体系を立て、それを「純密」（純粋密教）と称して、それ以前の現世利益のための雑多な修法を主にする密教を「雑密」と呼び、「純密」である『毘盧遮那現等覚』と『真実摂経』の成立した時代を中期密教とする。これは時代区分が同時に価値判断となっているものである。これをもってインド密教の完成とする考え方からは、インド密教のその後の展開は「道徳的に堕落した「左道密教」と蔑視されるのは当然の成り行き」となる。

②「真言宗関係の学者の書いた論文には、インド密教史に即した場合には単に相対的時代区分に過ぎない「初期」「中期」「後期」という概念に、日本密教の「純密」（および「雑密」）という価値判断に基づく概念

を裏から差し込み、あたかも「中期密教」という実体が存在したかのような感じにさせるものも見られる」。

③「インド密教には『毘盧遮那現等覚』と『真実摂経』を統一的に把握する思想は見られない」し、「初期密教の集大成と見られる『毘盧遮那現等覚』と、仏教タントリズムへの道をひらいた『真実摂経』との間には、連続よりもむしろ断絶の側面が強く見られる。おそらく歴史的事実は『毘盧遮那現等覚』を成立させたが、その後、大きな展開を見ることもなく消滅した密教思想のグループと、インド密教の主流として後期密教展開の基礎を確立した『金剛頂経』の信解者たちが、相互にほとんど関係することなく、一時期にインドの地に存在したに過ぎないのであろう」。

④「何らかの内実をもった教理・修法体系という仮象を与えかねない「中期密教」の範疇はたてない」。

静によれば、密教経典は『金剛頂経』成立以前と以降に分けられ、『金剛頂経』以降の瑜伽タントラと無上瑜伽タントラの両階梯の密教を「金剛乗」と総称する。「自らの思想傾向を「金剛乗」と名乗る『真実摂経』が名実ともに金剛乗の出発点に位置することは明らか」であり、「インド密教の中で金剛乗の歴史を別立すれば、『真実摂経』が根本典籍の位置を占め」、「すべてのタントラ文献が『真実摂経』の続タントラに位置づけられることとなる」(静、二〇〇七、二六頁)。

以上に紹介した苫米地および静の指摘は、「インド中期密教とは何か」という本章の主題と直接的にかかわるものである。年代の区分には、西暦何世紀から何世紀までが初期に相当、という絶対的な年代区分と、経典を比較しての先後関係という相対的な年代区分とがある。密教経典の場合は絶対年代を確定することが困難なものがほとんどなので、相対的な年代を定めつつ、漢訳やチベット語訳あるいは注釈者の年代から成立の絶対年代を探ってゆく、という方法をとらざるを得ない。その場合、相対年代の判断基準となるのは、内容・用語・伝承・相承系譜・翻訳者・注釈者・釈経録といった項目が考えられる。これらのうち、事実として認定できるものはよいが、内容の比較となると、何を判断の基準とするかという点から見解に相違が生じてくる。

プトゥンのタントラ四分類法にせよ、空海の「金剛頂宗経」「胎蔵宗経」「雑部真言経等」の三分類にせよ、「純密」と「雑密」の二分類にせよ、いずれも分類整理を行った者が設けた基準に従って分類されているわけである。基準が変われば、当然、分類にも相違が生じる。分類法とはどのようなものであれ、研究者によって相違する分類基準の最大公約数をとって作られた作業仮説である。仮説であるから、絶対的なものではない。とりあえずは現時点で概ね認められている基準に従って考察を行い、より有効で適切な分類基準が現れたら、それを採用すればよいわけである。

五　あらためて「インド中期密教」とは何か

最後に「インド中期密教」とは何か、という問題に、あらためて見解を述べておきたい。

プトゥンの四分類法との関係で見た場合、「どこまで」という点については「瑜伽タントラ全体」としてよいだろう。一方、「どこから始まるか」という点についての大きな問題は、『大日経』に近い内容が説かれる所作タントラや行タントラを中期密教に含めるか否か、ということである。

本書では、『大日経』以前は初期密教経典としているが、行タントラ全体を中期密教に含める区分、あるいは行タントラの中でも胎蔵マンダラに極めて近い構成をもつマンダラが説かれる『金剛手灌頂タントラ』を中期密教に含めるという区分も可能であろう。

マンダラの発展という点に着目した場合は、所作タントラに属する『不空羂索神変真言経』（梵名『アモーガパーシャ・カルパラージャ』）も、毘盧遮那如来が中尊となるマンダラが説かれることから中期密教にかなり近づいているといえる。同経には他にも『大日経』の先駆といえる内容が説かれている（野口、二〇〇七、九四〜九六頁）。

筆者はマンダラの中尊が毘盧遮那であることと、マンダラにおける実践儀礼によって成仏が可能であることとは表裏一体と考えている。中期密教の重要な特色として、マンダラの主尊が毘盧遮那であることと、密教儀礼による成仏が説かれていることを挙げるならば、上記のようにそれをある程度満たす経典は、『大日経』以前の成立であっても、中期密教の萌芽と見なしてよいのではないだろうか。

初期密教経典に関する研究は、ここ数年の間に飛躍的な進展を遂げている。今後、『大日経』および『金剛頂経』の先駆的な内容が、初期密教とされてきた経典中に多数見出されることになるだろう。それによって将来的には、「初期密教」と「中期密教」とを区分する新たな基準が必要とされるようになることが予想される。

しかしながら現時点では、本稿で紹介したような先学の挙げる中期密教の特色をもつ経典を「中期密教経典」と位置づけると同時に、それが必ずしも『大日経』以降の経典に限定されるものではなく、『大日経』以前の成立であっても先駆的な内容をもつ経典は、中期密教経典に含め得る可能性があることを指摘しておくこととしたい。

〔略号〕
『三学録』…空海『真言宗所学経律論目録』〔『弘法大師全集第一輯』〕一九六五、密教文化研究所

参考文献

大塚伸夫、二〇一三、『インド初期密教成立過程の研究』春秋社
静　春樹、二〇〇七、『ガナチャクラの研究』山喜房仏書林
高田仁覚、一九八七、『インドチベット真言密教の研究』密教学術振興会
苫米地誠一、二〇一三、「奈良時代の密教経典」『初期密教─思想・信仰・文化』春秋社
野口圭也、一九九九、「後期密教の思想と実践」『シリーズ密教1　インド密教』春秋社
野口圭也、二〇〇七、「毘盧遮那を中尊とするマンダラ・序論」『加藤精一博士古希記念論文集　真言密教と日本文化』ノンブル社
野口圭也、二〇一二、「初期密教経典としての『薬師経』」『密教学研究』四四
松長有慶、一九八〇、『密教経典成立史論』法蔵館
三崎良周、一九六七a、「『純密と雑密』について」『印仏研究』一五－二
三崎良周、一九六七b、「純密と雑密」、『大正大学研究紀要』五二
頼富本宏、一九九〇、『密教仏の研究』法蔵館
頼富本宏、一九九九、「密教の確立─『大日経』と『金剛頂経』の成立と思想」『シリーズ密教1　インド密教』春秋社
頼富本宏、二〇〇〇、『『大日経』入門─慈悲のマンダラ世界』大法輪閣

第2章　主要文献

種村隆元

一　はじめに

インドにおける中期密教とは『大日経』『金剛頂経』を中心とした密教であり、時代的には『大日経』が成立したと考えられる七世紀から、後期密教の代表的経典である『秘密集会《ひみつしゅうえ》タントラ』が成立したと考えられる八世紀後半までの密教を指す。『大日経』『金剛頂経』の密教が初期の密教と区別される理由は、両経典が、それまで主として現世利益や超自然的な力（成就あるいは悉地《しつじ》）を得るための手段であったタントラ的実践により、悟りに到達しうることを標榜した点にある。

『大日経』『金剛頂経』は、インド密教における経典分類法によるならば、それぞれチャルヤータントラ（行タントラ）と（狭義の）ヨーガタントラの主要経典と見なされている。インド密教における経典分類法にはさまざまな立場、見方があるが、本章はそれを詳しく論じる場ではないので、ここでは簡略にそのポイントのみを述べる。密教経典は、まずクリヤータントラと（広義の）ヨーガタントラという二種に大別される。

後者のヨーガタントラは、「ヨーガを主要なテーマとする経典」といった意味であり、クリヤータントラ（所作タントラ）、すなわち「外的な所作を伴う実践を主要なテーマとする経典」と対をなす（Isaacson and Sferra, 2015）。ヨーガタントラは、代表的な分類法の一つである五分法に従うならば、さらに狭義のヨーガタントラ（＝一般的なヨーガタントラ）、ヨーガ・ウッタラタントラ（「ヨーガタントラ中の上位の経典」の意味）、ヨーガ・ニルッタラタントラ（「ヨーガタントラ中の最上位の経典」、別名ヨーギニータントラ）に分類される。『大日経』はクリヤータントラとヨーガタントラの両方の要素をもち合わせることから、「チャルヤータントラ（行タントラ）」あるいは「ウバヤタントラ（両タントラ）」として分類されることになる。クリヤータントラとヨーガタントラのうち、後代の密教の発展に大きな影響力を及ぼしたのは、ヨーガタントラである。チャルヤータントラに分類される『大日経』は、ヨーガタントラの発展に伴い、徐々にその重要性が薄らいでいくことになる。

本章では、チャルヤータントラの主要経典である『大日経』、ヨーガタントラの主要経典である『金剛頂経』、そしてヨーガタントラとして分類される重要経典の『理趣経』――これらの経典は日本密教の形成に重要な役割を果たしている――の経典本体、注釈書、儀礼手引書といった文献群について少しく説明していく。

二　『大日経』

（1）『大日経』のテキスト

『大日経』のサンスクリット語原典は、断片的な引用を除けば未だに発見されておらず、漢訳とチベット語訳を通してのみ、その全容を把握することが可能である。サンスクリット語のタイトルは、チベット語訳の伝えるところによれば、『マハーヴァイローチャナ・アビサンボーディ・ヴィクルヴィタ・アディシュターナ・ヴァイプルヤ・スートラ・インドラ・ラージャ・ナーマ・ダルマ・パリヤーヤ（大毘盧遮那成仏神変《だいびるしゃなじょうぶつじんぺん》加持《かじ》という方広経の帝王という名の法門）』であるが、後代の論書などに引用される場合は、『ヴァイローチャナ・アビサンボーディ（・タントラ）』というタイトルで言及される。

漢訳『大日経』の正式な題名は『大毘盧遮那成仏神変加持経』であり、全七巻より成る（大正蔵八四八番）。このうち経典の本体は三一章より構成される前六巻で、最終第七巻は付属の儀軌である。この漢訳はインドで客死した無行《むぎょう》づてにもたらされたサンスクリット語原典に基づいて、善無畏《ぜんむい》と一行《いちぎょう》により行われている。第七巻の写本は善無畏自身が北インドで手に入れたと考えられている。なお、第七巻に相当する部分はチベット大蔵経では、「経律部（カンギュル）」ではなく「論疏部（テンギュル）」に含まれている。

チベット語訳はシーレーンドラボーディとペルツェックにより九世紀前半に行われている（大谷一二六番、東北四九四番）。チベット語訳の経典の本体（根本タントラ）は全二九章より構成され、それに七章分の儀軌が加えられている。この後半七章は「続タントラ」と称する。漢訳とチベット語訳では、章の構成が異なっており、チベット語訳の方が構成の上では整備されているという。漢訳のもとになったサンスクリット語写本の伝えるテキストは、おそらくは経典が整備される途上のものであったと考えられる。

他文献に引用されている『大日経』のサンスクリット語断篇は桜井宗信により簡潔に表にまとめられている（塚本他、一九八九、所収）。また同じく桜井によりヴィラーサヴァジュラ著『ナーマ・マントラ・アルタ・アヴァローキニー』に引用されている「住心品」の一節が校訂されている（塚本他、一九八九、所収）。一九八九年後に確認されたものとしては、アールヤデーヴァに帰せられる『スータカメーラーパカ』に引用されているものがある。[1]『大日経』のテキストの伝承状況はあまり良好でなく、現存する漢訳・チベット語訳・サンスクリット語断篇のテキスト間にはしばしば無視できない齟齬がある（松長、一九八〇）。

（2）現代語訳

真言宗の根本経典であるため、これまで多くの和訳がなされてきたが、その多くが『大日経』の教理を説いているとされる第一章の「住心品」の部分訳である。ここでは漢訳の読み下し文を除く『大日経』の全訳を簡単に紹介してみたい。

まず漢訳『大日経』の全体の現代日本語訳は、残念ながら存在しない。一方、英訳に目を移して見ると、山本智教およびロルフ・ギーブルによる全訳がある。チベット語からの翻訳には、河口慧海と遠藤祐純による全文和訳があり、スティーブン・ホッジによる全文英訳がある。

（3）『大日経』の編纂地

『大日経』の編纂地に関しては古くから諸説あるが、西インドとする説と中インド（特にナーランダー寺院が深く関係している）という説が有力であった。これに対して、近年になり、頼富本宏がオリッサを中心とする東インドを主張している。これは、①オリッサにあるラトナギリ・ラリタギリ・ウダヤギリの三仏教遺跡のうち、全二者から胎蔵系の大日如来像が出土していること、②これらの三遺跡から胎蔵マンダラを構成する仏像が多く出土していること、③またオリッサが『大日経』の漢訳者である善無畏に縁の深い地であることを根拠としている（頼富、二〇〇〇）。頼富の説はいくつかの確実な根拠に基づく説得力のあるものである。『大日経』の編纂地に関しては、まだ決定打となる証拠はないが、東インドが『大日経』の発展にとって重要な地であったことはいえるであろう。

（4）『大日経』の注釈書

次に注釈書に目を移していきたい。インド人の手になる注釈書としては、時代順に善無畏のものとブッダグフヤのものが、それぞれ漢訳とチベット語訳で残されている。善無畏による注釈書『大毘盧遮那成仏経疏（大日経疏）』（大正蔵三九、一七九六番）は、漢訳でのみ残されており、善無畏が口述したものを弟子の一行が筆記したものである。この『大日経疏』を智儼《ちごん》と温古《おんこ》が改訂したものが『大毘盧遮那成仏神変加持経義釈（大日経義釈）』である。また漢訳第七巻には『大毘盧遮那経供養次第法疏』という善無畏による注釈が存在する（大正蔵三九、一七九七番）。これは善無畏の口述を不可思議が記録したものである。

一方、ブッダグフヤ[2]の注釈には『ヴァイローチャナ・アビサンボーディ・タントラ・ピンダ・アルタ（毘盧遮那成仏タントラ略義）』（『大日経略釈』と呼ばれる）（大谷三四八六番、東北二六六二番）と『ヴァイローチャナ・アビサンボーディ・ヴィクルヴィタ・アディシュターナ・マハータントラ・バーシュヤ（毘盧遮那成仏加持大タントラ注釈）』（『大日経広釈』と呼ばれる）がある。前者が経典の概要を説明しているのに対し、後者は経典の本文に一語一語注釈を施す、いわゆる逐語釈である。また、後者には、ションヌペルにより改訂が施されたものがあり、改訂前のものを未再治本（大谷三四八七番、東北二六六三番前半）、改訂後のものを再治本（大谷三四九〇番、東北二六六三番後半）と称する場合がある。シュンヌペルによる改訂版が必ずしもテキスト的によいものではないので、取り扱いには注意を要する。

『大日経略釈』に関しては、北村太道による和訳とスティーブン・ホッジによる英訳（いずれも全訳）がある。『大日経広釈』の全訳に関しては、酒井真典、遠藤祐純による和訳とスティーブン・ホッジによる英訳がある。『広釈』の訳に関しては、いずれも再治本からの翻訳である。未再治本の翻訳研究も含めた『広釈』

の更なる研究が望まれるところである。

（5）『大日経』関係の儀礼手引書

前述したように漢訳『大日経』の第七巻は付属の儀軌であり、これはチベット語訳では『大毘盧遮那成仏タントラ供養儀軌』（大谷三四八八番、東北二六六四番）に相当する。その他、チベット大蔵経には『毘盧遮那成就法儀軌』（大谷三四八九番、東北二六六四番）がある。

漢訳では「胎蔵四部儀軌」と呼ばれる四本が大正新脩大蔵経に収められている。以下、列挙する。

善無畏訳『摂大毘盧遮那成仏神変加持経入蓮華胎蔵海会悲生曼荼羅広大念誦儀軌供養方便会』（大正蔵一八、八五〇番）

善無畏訳『大毘盧遮那経広大儀軌』（大正蔵一八、八五一番）

法全訳『大毘盧遮那成仏神変加持経蓮華胎蔵悲生曼荼羅広大成就儀軌供養方便会』（大正蔵一八、八五二番）

法全訳『大毘盧遮那成仏神変加持経蓮華胎蔵菩提幢標幟普通真言蔵広大成就瑜伽』（大正蔵一八、八五三番）

この他にも大正新脩大蔵経八五四番～八六四番が『大日経』関係の儀軌である（山本、二〇一二）。

儀軌に関しては「続タントラ」を含めていくつかの翻訳研究があるのみで、全体の内容解明には遠い情況である。今後はこれらの文献の厳密な研究に基づいた『大日経』の実践体系の解明が待たれるところである。

（6）関連文献および後代への影響

『大日経』と関連の深い先駆経典としては、『蘇悉地羯羅経《そしつじからきょう》（スシッディカラ）』『蘇婆呼童子請問経《そばこどうじしょうもんぎょう》（スバーフパリプリッチャー)』(松長有慶)、『金剛手灌頂タントラ』『底哩《ちり》三昧耶《さんまや》タントラ(トゥリサマヤラージャ)』(酒井真典)などが先学により指摘されてきている。『大日経』は日本密教においては重要な位置を占めているが、インドにおいては事情が異なる。先述のように、インドでは次に解説する『金剛頂経』の説く実践体系が大きな影響力をもち、その後、編纂される密教経典は自らが『金剛頂経』と同じ「ヨーガタントラ」であることを主張する。これに比して、『大日経』が後代の密教の実践体系に枠組みを提供することはなかったが、『秘密集会タントラ』聖者流《しょうじゃりゅう》の文献に引用されており、その実践体系に及ぼした影響が推測できる。またインド後期密教の儀礼マニュアルである『所作集註』に説かれている護摩の名称は『大日経』に「菩提の後の火」として説かれているものに対応する。『大日経』の説く実践の要素は後期密教まで受け継がれている(種村、二〇一〇)。

三　『金剛頂経』

(1)『金剛頂経』のテキスト

本章の冒頭でも述べたように、『金剛頂経』はヨーガタントラの主要経典と見なされている。ヨーガタントラに分類される経典としては、他に『悪趣清浄タントラ』や後に解説する『理趣経』等がある。

『金剛頂経』のサンスクリット語タイトルは『サルヴァ・タターガタ・タットヴァ・サングラハ(すべての如来の真実の集成)』という。『金剛頂経』は、十八会十万頌《じゅ》からなる広本の初会《しょえ》であるという伝承により『初会金剛頂経』とも呼ばれる。[3] またサンスクリット語タイトルの訳であるところの『真実摂経《しんじつしょうきょう》』と呼ばれることもある。本章では特に断りがない限り、『金剛頂経』はこの『初会金剛頂経』=『真実摂経』を指すこととする。

『金剛頂経』にはサンスクリット語写本が現存しており、これまでに三回全体のテキストが出版されている。

一　堀内寛仁『梵蔵漢対照　初会金剛頂経の研究　梵本校訂篇（上）　金剛界品・降三世品』密教文化研究所、一九八三年。同『梵蔵漢対照　初会金剛頂経の研究　梵本校訂篇（下）　遍調伏品・義成就品・教理分』密教文化研究所、一九七四年。

二　Yamada, Isshi.（ed.）*Sarva-tathāgata-tattva-saṅgraha nāma mahāyānasūtra*, Śata-piṭaka Series 262, New Delhi, 1981.

三　Chandra, Lokesh.（ed.）*Sarva-tathāgata-tattva-saṅgraha : Sanskrit Text with Introduction and Illustrations of Maṇḍalas*, Delhi: Motilal Banarsidass, 1987.（ただし、校訂注のない信頼性に乏しいテキストである。）

チベット語には、一一世紀初頭に、シュラッダーカラヴァルマンとリンチェンサンポにより訳されており、チベット大蔵経に収められている（大谷一一二番、東北四七九番）。チベット語訳とサンスクリット語テキストはよく一致する。

漢訳には以下の三本がある。

一　金剛智訳『金剛頂瑜伽《ゆが》中《ちゅう》略《りゃく》出《しゅつ》念誦《ねんじゅ》経』（四巻）（大正蔵一八、八六六番）

二　不空訳『金剛頂一切如来真実摂大乗現証大教王経』（三巻）（大正蔵一八、八六五番）

三　施護《せご》訳『一切如来真実摂大乗現証三昧大教王経』（三十巻）（大正蔵一八、八八二番）

これらのうちで現存のサンスクリット語写本に対応する完本は三の施護訳である。不空訳は「金剛界品大曼荼羅儀軌」、すなわち現存するサンスクリット語テキストの第一章の訳である。金剛智訳は経典の翻訳というよりは、経典に基づいた実践のマニュアルである。

『金剛頂経』全体を通しての現代語訳はいまだなされていない。漢文からの読み下し文を除けば、津田真一および遠藤祐純による「金剛界品金剛界大曼荼羅儀軌」の和訳が存在する。またギーブルによる不空訳（三巻本）からの英訳がある。

（2）『金剛頂経』の構成とスタイル

注釈書を参照するならば、全体はニダーナ（序文）、根本タントラ、続タントラ、続々タントラ、ウパサンハーラ（まとめ）という五つのセクションから構成される。このうち根本タントラは「金剛界品」「降三世《ごうざんぜ》品」「遍調伏品《へんちょうぶくほん》」「一切義成就品」という、いわゆる四大品から構成されている。この四大品の名称は不空著『金剛頂経瑜伽十八会指帰《じゅうはってしいき》（金剛頂経十八会のダイジェスト）』に説かれているものであり、それぞれのサンスクリット語タイトルは「マハーヤーナ・アビサマヤ（大乗現証）」「ヴァジュラ・サマヤ（金剛三昧耶）」「ダルマ・サマヤ（法三昧耶）」「カルマ・サマヤ（羯磨《かつま》三昧耶）」である。それぞれの章の主要なテーマは、瞑想法、灌頂作法、マンダラ、印契《いんげい》、真言等の説示である。ちなみに『真実摂経』の「真実（タットヴァ）」とは、印契や真言などの「実在」するものを指す。

「すべての如来の真実の集成」という経典の名称が示すように、『金剛頂経』の主たる内容は、さまざまなマンダラとそれに基づく実践の規定の集成である。『金剛頂経』は七世紀後半の成立と考えられるが、「集成」という内容から考えて、一時に成立したものではなく、ある程度の時間を経て複数の編纂者の手になると考えるのが妥当であろう。

『金剛頂経』のスタイルは、外見上は伝統的な大乗経典のそれを引き継いでいる。すなわち、「如是我聞 evaṃ mayā śrutam」から始まり、経典の説示場所、聴聞者などが示され、散文と韻文（偈頌《げじゅ》）が混在している。しかしながら、その細部を見るとシヴァ教の聖典のスタイルに倣っている箇所がある。シヴァ教の聖典は韻文で書かれており、質問者である女神と教主であるシヴァの会話の体裁をとる。そして教主の教説の部分は多くの場合、athātaḥ sampravakṣyāmi（これから私は○○を説こう）で始まるが、これと同様のスタイルが、『金剛頂経』の全体を通して散見される。シヴァ教聖典のスタイルの模倣は、後期インド密教のヨーギニータントラ（＝ヨーガ・ニルッタラタントラ）になるといっそう顕著になってくる。『金剛頂経』に見られるシヴァ教の影響については後述する。

（3）『金剛頂経』の注釈書と儀礼手引書

『金剛頂経』に対するインド撰述の注釈書には、以下に挙げる三つがある。

一　ブッダグフヤ著『タントラ義入（タントラ・アルタ・アヴァターラ）』（大谷三三二四番、東北二五〇一番）
二　シャークヤミトラ著『コーサラ荘厳（コーサラ・アランカーラ）』（大谷三三二六番、東北二五〇三番）
三　アーナンダガルバ著『真性作明（タットヴァ・アーローカカリー）』（大谷三三三三番、東北二五一〇番）

上記三点のうち、『タントラ義入』は『金剛頂経』全体の内容について解説したものであり、同じ著者による『大日経』への注釈書である『大日経略義』と同様の性格の注釈書である。この『タントラ義入』への複注としてパドマヴァジュラ著『タントラ義入注釈』（大谷三三二五番、東北二五〇二番）がある。シャークヤミトラとアーナンダガルバの注釈は、タントラの語句に対して注釈を施す、いわゆる逐語釈である。注釈者と各注釈書の性格については、本書の第Ⅰ部第3章を参照していただきたい。なお、『タントラ義入』の全訳は遠藤祐純によりなされている。『タットヴァ・アーローカカリー』『コーサラ荘厳』の「金剛界品金剛界大曼荼羅」に対する注釈部分の和訳が遠藤祐純により出版されている。

『金剛頂経』および関連経典の儀礼手引書は、チベット大蔵経にいくつか収められている。その中で特に重要であると目されるのが、アーナンダガルバ著『サルヴァヴァジュローダヤー（一切金剛出現）』である。この著作には部分的ではあるが、サンスクリット語写本が存在し、これまで大正大学密教聖典研究会および高橋尚夫により、当該写本に基づいた校訂テキストが出版されている。また大正大学密教聖典研究会と高橋尚夫の和訳により、その全体の内容を日本語で把握することができる。

『サルヴァヴァジュローダヤー』の内容は、一言でいえば、マンダラに関連する実践・儀礼の規定で、マンダラとその中尊との一体化の観想、灌頂、マンダラの作製などである。上述した金剛智訳『金剛頂瑜伽中略出念誦経』とパラレルな箇所があることが指摘されている。

（4）『金剛頂経』とシヴァ教

インドにおける密教の発展が、いわゆるヒンドゥー教のタントラの強い影響下にあることがこれまでに指摘されている。『金剛頂経』「降三世品」の冒頭にシヴァの調伏の物語が見られることはよく知られている。『金剛頂経』は、その本文には、シヴァ教、特にシャークタ的シヴァ教の影響を確認することができる。(4)『金剛頂経』に確認できるもっとも顕著なシャークタ的要素は、アーヴェーシャと呼ばれるものである。これは、尊格あるいは一切智が実践者に憑依することであり、経典は灌頂に際して入門候補者がアーヴェーシャの状態に入ることを規定している。次に女神崇杯の要素が挙げられる。女神崇拝の要素は、「金剛界品」において、金剛界大マンダラの説示のあとに、女尊のみから構成される「金剛界秘密マンダラ」が説示されることで確認できる。また、性交を最高の礼拝形式とする点もシャークタ的要素である。

さらに、「降三世品」において「揺らす」という動詞が、礼拝形式としての性交を意味して使用されるが、これもシャークタ的シヴァ教に見られる用語法であり、後期インド密教に受け継がれていく。(5)このようなシヴァ教の影響は、『秘密集会タントラ』以降の後期密教では、より顕著になってくる。

四　『理趣経』

(1)『理趣経』のテキスト

中期密教を代表する経典としてもう一つ重要なものは『理趣経』である。一般的に何の限定もなく『理趣経』あるいは『般若理趣経』という場合には、後述する不空訳『大楽金剛不空真実三麼耶経《だいらくこんごうふくうしんじつさんまやきょう》』を指す場合が多い。これは、不空訳がわが国の真言宗の所依の経典であることと大いに関係する。しなしながら『理趣経』にはいくつものヴァージョンがあり、現存するサンスクリット語写本、漢訳、チベット語訳の諸本は、この経典の複雑な発展過程の段階を伝えていると考えるのが適切である。

この理趣経経典群は、全体として般若経典に含まれる一方、それ自体が略本・広本という大きく二つのグループに分けることができる。略本系の経典は、不空訳『大楽金剛不空真実三麼耶経』とその類本である。このグループに属するサンスクリット語原典のタイトルが『アディアルダ・シャティカー・プラジュニャーパーラミター（百五十頌からなる般若波羅蜜）』なので、百五十頌般若系経典群といってもよいであろう。広本系は、いわゆる儀軌が加えられ、増広されたもので、略本系の経典と比べてかなりの分量がある。

それではこれら理趣経経典群にどのような文献があるのか見ていきたい。まず略本系であるが、漢訳には以下の五本がある。

一　玄奘訳『大般若波羅蜜多経』巻第五百七十八番　第十「般若理趣分」（大正蔵七、一一〇番）

二　菩提流志《ぼだいるし》訳『実相般若波羅蜜経』（大正蔵八、二四〇番）

三　金剛智訳『金剛頂瑜伽理趣般若経』（大正蔵八、二四一番）

四　不空訳『大楽金剛不空真実三麼耶経』（大正蔵八、二四三番）

五　施護訳『仏説徧照《へんじょう》般若波羅蜜経』（大正蔵八、二四二番）

チベット語訳は、大蔵経では般若経のセクションとタントラのセクションの両方に収録されている（般若部…東北一七番、タントラ部…大谷一二一番、東北四八九番）。

サンスクリット語に関しては、完本ではないが、サンスクリット語写本が現存する。最初に『百五十頌般若』の写本が発見されたのは、中央アジアの東トルキスタンで、その後、この写本はサンクトペテルブルクとオックスフォードに分割されて保存されることになる。この写本はサンスクリット語・コータン語の混淆《こんこう》写本で、しかも断片である。この写本に基づいて最初に校訂テキストを作製したのがドイツのロイマンである。このロイマン校訂のテキストは、泉芳璟・栂尾祥雲が修正を施し、再版している。また栂尾祥雲はその著書『理趣経の研究』の付録として、サンスクリット語およびコータン語のテキストを出版している。

長い間、『百五十頌般若』のサンスクリット語原典の研究は、サンスクリット語・コータン語混淆写本に基づく校訂テキストにより行われてきたが、この状況に変化が起こったのは最近のことである。二〇〇七年にダライ・ラマの夏の離宮であるノルブリンカ宮殿に所蔵されている写本の中に『百五十頌般若』のテキストを含むバンドル（一束）があることが、苫米地等流により確認された。そして二〇〇九年に新出写本に基づく校訂テキストが苫米地により出版された(6)（Tomabechi, 2009）。『百五十頌般若』の和訳は過去に複数回行われているが、この苫米地の校訂テキストに基づく新しい和訳の出版が待たれるところである。

次に広経について見ていきたい。広経系には以下の二経典がある。

一　『吉祥最勝本初《きちじょうさいしょうほんじょ》（シュリーパラマードゥヤ）』

残念ながらサンスクリット語原典の写本は発見されておらず、漢訳とチベット語訳のみで伝わる。漢訳は法賢《ほうけん》訳『仏説最上根本大楽金剛不空三昧大教王経』（大正蔵二四四番）で、全二五分より構成されている。チベット語訳は二部に分割されて訳されている。前半部（大谷一一九番、東北四八七番）は漢訳の前半一三分と第一四分の始めまでに対応し、後半部（大谷一二〇番、東北四八八番）が漢訳の第一四分から第二五分に相当する（Tomabechi, 2009）。漢訳とチベット語訳を比べてみると、チベット語訳に著しい増広のあとがある（福田、一九八七）。サンスクリット語テキストに関しては、『パラマードゥヤ』からの引用とされる偈頌が『スータカメーラーパカ』などに引用されている。なお、「パラマードゥヤ」という語は『百五十頌般若』においても経典自体を形容する言葉として用いられている（Tomabechi, 2009）。

二　『金剛場《こんごうじょう》荘厳《しょうごん》（ヴァジュラ・マンダ・アランカーラ）』

このテキストもサンスクリット語原典の写本は発見されておらず、サンスクリット語テキストは引用などを通して僅かに知ることができるのみである。テキスト全体はチベット語訳（大谷一二三番、東北四九〇番）を通して知ることができる。この経典は『秘密集会タントラ』の影響を受けていると、田中公明により指摘されている。本経典は全一六章に分けることができる。本経の漢訳である『仏説金剛場荘厳般若波羅蜜多教中一分』は、その名前が示すとおり部分訳であり、チベット語訳の第一六章に相当する。

（2）注釈書および儀軌

次に注釈書類に目を移して見よう。『百五十頌般若』に関して、インド人の手になるとされる注釈が、少なくとも二本あったことが知られているが、そのうち、われわれが唯一手にすることのできるものがジュニャーナミトラによる『般若波羅蜜多理趣百五十頌注』（大谷三四七一番、東北二六四七番）である。この注釈書は、その冒頭部にインドラブーティ王にまつわる密教流布譚の一節として『百五十頌般若』の伝承に関する記述があるという点で、研究者の関心を集めてきた。研究者たちは件の一節が「『吉祥最勝』（原初形態の『理趣経』）から略出された『理趣百五十』を修治（改訂）・増広したものが『理趣広経』である」ことを述べていると理解し、「原初形態として『吉祥最勝』→（略出）→『百五十頌般若』→（修治・増広）→『理趣広経』」という経典の発展過程を記しているということが大筋で合意されてきた。

これに対し苫米地等流は、チベット語の構文と文脈を正確に分析した上で、件の箇所は「聖典・口伝の修治・増広」を述べているのではなく、「聖教・口伝が（王女により子息に）授与され、（それが契機となって）略出された『理趣百五十』が広まった」と解釈すべきであるとする。また、聖典が「修治・増広」されることは、とりもなおさず「聖典が改変される」ことを意味し、それは聖典の権威を損なうことにつながる。その一方で「略出」は、非常に大部で人間では（能力および寿命という点で）そのすべてを理解できない経典のエッセンスを伝えることで、「修治・増広」とはそもそも性格を異にするものである。現在までの文献学的研究により百五十頌般若系から理趣広経系の増広・発展という流れは概ね承認されてよいが、ジュニャーナミトラの伝える伝承はそれを補強する資料とはほとんどなり得ないのである（苫米地、二〇一〇）。

『百五十頌般若』に対する注釈として東アジア仏教にとって重要なものは、不空訳『大楽金剛不空真実三昧耶経般若波羅蜜多理趣釈（略称、理趣釈）』（大正蔵一九、一〇〇三番）である。これは『百五十頌般若』全般に対する注釈書であり、マンダラの描き方など『百五十頌般若』にはない情報を含んでいる。このほかに漢訳大蔵経中には不空訳『般若波羅蜜多理趣経大楽不空三昧真実金剛薩埵等一十七聖大曼荼羅義述（略称、『十七尊義述』）（大正蔵一九、一〇〇四番）があるが、こちらは「初段（第一章）に展開する「十七清浄句《じゅうしちしょうじょうく》」を中心に、それをマンダラ化したものである（福田、一九八七）」。

広本系では、『パラマードゥヤ』に対する注釈としてアーナンダガルバの手になるものが二本、チベット大蔵経に収められている。一つが『吉祥最勝本初略釈』（大谷三三三四番、東北二五一一番）であり、マンダラ中心の図像学的説明を通して経典全体の意味を解釈するものである。この注釈書は大きく前半部と後半部に分けることができ、前半部は「歓喜の金剛マンダラの注釈」を略説したもので、後半は、前半に述べられたマンダラや印等の解説である（福田、一九八七）。もう一つは『吉祥最勝本初広釈』（大谷三三三五番、東北二五一二番）であり、経典本文全体に注釈を施したものである。この注釈書はチベット語訳二帙にもわたる非常に大部の著作である。冒頭には、経典全体の構成と意味の略説がある。福田亮成は当該部分を和訳し、アーナンダガルバによる経典全体構造と章構成の理解を示している（福田、一九八七）。

『パラマードゥヤ』関係の儀軌としては、チベット大蔵経中に著者不明の『吉祥最勝本初マンダラ儀軌』（大谷三三四三番、東北二五二〇番）という文献が収められている。当該文献は内容的にみて、先に紹介したアーナンダガルバの二つの注釈書と関係が深いことが福田亮成により指摘されている。

広本系のもう一つの経典、『ヴァジュラ・マンダ・アランカーラ』には、プラシャーンタミトラによる注釈書『ヴァジュラ・マンダ・アランカーラ細注』（大谷三三三八番、東北二五一五番）が存在する。プラシャーンタミトラは、ターラナータの『仏教史』によれば、後期密教を代表する経典である『秘密集会タントラ』の解釈学派であるジュニャーナパーダ流の開祖ブッダシュリージュニャーナの弟子とされる。この伝承が正しければ、パーラ朝のダルマパーラ王（在位およそ七七五〜八一二年ごろ）とほぼ同年代の人物ということになる。プラシャーンタミトラは（もし同一人物であれば）『サルヴァ・ブッダ・サマーヨーガ・ダーキニー・ジャーラ・シャンバラ』に対する注釈書も著している。これは後述する、同じ広本系である『パラマードゥヤ』と『サルヴァ・ブッダ・サマーヨーガ・ダーキニー・ジャーラ・シャンバラ（サマーヨーガ）』の密接な関係を考えると興味深い事実である。

（3）『理趣広経』と『サマーヨーガ』

すでに見てきたように理趣経経典群は般若経という大きなグループに属する一方で、ヨーガタントラという密教経典のクラスに属している。般若経としての『理趣経』の発展に関しては先学による多くの研究があるので、ここでは詳しく述べることはしない。以下、『理趣経』は後代に発展していく密教や、さらにはヒンドゥー教のタントラとどのような関係を有しているのか簡単に触れてみたい。

広本系の経典の一つである『パラマードゥヤ』は、『サマーヨーガ』と密接な関係を有している。この『サマーヨーガ』は、「十八会の金剛頂経」の第九会に比定されるものである一方で、後代に発展していくヨーギニータントラ（＝ヨーガ・ニルッタラタントラ）の母体となった経典である。また『パラマードゥヤ』の後半部には、『秘密集会タントラ』と同一の偈頌が含まれている。『理趣経』には、このように後代の密教の発展への橋渡し的な要素が確認できる。

『理趣経』と密接な関係を有する『サマーヨーガ』は、その一方でシヴァ教タントラの「ヴァーマスロータス」と呼ばれる文献群と密接な関係を有する。このヴァーマスロータスはシヴァの顕現の一つであるトゥンブルとその四姉妹（ジャヤー、ヴィジャヤー、ジャヤンティー、アパラージター）の信仰と実践の体系を説く。そしてこのヴァーマスロータスで現存する『ヴィーナーシカタントラ』と『サマーヨーガ』の「続々タントラ」には平行詩節も存在する。さらにこのトゥンブルと四姉妹の信仰は『理趣経』にも取り込まれている。『理趣釈』によれば『百五十頌般若』に見られる「四姉妹」とはトゥンブルの四姉妹、すなわちジャヤー、ヴィジャヤー、アジター（＝ジャヤンティー）、アパラージターのことである。

このように、『理趣経』は般若経と後代の密教と密接に関係し、さらにヒンドゥー教タントラとも密接な関係を有する。『理趣経』、特に広本の研究が進めば、密教・ヒンドゥー教を含めたタントラ形成史の解明が前進するであろう。

注

（1）この著作は『チャルヤーメーラーパカプラディーパ（行集合灯）』として広く二次文献で言及されているが、サンスクリット語一次資料で確認できるタイトルは『スータカメーラーパカ（経軌の集合）』あるいは略称の『スータカ』である。

（2）あるいは、ブッダグプタ。この著者のサンスクリット名には二通りの記述が見られる。

（3）『金剛頂経』の広本については、本書第III部第2章の『金剛頂経』を参照のこと。

（4）シャークタとは、シヴァ神の本来的な力であるところのシャクティとその顕現である女神を信奉する体系である。

（5）たとえば、シャークタ的シヴァ教の聖典である『ブラフマヤーマラ（別名、ピチュマタ）』に頻出する。シヴァ教の初期のタントラである当該聖典には、『金剛頂経』に先行する密教経典である『文殊師利根本儀軌経』と共通な要素があることが指摘されている。

（6）苫米地等流校訂本の特徴や当該校訂本により得られた新たに知見については、加納、二〇一一を参照されたい。

参考文献

加納和雄、二〇一一、「書評・新刊紹介　苫米地等流校訂 Adhyardhaśatikā Prajñāpāramitā, Sanskrit and Tibetan Texts (China Tibetology Publishing House / Austrian Academy of Sciences Press 二〇〇九年九月刊行)」『密教学研究』四三、二〇五〜二二三頁

酒井真典、一九六二、『大日経の成立に関する研究』国書刊行会

種村隆元、二〇一〇、「密教の出現と展開」『新アジア仏教史02　インドII　仏教の形成と展開』（奈良康明・下田正弘編）佼成出版社、二〇九〜二六二頁

塚本啓祥・松長有慶・磯田熙文編著、一九八九、『梵語仏典の研究　IV　密教経典篇』平楽寺書店

苫米地等流、二〇一〇、「Jñānamitra 造『百五十頌般若註』再考――『理趣経』展開史資料としての意義について」『印

仏研究』一二〇、(九九)～(一〇二) 頁 (横組)
福田亮成、一九八七、『理趣経の研究―その成立と展開』国書刊行会
松長有慶、一九八〇、『密教経典成立史論』法蔵館 (一九九八年に『松長有慶著作集』の第一巻として再刊)
山本匠一郎、二〇一二、「『大日経』の資料と研究史概観」『現代密教』二三、七三～一〇二頁
頼富本宏、二〇〇〇、『『大日経』入門―慈悲のマンダラ世界―』大法輪閣
Isaacson, H. and F. Sferra, 2015, "Tantric Literature: Overview South Asia." In: Silk, J., A. et al. (eds.) *Brill's Encyclopedia of Buddhism. Volume One. Literature and Languages*, Brill, pp. 307-319.
Tomabechi, Toru, ed., 2009, *Adhyardhaśatikā Prajñāpāramitā: Sanskrit and Tibeatn Texts*, Beijing: China Tibetology Publishing House / Vienna : Austrian Academy of Sciences Press. Sanskrit Texts from the Tibetan Autonomous Region. No. 5.

第3章

注釈者と注釈書

ブッダグフヤ、アーナンダガルバ、シャークヤミトラ

奥山直司

一　はじめに

『大日経』に略釈（要義釈、東北二六六二番、大谷三四八六番）と広釈（東北二六六三番、大谷三四八七、三四九〇番）を書いたことで知られるのがブッダグフヤである。彼はまた、シャークヤミトラ、アーナンダガルバとともに、『初会《しょえ》金剛頂経』、すなわち『真実摂経《しんじつしょうきょう》』を根本タントラとする瑜伽タントラ系密教の三大学匠のうちにも数えられる。この三人に帰される『真実摂経』の注釈書として、次の三書を挙げるのが通例になっている。

ブッダグフヤ著『タントラ義入』（東北二五〇一番、大谷三三二四番）
シャークヤミトラ著『コーサラ荘厳』（東北二五〇三番、大谷三三二六番）
アーナンダガルバ著『真性作明』（東北二五一〇番、大谷三三三三番）

本章においては、この三人の注釈者とその注釈書について、先学の諸研究（本書第Ⅰ部第2章と本章末の参考文献を参照のこと）を参照しつつ、主にチベットの学僧プトゥン・リンチェントゥプ（一二九〇〜一三六四）とターラナータ（一五七五〜一六三四）の著作に依拠して整理し、インド中期密教の展開を探る手がかりとしたい。

二　瑜伽タントラの三大学匠

プトゥンは、壬午《みずのえうま》の年（一三四二）に、『瑜伽《ゆが》タントラの海に入る船』（東北蔵外五一〇四番、以下『瑜伽船』と略す）を著した。本書は瑜伽タントラ階梯の密教の解説書である。その第四章では、瑜伽タントラが教化されるべき人々にどのように明らかにされたかが、第一節「インド等における出現情況」、第二節「そこからチベットへの伝播情況」の二節に分けて述べられている。そのうち第一節はアーナンダガルバ、シャークヤミトラ、ブッダグフヤの事績の記述を中心としている。インドにおける瑜伽タントラの流伝は、この三人を軸に展開したというのがプトゥンの見方である。プトゥンは、三人の伝を一通り述べた後で、それぞれの特徴を次のようにまとめている（『瑜伽船』六五ａ）。

このように瑜伽タントラに精通した三人、すなわち、意味に精通した方ブッダグフヤ、言葉に精通した方シャークヤミトラ、意味と言葉の両方に精通した方アーナンダガルバ、あるいは、論理に精通した方シャークヤミトラ、ウパデーシャに精通した方ブッダグフヤ、両方による実践に精通した方アーナンダガルバが、精通した三人と称される。

これはプトゥンが把握した各人の著作の特徴に他ならない。ここで彼はアーナンダガルバに最高の評価を与えている。アーナンダガルバには、『真実摂経』関係の著作は無論のこと、『吉祥最勝本初《きちじょうさいしょうほんじょ》』『幻化網《げんけもう》』『悪趣清浄』の各瑜伽タントラに対する注釈書や関連儀軌もあり（高橋、一九九九、二六九〜二六四頁参照）、チベットでは「瑜伽タントラ百八部に注釈書を造られた」（『瑜伽船』六三ａ）と謳われた。プトゥンも、金剛界マンダラ儀軌『一切金剛出現』（東北二五一六番、大谷三三三九番）をはじめとするアーナンダガルバの著作の研究に力を注いでいる。プトゥンとこの三学匠との間には四、五百年もの時間的隔たりがあり、彼の仕方のみを絶対視することはできないが、この三人、とりわけアーナンダガルバをインドにおける瑜伽部密教の大成者と見なしても、さして問題はないであろう。

三人の年代については諸説あり、八世紀後半から九世紀とされることが多いが、アーナンダガルバの年代を九〜一〇世紀に引き下げる説（高橋、一九九九、二七二〜二六九頁）もある。いずれにしても、インド密教史の時代区分にあてはめれば、彼らはインド後期密教の時代に活動していたことになる。インド後期密教といえば、無上瑜伽タントラに席巻されていたという印象が強い。しかし、中期密教を代表する『大日経』と『真実摂経』にかかわる教理と実践が、インドで最終的に整備されたのもまたこの時代のことだったのである。

以下、三人の伝記と注釈書について、ブッダグフヤ、アーナンダガルバ、シャークヤミトラの順に見てゆくことにする。

三　ブッダグフヤとその著作

『瑜伽船』第四章に記されたブッダグフヤ伝は、彼がペーユル（カトマンドゥ盆地）で修行に励んでいるところから始まる。いくらかの紆余曲折を経て微細なシッディ（悉地《しつじ》）を獲得した彼は、シュラーヴァスティーとカピラヴァストゥで修学した後、プランに赴き、カンティセ（カイラース山）を前に成就をなして、マハームドラー・シッディ（仏位の成就）を得たという。

彼がガリとマンユルの地で成就をなしているとの評判が高まると、それを耳にしたチベット王ティソン・デツェン（在位七五四～七九七）が、大臣バー・マンジュシュリーら三人を派遣して、彼を招こうとした。ブッダグフヤは、守護尊である文殊菩薩から「行けば寿命の障碍となるから行くでない」と止められたため、チベット行きは断ったものの、「私が行ったのと同じことを何かしましょう」といって、成就法の基準を建てるものとして金剛界成就法『タントラ義入』を、略釈の基準を建てるものとして『大日経要義釈』を、広釈の基準を建てるものとして『上禅定品広釈』（東北二六七〇番、大谷三四九五番）を造り、『チベットの王者、人民、尊者らへの書簡』（東北四一九四番、大谷五六九三番）を添えて贈った。王は喜び、たくさんの贈物をしたので、ブッダグフヤはさらに、『大日経広釈』を含む五書を造って贈った。これらの著作はすべてチベット語に翻訳された。

このティソン・デツェンによる招請を歴史的事実と見なせば、ブッダグフヤの活動期は八世紀後半ということになる（越智、一九七四）。しかし、チベットの訳経事情とのかかわりから、これを九世紀前半に置くべきであるという見解もある（原田、一九八三）。

なお、『タントラ義入』は、『真性作明』『コーサラ荘厳』のような『真実摂経』全体にわたる逐語的な注釈書ではない。そのため、『真実摂経』の達意釈、要義釈などとも呼ばれるが、ブッダグフヤ自身は、これを「『真実摂経』の成就法」、あるいは、「『聖真実摂経』中、金剛界大マンダラ所説の智薩埵《ちさった》（真実の尊格）を喜ばせる儀軌を集めたもの」とする。内容的にも、金剛界成就法とするのが妥当と考えられる。また本書は、先の書簡などではウパデーシャ『ヨーガ・アヴァターラ』と呼ばれている。『タントラ・アルタ・アヴァターラ（義入）』の異名として自然だが、その由来についてはなお検討を要する。

四　アーナンダガルバと『真性作明』

プトゥンは『瑜伽船』第四章第一節において、諸経論を引用しながら、インドにおける瑜伽タントラの相《そう》承《じょう》に関するさまざまな説を列挙している。そこから抽出されるアーナンダガルバ関係の相承系譜のうち、第一に挙げなければならないのは次のものである。

毘盧遮那如来《びるしゃなにょらい》—金剛薩埵《こんごうさった》—ラプセルダワ（プラカーシャチャンドラ『インド仏教史』一五四、一七二頁参照）—四弟子—アーナンダガルバ

この五代の相承に関するプトゥンの説明は次のようである。『真実摂経』は、まず色究竟天《しきくきょうてん》において毘盧遮那如来によって普賢菩薩等に対して説かれた。次いで須弥山頂《しゅみせんちょう》において金剛薩埵（金剛手）によって説かれ、さらにアタカーヴァティー（楊柳宮、毘沙門天の宮殿）において説かれた。この教えを金剛薩埵がシュ

リーパルヴァタの上でラプセルダワに授けた。その仕方は、金剛界大マンダラを化作し、灌頂を授けた上で伝授するというものであった。ラプセルダワは東インド南部の町パティキールティの王であった。このとき、彼には根本タントラ、釈タントラ、同分タントラのすべてが授けられ、その後、次第に広まったという。南《なん》天《でん》の大鉄塔における龍猛《りゅうみょう》の密教相承を彷彿とさせる話である。

実際、相承の舞台となったシュリーパルヴァタは、大成就者ナーガールジュナやシャバリーパが住んだとされる聖山である。このような宗教的・神話的トポスを現実の地理にあてはめることには慎重でなければならないが、この場合は、玄奘が『大唐西域記』巻一〇の憍薩羅国（南コーサラ国）の条（大正蔵五一、九二九a～九三〇a）において報告する、龍猛ゆかりの跋邏末羅耆釐《ブラーマラギリ》（黒蜂山）の石窟寺院との関係が考慮されてよい（奥山、一九九一、四七二～四七四、四八四頁参照）。頼富本宏は、南コーサラ国の首都であったとされるシルプール遺跡とその西方に位置するナグプールを結ぶ一帯に『真実摂経』の発源地の可能性を見ている（頼富、一九九九、四九頁）。

さて、この王にして成就者たるラプセルダワには四人の弟子があった。それはダクチェンズインザンポ（ラーフラバドラ）王子、イエシエードルジエ（ジュニャーナヴァジュラ）、プラジュニャーシッディ、ラプジョルキャン（スブーティパーリタ）の四人であるが、異説では、ラプジョルキャンをスワスティファラに替えた四人とも、ニメーニンポ（スーリヤガルバ？）を加えて、ラプジョルキャンとスワスティファラを除いた四人ともされる。ともあれ、この四弟子のすべてに教えを受けたとされるのがアーナンダガルバである。プトゥンは、「（アーナンダガルバと）金剛薩埵との間には（ラプセルダワと四弟子の）二代しかないから、ウパデーシャと加持に誤りはない」（『瑜伽船』六一b）と信頼のほどを語っている。

アーナンダガルバが相承した第二の法流は、仏―金剛手―大中小インドラブーティ―ルドゥプ（ナーガールジュナ）―ルチャン（ナーガボーディ／ブッディ）―イェシェードルジェ―アーナンダガルバと続く。『聴聞録』（六〇ａ）に記されたサンカル（翻訳官パクパシェーラプ）流の相承系譜とほぼ同じものである。アーナンダガルバが名を連ねる第三の相承系譜は、シャークヤミトラの『コーサラ荘厳』のそれであるから、これについては次節で触れることにしよう。

ターラナータによれば、アーナンダガルバはマガダに生まれ、種姓はヴァイシャで、大衆部《だいしゅぶ》で出家し、確定説《シッダーンタ》は瑜伽行中観派を取り、ヴィクラマシーラ僧院で五明処を学んだ。次いでバンガラ（ベンガル）に赴き、ラプセルダワの弟子たちに就いてすべての瑜伽タントラに通じ、それから十二頭陀行《ずだぎょう》に努め、密林で成就して、金剛界大マンダラのヴィジョンを得た（『インド仏教史』一七二頁）。

その彼が『真性作明』等を著述した経緯は、プトゥンによれば次のようである（『瑜伽船』六一ｂ～六三ａ）。アーナンダガルバがパティキールティの町で頭陀行を行じていたとき、東インド西部から阿闍梨《あじゃり》プラジュニャーパーリタが秘密真言の法を求めて訪ねてきた。アーナンダガルバは、その請問《しょうもん》に応じて、プラジュニャーパーリタを金剛界等の大マンダラに入壇させて灌頂を授け、タントラを説き、ウパデーシャを伝え、さらに『一切金剛出現』を造り与えた。すると、プラジュニャーパーリタはその書をマドヤデーシャ（北インド中央部）に持参して釈説した。それが学者たちの間で評判となり、やがてその評判が王の耳にも入った。信を生じた王はアーナンダガルバをマガダに招いて厚く遇した。これに応えて、アーナンダガルバは、マガダ南部のオートラヤナ・チューダーマニという仏殿において『真性作明』等を述作し、またオーディヴィシャ（オリッサ）に招かれて、ムルジャ（ムンジャ）王の旧跡で『吉祥最勝本初』の広釈『般若波羅蜜出現』（東北二五一二番、大谷三三三五番）等を述作した。

ターラナータは、このマガダの王をパーラ朝のマヒーパーラ王に同定し、アーナンダガルバを同王の治世の人とする（『インド仏教史』一七二頁）。今日、マヒーパーラ（一世）の年代は一〇世紀末から一一世紀前半（山崎・小西、二〇〇七、一〇三頁によれば九九二年頃〜一〇四一年頃）と考えられている。ところがターラナータは、概算すれば、この王と吐蕃王《ツェンポ》ティ・レル（ティツク・デツェン、いわゆるレルパチェン、八〇六〜八四二）はほぼ同じ頃に没したとし、さらにアーナンダガルバの同時代人として、九世紀初頭のチベットでの活動が伝えられるジナミトラ等を挙げる。したがって、ターラナータの念頭にあったアーナンダガルバの年代もまたその頃ということになる（乾、二〇〇五、二六二頁参照）。

五　シャークヤミトラと『コーサラ荘厳』

『コーサラ荘厳』について、プトゥンは、ある者の説として、大阿闍梨ブッダグプタに始まる相承系譜を提示している。『聴聞録』（六〇b）によれば、その第一祖は毘盧遮那、第二祖は金剛手で、ブッダグプタは第三祖となる。この法流は、ブッダグプタの後、九代を経てサラハに至り、サラハの二人の弟子ニメーニンポとドルジェディメー（ヴィマラヴァジュラ?）によって二つに分岐する。ニメーニンポの系統は、アーナンダガルバをはじめとする彼の一一人の弟子によってさらに一一に分かれる。他方、ドルジェディメーの系統は、トゥプペーイエシェーシャプ（シッダ・ジュニャーナパーダ）を経て、サンギェーデ（ブッダセーナ）に伝えられ、シャークヤミトラに受け継がれる。

以上の系譜にプトゥンは、『コーサラ荘厳』冒頭の帰敬偈《ききょうげ》に語られるシャークヤミトラの修学歴を接合し、彼の師として次の一〇人を挙げる（後の地名は伝授を受けた場所）。

①サンギェーデ	ザンポの町
②ドラミダ（Dra mi ḍa）	コーンカナの町
③ワンチュクペンドゥー	コーンカナの町
④チューキデ（ダルマセーナ）	コーンカナの町
⑤チューキジュンネー（ダルマーカラ）	コーンカナの町
⑥チューキドルジェ（ダルマヴァジュラ）	サヒイェーの町
⑦ツクトルドルジェ	サヒイェーの町
⑧インドラブーティ	北方ウギェン国
⑨ロテン（スティラマティ）	タッキェー国カラシャ（またはカシャラ）の町
⑩ロドゥージュンネー	タッキェー国カラシャの町

これら一〇師のウパデーシャによって、シャークヤミトラはタントラ（『真実摂経』）の言葉と意味に通達するようになったという。コーンカナはインド西海岸のコーンカン地方に比定される。このことは『真実摂経』南インド成立説の傍証の一つと考えられている。パキスタン北部のスワート渓谷にも比定されるウギェン（ウディヤーナ）は、大成就者インドラブーティが君臨する王国と考えられていた。要するに、シャークヤミトラは、インド亜大陸を南に北に遍歴して学者たちの門を叩き、その教えを受けたというのである。

一〇師のうち③⑦⑨⑩の四人までが、前述の相承系譜の中のニメーニンポの一一弟子と名前が一致する。つまり、プトゥンは、シャークヤミトラがサンギェーデに師事しながら、ニメーニンポを祖とする別系統もその弟子たちから受けて、自らの教学を確立したと理解しているのである。またこの説による限りでは、シャークヤミトラは、アーナンダガルバとは直接の相承関係はないものの、その兄弟弟子たちの弟子ということになる。

それからシャークヤミトラは、普通のシッディ（八種悉地などの超自然的能力）を得るとともに、『コーサラ荘厳』を述作することになる。その経緯は、『コーサラ荘厳』の奥書に書かれており、プトゥンもそれを祖述している。すなわち、ガンドー（あるいはゴータ）・コーサラ（現在のどこに当たるかは不明）にあるペンデンデチェーが建立した仏殿に王パウォが施主として滞在していたときに、友なる上座ワンポイゴチャ（インドラヴァルマン）に勧められ、弟子シェーラプハ（プラジュニャーデーヴァ）のためにこの注釈書を著した、と。以上の他には、シャークヤミトラの経歴について私たちが知りうることはあまり多くない。ただ、ターラナータは、彼が晩年カシミールに行って、有情を大いに利益したと述べている（『インド仏教史』一六三頁）。

六　おわりに

仏菩薩から成就者たちへの法の継承は神秘のドラマである。それを物語る行者伝はインド・チベット仏教が生みだした宗教文学として興味深い。だが、そこから得られる情報は錯綜した矛盾の多いものであり、それらを整理し、失われた諸系譜を再建するためには、密教家たちが残した厖大な文献資料の中に内的証拠を探さなければならない。

今日いわれているように、七世紀中頃に『大日経』が成立し、それより少し遅れて『真実摂経』が成立したとすれば、そこからブッダグフヤ、アーナンダガルバ、シャークヤミトラが登場するまでには、少なくとも一五〇〇年から二〇〇〇年ほどの歳月が必要であった。その間、法統はどのように維持されていたのか。またこの三人に先んじて、唐代の中国でも善無畏（六三七〜七三五）、金剛智（六七一〜七四一）をはじめとする密教僧たちが活動を開始し、『大日経』『金剛頂経』系の密教の流布がはかられた。アジアの南と東で進んだこの二つの動きが具体的にどのように関連していたのか。こうした問題を明らかにしていくためにも、私たちは、インド中期密教の諸伝統の探究を続けなければならないのである。

〔略号〕
東北…『西蔵大蔵経總目録　東北帝国大学蔵版』（東北帝国大学法文学部、一九三四年）
東北蔵外…『西蔵撰述仏典目録　東北大学蔵版』（東北大学・インド学研究会、一九五三年）
大谷…『影印北京版西蔵大蔵経總目録―大谷大学図書館蔵版』（西蔵大蔵経研究会、一九六一年）

参考文献
プトゥン・リンチェントゥプ『瑜伽タントラの海に入る船』（略称『瑜伽船』）、rNal 'byor rgyud kyi rgya mtshor 'jug pa'i gru gzings, Lokesh Chandra, ed., The Collected Works of Bu-ston, part 11 (DA), New Delhi: International Academy of Indian Culture, 1968. 東北蔵外五一〇四
プトゥン・リンチェントゥプ『聴聞録』、Bla ma dam pa rnams kyis rjes su bzung ba'i tshul bka' drin rjes dran, Lokesh Chandra, ed.,The Collected Works of Bu-ston, part 26 (LA), New Delhi: International Academy of Indian Culture, 1971. 東北蔵外五一九九
ターラナータ『インド仏教史』、Anton Schiefner ed., rGya gar chos 'byung, 鈴木学術財団、一九六三（一八六八）年
乾仁志、二〇〇五、「理趣経の成立に関する一考察」『弘法大師空海と唐代密教―弘法大師入唐千二百年記念論文集―』〔静慈圓編〕法蔵館、二四五〜二七四頁

遠藤祐純、二〇〇八、『金剛頂経研究』ノンブル社
遠藤祐純、二〇一三、『『タントラ義入』和訳 全―Buddhaguhyaによる金剛頂経要解』ノンブル社
遠藤祐純、二〇一四、『Ānandagarbha造『Tattvāloka』「金剛界品」金剛界大曼荼羅和訳』ノンブル社
遠藤祐純、二〇一五、『Śākyamitra造『Kosalālaṅkāra』「金剛界品」金剛界大曼荼羅和訳』ノンブル社
奥山直司、一九九一、「ある聖者の伝説―アドヴァヤヴァジラ伝《Amanasikāre Yathāśrutakrama》にみえる修行者像―」『東北大学印度学講座六十五周年記念論集 インド思想における人間観』平楽寺書店、四六三〜四八五頁
越智淳仁、一九七四、「Buddhaguhyaの年代考」『印仏研究』二二―二、九九八〜九九四頁
越智淳仁、一九八〇、「BuddhaguptaとBuddhaguhyaについて」『日本西蔵学会々報』二一、三〜六頁
北村太道、一九七〇〜二〇一五、「『Tantrārthāvatāra』を中心とした『金剛頂経』の研究」(1)〜(23)、(再1)〜(再15)、『密教学』七〜五一
高田順仁、一九八七、「Śākyamitraの活動年代についての覚え書」『アルティ』Vol. 3, 四一〜五〇頁
高橋尚夫、一九九九、「アーナンダガルバ研究―序説―」『豊山教学大会紀要』二七、二七八〜二六三頁
羽田野伯猷、一九八七(一九六八)、「チベットの仏教受容の条件と変容の一側面」『羽田野伯猷 チベット・インド学集成 第二巻 チベット篇II』法蔵館、三〜一九五頁
原田　覚、一九八三、「Buddhagupta考」『印仏研究』三一―二、八五一〜八四五頁
松長有慶、一九九八(一九八〇)、『松長有慶著作集 第一巻 密教経典成立史論』法蔵館
山崎元一・小西正捷編、二〇〇七、『世界歴史大系 南アジア史1 先史・古代』山川出版社
頼富本宏、一九九九、「密教の確立――『大日経』と『金剛頂経』の成立と思想」『シリーズ密教1 インド密教』春秋社、三二一〜五六頁
Chattopadhyaya, Debiprasad, ed., 1990, *Tāranātha's History of Buddhism in India*, Delhi: Motilal Banarsidass Publishers.

〔付記〕

[1] 本章では、サンギェーサンワを一貫してブッダグフヤと呼んだ。しかし、彼にはブッダグプタというサンスク

リット名も伝えられている。この問題については越智、一九八〇、原田、一九八三を参照されたい。

［2］『タントラ義入』にはヴァジュラ（パドマヴァジュラ）の注釈書（東北二五〇二番、大谷三三二五番）がある。著者はブッダグフヤの弟子系統の人物と考えられる。

［3］プトゥンは、『瑜伽船』第四章第一節後半部で、瑜伽タントラ『ナーマサンギーティ』の相承について解説し、特にマンジュシュリーキールティの伝記を詳しく記すが、この系統についての言及は紙幅の都合で割愛した。

第4章 造形と美術

森　雅秀

一　インドの密教美術

インド美術で密教系作品が作られるようになったのは、密教経典が出現した七、八世紀以降である。北東インドのベンガル地方とビハール地方がその最も重要な地域にあげられる。インドから仏教が滅びたのは一三世紀頃と考えられているが、その最後の数百年はこの地方がインド仏教の中心地であった。当時、北東インドを支配していたパーラ朝の国家的な庇護を受け、大僧院を中心に仏教は最後の光芒を放ったのである。ナーランダー、ヴィクラマシーラ、オーダンタプリ、ソーマプラなどの僧院名が知られ、インド国内はもとより、チベットやネパール、東南アジア、スリランカ、さらには中国からも僧侶たちが勉学や修行に訪れた。

当時の仏教徒は数多くの仏像を制作している。これらの作品は、王朝名をとって「パーラ様式」の仏教美術と呼ばれることも多い。パーラ朝とならんでこの地を支配したセーナ朝でも、類似の様式が現れることから、パーラ＝セーナ様式と呼ばれることもある。ただし、セーナ朝はヒンドゥー王朝であったため、ヒンドゥー教の神像彫刻が出土品の大半を占める。

パーラ朝の仏教美術は、この時代の仏教を反映して、密教美術として紹介されることが多い。実際、それまでにはない種類の仏たちが数多く含まれ、その大半は密教経典に登場する密教の仏たちである。また、ベンガル、ビハール地方以外にも、その南に接し、やはりこの地を支配していたバウマカラ朝の庇護を受けて仏教が栄えたオリッサから、様式は異なるが、密教系の尊像が多数出土している。さらに、西インドのマハーラーシュトラ州においても、著名な石窟寺院であるエローラをはじめ、カーンヘリー、オーランガバードなどで、密教の図像と推測される作例が知られている。そのほか、北はカシミール地方、南はタミルナードゥやアーンドラ地方からの密教系の仏像の出土が報告されている。

二　密教美術の特徴

中期密教の美術作品といえば、大日如来を中心とした組織的なマンダラや、明王、女尊など、それまでの仏教美術に登場しなかった尊格などがあげられる。しかし、それは日本の密教美術に見られる特徴であり、インドでは必ずしも当てはまらない。そもそも、インドでは明確な密教美術の時代を特定することは不可能で、初期・中期・後期のような三区分も当時の仏教徒の発想にはなかった。

密教経典に登場する尊格を表した作品や、マンダラを前提として構成された作品は、インドにおいても実際に存在する。しかし、密教経典が出現した七世紀以降であっても、造形の世界では、このような密教美術は少数にとどまる。従来の大乗仏教の仏たちや、場合によっては最初期の仏教美術と同じような主題が、作例の圧倒的多数を占め続けていた。具体的には、作例数で最も多いのは釈迦（図1）であり、それに観音が続く。観音の場合、特定の名称をそなえたいわゆる変化観音（図2）や、四臂、六臂などの多臂の観音も好んで作られたが、大半は二臂に水瓶や蓮華を持つ伝統的な姿をもつ。

釈迦と観音に次ぐ作例を数えるのは、女尊のターラー（図3）である。ターラーは密教の尊格と見なすことができるが、むしろ教理的にも造形的にも密接な関係をもつ観音の信仰の一部としてとらえるべきであろう。あるいは、仏教に限らず、当時インドで隆盛を見た女神信仰の中に位置づける方が妥当かもしれない。

釈迦、観音、ターラーという突出した人気を誇るこれら三尊以外で、目立った作例があるの

図1　**釈迦**　ナーランダー出土、ナーランダー考古博物館

図2　**獅子吼観音**　ガヤ出土、パトナ博物館

図3　ターラー　クルキハール出土、インド博物館

は、菩薩のグループの文殊、弥勒、金剛手、女尊ではマーリーチー、ブリクティーがあげられる程度である。しかも、いずれも現存する作例数は、釈迦などに比べて一桁少ない。

密教の特徴として「多様な仏の世界」があげられることがある。マンダラに見られるようなさまざまな仏が登場する壮大な世界を指している。しかし、実際の造形作品を見る限り、インドではこれは当てはまらない。仏の種類は限定的であるし、厳密な意味でのマンダラもインドには残されていない。同じ密教美術と呼ぶことができないほど、インドと日本ではその全体像が異なるのである。

インドの密教美術に見られるこのような傾向は、保守的と呼ぶことができる。密教経典の中では、新しい仏たちが大量に登場し、それらを組織的に配置したマンダラもしばしば説かれている。それに対して、実際の造像にあたった者たちは、そのような流れとは距離を保ち、あくまでも伝統的な造像活動を行っていたと考えられる。これは、制作者たちが独創性を好む芸術家などではなく、伝統を重んじる職人たちであったことを考えれば、むしろ当然であろう。その中で、ごく一部のものが、それまでにはない新しいイメージをそなえた密教の仏たちの制作にあえて取り組んだか、そのような要請が僧院や寄進者からあったのであろう。

密教美術のもうひとつの特徴として、このような尊像の種類が増えることで、複雑な図像体系ができあがっていったことがあげられる。多面多臂《ためんたひ》、すなわち三面六臂や四面一二臂のような多くの顔や腕は、その最もわかりやすい例であろう。密教の仏というと、このような人間ばなれしたイメージが連想されることも多い。これらの顔や腕には、それぞれ決まった表情や持物《じもつ》が組み合わされ、さらに衣裳、装身具、姿勢、座(乗り物)などが定められる。これらの情報は経典や注釈書、儀軌類などで厳密に規定され、多くの作品がそれを忠実に守っている。密教美術の研究は、このような文献に見られる記述と、実際の作例とを対比することで進められることが多いが、これは逆に密教美術が文献を前提として制作されたことをよく示している。

このことは日本の密教美術でも同様であり、それだけ見れば当然のことのように感じられる。しかし、同じ仏教美術であっても、それ以前のインドの仏教美術と比較すると、むしろ、その特異さが目立つ。インドの初期の仏教美術の中心をなすのは、仏伝図やジャータカ図のような説話図であった。説話の内容がどのようなイメージで表わされたかは、文献そのものよりも、それにたずさわった工匠たちが有していた文化的な背景によるところが大きい。大乗仏教の時代になると仏像が数多く造られるようになるが、文献と作品との関係はそれほど明確ではなく、文献のみによって作品を説明することは多くの場合、きわめて困難である。

これに対して、密教美術は文献の記述に忠実であることが多い。むしろ、忠実でなければ作品としての価値が認められないというべきかもしれない。「儀軌に忠実」というのは、密教美術を説明するときの常套句であろう。しかし、このことは、密教美術のイメージの世界を逆に単調なものとしている。

制作地や年代が異なっても、同じ尊格であれば、図像上の特徴は一致することになる。さらに、文献の記述が似ていれば、異なる種類の尊格でさえも、同じようなイメージになってしまう。たとえば、密教の尊格で最も多くの種類を数えるのは菩薩であるが、いずれも「菩薩の姿をとる」という説明しか与えられなければ、同じ姿をとらざるを得ない。相互を区別するのは持物などの部分的な特徴に限られる。逆説的にも見えるが、密教美術を特徴づけるのは、尊格の種類の増加と、それにともなうイメージの画一化なのである。

三　大日如来

（1）胎蔵大日如来

密教の中心となる仏は大日如来である。ただし、これは日本密教の場合であって、時代によって主役の顔

図４　胎蔵大日　ラトナギリ僧院跡

ぶれが大きく異なるインド密教では、そうともいい切れない。初期密教では伝統的な釈迦はもちろん、観音や文殊、あるいは陀羅尼信仰に基づくさまざまな尊格が信仰の対象になっていたし、後期密教になると、阿閦《あしゅく》や金剛薩埵、あるいはヘールカ系の仏たちなどが、仏の世界の最上位に置かれる。大日如来が仏の世界の中心であったといい切ることのできる時代は、インドの場合、かなり限定的である。

日本密教では、大日如来は胎蔵大日と金剛界大日の二種に分かれる。この区別は、インドの実際の作例においても確認できる。それに加え、仏形《ぶつぎょう》と菩薩形《ぼさつぎょう》の二つのタイプがいずれにも確認できる。菩薩形の場合、仏でありながら、あえて菩薩の姿をとるという特異な点から、大日如来を意図して制作されたことが推測されるが、仏形の場合、大日如来以外の仏の可能性もある。すなわち、定印を結ぶ胎蔵大日は阿弥陀や釈迦、智拳印を結ぶ金剛界大日は、説法印を示す釈迦などと区別することは困難である。

現存する単独の大日如来の作例は、胎蔵大日が七例、金剛界大日が一二例である（宮治、一九九五による）。このうち、胎蔵大日はそのほとんどがオリッサから出土している。それ以外はビハール州のナーランダー僧院跡から菩薩形の作品が一例あるのみである。金剛界大日はオリッサから四例、ビハールから四例、そして西インドのスワートなどから四例である。胎蔵大日がオリッサを中心に流行したのに対して、金剛界大日の信仰には広がりがあり、とくに西北インドにも伝わっていたことが注目される。

このうち、胎蔵大日については、ラトナギリ僧院跡の祠堂から出土した比較的大規模な像（図４）が重要である。菩薩形で定印をとる大日如来で、おそらく祠堂の本尊として祀られていた。興味深いのは、この大日如来を正面に置いて、その手前に金剛法菩薩と金剛薩埵が、向かい合わせに置かれていた可能性があることである。金剛法菩薩は観音菩薩の密教における名称で、胎蔵マンダラでは蓮華部院の中心となる。もう一方の金剛薩埵は、やはり胎蔵マンダラの金剛手院の主尊の位置を占める。胎蔵マンダラは大日如来を中心に置く中台八葉院と、蓮華部院と金剛手院というこれら二つによって、その中心部分が構成されている。この三つは仏部、蓮華部、金剛部に対応し、胎蔵マンダラはこれらの三部を基本としている。ラトナギリの祠堂は、胎蔵マンダラの三部に対応する区画から、最も重要な尊格を三尊取り出して、安置していることになる。

図５　胎蔵大日　ウダヤギリ大塔

オリッサから報告されている胎蔵大日の中で、この作品と並んで重要な意味をもつのが、ウダヤギリ遺跡の大塔にある作例（図５）である。ウダヤギリ大塔は、基壇が方形で、覆鉢部も四面を有し、それぞれの中央に龕《がん》が置かれ、脇侍《わきじ》を伴う仏坐像が一体ずつ置かれている。それぞれ異なる印を示し、それに基づき、東は阿閦、南は宝生、西は阿弥陀、そして北が胎蔵大日に比定される。胎蔵大日を除く三体は、いずれも仏形であるのに対し、胎蔵大日は垂髪で宝冠をいただく菩薩形であることからも、尊名比定はまちがいないであろう。阿閦以下の三尊が金剛界の四仏のうちの三尊に一致するのに対し、北のみは金剛界四仏の北方の不空成就ではなく、胎蔵大日如来が置かれていることが、かねてから謎とされてきた。金胎不二の思想の源流をここに求める説もあるが、それを裏付ける類例や、文献上の根拠などは見出せない。

なお、これらの四仏の脇侍は、全体で八尊となり、持物などの特徴から八大菩薩であることも確認されている。八大菩薩については後述するが、やはり胎蔵マンダラと関係の深い尊格のグループである。ウダヤギリからは、このほかにも光背の左右に八大菩薩を配した単独の胎蔵大日如来坐像が出土している。

(2) 金剛界大日

金剛界マンダラの中尊である大日如来は、菩薩形で結跏趺坐《けっかふざ》で坐り、両手で智拳印《ちけんいん》を結ぶのが、日本では一般的である。インドにもこれに一致する作例がいくつかある。その中の代表的なものを二例、紹介しよう。

初めに取り上げるのはウダヤギリ遺跡出土の作品（図6）である。ほぼ等身大の大規模な浮彫で、優品の多いウダヤギリ遺跡においても、とくに注目を集めてきた。若々しい青年のような容貌をもち、結跏趺坐で堂々と坐る。正面性が強く、シンメトリカルなポーズをとる。髪の毛を高く結い上げ、髪の生え際からは冠帯が左右に翻る。両手は胸の前で一部を重ねるような仕草を示すが、おそらくこれが智拳印の表現であろう。ただし、日本で一般的な、左手の人差し指を右手で握る形とは異なり、説法印に近い。

この作品でもうひとつ注目されるのは、光背上部左右と、蓮台の下の部分の左右に、それぞれ一体ずつ、合計四体の女尊が表されていることである。それぞれ異なる持物を手にし、向かって左下から右回りに、線

▲図７　金剛界大日　ナーランダー出土、デリー国立博物館

▶図６　金剛界大日　ウダヤギリ僧院跡

香、華鬘《けまん》、灯明、塗香《ずこう》に比定できることから、この順番に、金剛香、金剛華、金剛灯、金剛塗香の外の四供養菩薩が表されていることになる。外の四供養菩薩は金剛界マンダラの三十七尊に含まれ、そこでも四隅に置かれている。この作品に見られる配置もそれに一致し、全体が金剛界マンダラの抜粋のようになっていることがわかる。金剛界マンダラについての知識があってはじめて可能になる形式である。

　次に取り上げるナーランダー遺跡出土のブロンズ像（図７）も、金剛界マンダラを強く意識した作品である。方形の台座の上に鍍金が施されたブロンズの作品で、小規模ながら、入念に作られている。菩薩形をとり、結跏趺坐で坐る尊容は、前の例と同様であるが、両手で結ぶ智拳印は日本密教のそれにかなり近い形態をもち、さらにその左手の中には金剛杵を握っている。制作年代は一一世紀頃と推測されるが、これはすでに後期密教の時代に相当し、前のウダヤギリの出土例よりも二、三百年遅れる。

ナーランダー出土のこの作品は、一見してすぐわかるように、四面をそなえている。四面を有する大日如来の作例は、やはりナーランダー出土の石彫の作品がもう一例知られているが、こちらは高浮彫のため、実際は背後の面が表されていない。

大日如来が四面を有することの根拠は、金剛界マンダラの典拠となる『真実摂経』（初会《しょえ》の金剛頂経）の冒頭部にある。大日如来の前身である一切義成就菩薩が五相成身観という実践を修め、それによって金剛界如来（すなわち大日如来）として成仏したことによる。金剛界如来は須弥山頂《しゅみせんちょう》の楼閣の中央に坐し、世界全体を見渡すべく、すべての方角に顔を向ける。その姿が四面の大日如来として表されているのである。この作品の台座の左右に獅子がうずくまっているのは、金剛界如来の台座が獅子座であることを反映している。

大日如来が四面をそなえるのは、チベットでは一般的で、絵画作品にしばしば見られる。また、北インドのスピティにあるタボ寺には、四面ではなく、四体の大日如来をそれぞれ背中あわせに置いて、同じように世界を俯瞰する大日如来を表している。ナーランダーの二作品も、これらにつながるもので、その源流に位置づけることができるであろう。

もうひとつ、この作品で注目されるのは、正面からの写真ではわかりにくいが、台座の表面の四方に四波羅蜜の三昧耶形《さんまやぎょう》が表されていることである。すなわち、大日如来の前には金剛杵、右には宝、後ろには蓮華、左には羯磨杵《かつましょ》である。これらはそれぞれ四部のシンボルでもあるが、大日如来の身体のすぐそばにあることから、金剛界マンダラでも大日如来の月輪に接する四方に置かれた四波羅蜜と見るのが妥当であろう。四波羅蜜を尊形すなわち女尊の姿ではなく、三昧耶形というシンボルで表すのは、『真実摂経』などの注釈者として権威のあったアーナンダガルバの著作に見られる。そして、実際、アーナンダガルバの流儀を重視したチベットでは、四波羅蜜を三昧耶形で表した作品も知られている。

四　八大菩薩

(1) マハーラーシュトラ

大乗仏教以来の伝統的な八尊の菩薩で構成された八大菩薩は、初期密教から中期密教にかけて、とくに信仰を集めた重要な仏のグループである。胎蔵マンダラの形成にかかわったことも指摘されている。後期密教においても一部のマンダラに引き継がれたり、メンバーを入れ替えて登場するなど、根強い人気を誇る。中国や日本の密教でも信仰され、アジア的な広がりをもった尊格たちでもあった。八尊の菩薩とは、観音、金剛手、弥勒、文殊、普賢、地蔵、虚空蔵、除蓋障《じょがいしょう》である。

八大菩薩の作例はインドにおいても豊富で、従来より研究者の関心を集めてきた。セットの遺例が知られているのは、ビハール、オリッサ、そして西インドのマハーラーシュトラである。いずれにおいても八大菩薩を構成する八尊には変わりはないが、配列や表現方法に地域的な違いが認められる。

このうち、制作年代が最も早いと考えられるのが、マハーラーシュトラのエローラ石窟の作例で、全部で一〇例ある。このうち半分の五例は、小祠堂の左右の側壁に、丸彫りの像を四体ずつ横一列に並べ、左右で向かい合うようになっている（図8）。便宜上、これを礼拝像タイプと呼ぶ。エローラ石窟の第一一窟と第一二窟にある。残りの五例は壁面を縦横それぞれ三つずつに区切り、全体で九つの区画を格子状にして、その中心を除く八区画に、八大菩薩を浮彫で表す（図9）。これをパネルタイプと呼んでおく。これらは第一二窟に集中してみられる。

パネルタイプが金剛界マンダラなどに見られる井桁の構図によく似ていることから、これをマンダラと見なす研究者もいるが、それは妥当ではない。中央に表されているのは、脇侍を伴った釈迦と推測され、それに一番近い中段の左右の区画には、観音と金剛手が表されている。釈迦の脇侍も観音と金剛手と推測され、この組み合わせからなる三尊形式を基本として、その上段と下段に残りの六尊の菩薩を並べている。しかも、観音と金剛手に一番近い区画には、文殊と弥勒を配置することも共通して見られる。八大菩薩の八尊は、す

図8　釈迦と八大菩薩　エローラ第11窟

図9　釈迦と八大菩薩　エローラ第12窟

べて同等に扱われているのではなく、釈迦に最も近い観音と金剛手が筆頭で、それに弥勒と文殊が続き、残りの四尊とは扱いが異なることがわかる。

このことは礼拝像タイプでも認められ、祠堂の主尊である釈迦の左右の脇侍として、観音と金剛手を置き、これに続く位置を占めているのが弥勒と文殊なのである。礼拝像タイプの作例の中には、脇侍として観音と金剛手をひときわ大きく表し、それに続いて、ひとまわり小さな観音と金剛手をもう一体ずつ置くことがある。観音と金剛手が脇侍菩薩となり、それに加えて八大菩薩の筆頭の二菩薩となって、繰り返して登場することになる。パネルタイプはこれをコンパクトにまとめた形式と考えられる。第一一窟と第一二窟の各層の造立年代から、礼拝像タイプが先にあり、パネルタイプがそれに続いて制作されたことは明らかで、パネルタイプを展開して礼拝像タイプを作ったわけではない。あくまでも、釈迦と二脇侍を基本にすえ、これにその他の菩薩を組み合わせていったのである。

図 10　釈迦と八大菩薩　ナーランダー出土、デリー国立博物館

（2）ビハールとオリッサ

脇侍という役割から八大菩薩をとらえることは、マハーラーシュトラ以外の八大菩薩にも有効である。

ビハールからはナーランダー僧院跡から、八大菩薩を一列に並べた浮彫が出土している（図10）。ここでは、中央に触地印《そくじいん》を示す釈迦を置き、そのすぐ左右に観音と弥勒を配する。この組み合わせは、エローラの観音、金剛手とは異なるが、

図11　光背の左右に八大菩薩を配した釈迦　ウダヤギリ

ビハールやその隣のベンガルなど、北インドの各地から出土した釈迦三尊像の最も一般的な組み合わせで、古くはガンダーラ出土の釈迦三尊像にも見られる。

　これに対し、西インドでは弥勒ではなく金剛手が脇侍の位置を占める。エローラ石窟には八大菩薩を祀った祠堂以外にも、釈迦を中心とした三尊形式の像が数多く遺されている。これらのほとんどがこの組み合わせである。この形式も歴史的には古く、ガンダーラとならぶ仏像誕生の地として知られるマトゥラーで、はやくから作られ、中インドから西インドにかけて流行した。インド仏教美術の二つの大きな流れが、三尊形式の脇侍菩薩の組み合わせからたどることができるのである。このうち、釈迦と観音、金剛手の組み合わせは、胎蔵マンダラの基本的な枠組みである三部に対応し、胎蔵マンダラの成立を考察する上でも重要な意味をもつ。

　八大菩薩の作例が残るもうひとつの地域オリッサは、この二つの流れの折衷的な位置にある。オリッサの三尊形式は、地理的に近いベンガルやビハールよりも、むしろマハーラーシュトラの形式に近い。ただし、金剛手がシンボルとして持つ金剛杵が、マハーラーシュトラでは睡蓮に垂直に立っていたのに対し、オリッサでは水平に載っている。

　オリッサの八大菩薩の表現方法として好まれたのが、中央に釈迦などの仏を大きく表し、その光背や台座の部分の左右に、縦一列になるように、菩薩を四尊ずつ小さく表した形式である（図11）。この場合、いずれも観音と金剛手が同じ側にならないように、左右に振り分けている。エローラで礼拝像タイプを置いていた祠堂の内部空間を、光背という平面に縮小して再現しているのである。一部の作品では、八大菩薩全体ではなく、主要な四尊、すなわち観音、金剛手、弥勒、文殊のみを表すこともあるが、その場合も、観音と金剛手は必ず左右に分かれて配される。

この配列に唯一合致しないのが、すでに紹介したウダヤギリ大塔の四仏の脇侍として表された八大菩薩である。この作品は、これまで見てきたいずれの原理でも説明できない。これまでの作品は主尊となる仏が一尊であるのに対し、ここでは四方の四体の仏となっているためとも考えられる。ただし、主要な四尊とそれ以外の四尊とに、八大菩薩が大きく二つに分かれることは確認できる。主要な四尊が一方向に集中しないように、主要な四尊と、それ以外の四尊のグループから、それぞれ一尊ずつを選んで組み合わせ、中尊の仏の左右に置いているのである。

オリッサ出土の八大菩薩として忘れてはならないのが、ラリタギリ出土の単独像のセットである（図12）。

図12　除蓋障菩薩　ラリタギリ出土、インド博物館

これらは形式やモチーフの違い、あるいは同一の尊格の数などから、少なくとも四つのセットがあったと推測される。八大菩薩を単独で表した作品としては、すでに述べたエローラの礼拝像タイプもそうであったが、ラリタギリの作品はそれよりも一回り大きく、しかも、きわめて入念に作られた作品ば

かりである。それぞれが高浮彫で表され、大きな光背をそなえている。おそらく、寺院の内部の空間に、一定の規則に従って配置されたと考えられるが、現在は現地の収蔵庫などに並べられ、出土状況の記録などは公表されていないため、全体の配置プランを復元することはできない。

このラリタギリの八大菩薩群像は、規模や作風から、これまで見てきた作品とは比べものにならないほど質の高い作品である。しかも、その一部の作品には、菩薩の左右に小さな眷属尊が描かれている。これらの中には、胎蔵マンダラで八大菩薩の近くに描かれた尊格に比定できるものもある。僧院内の空間がこのような八大菩薩やその眷属尊で埋め尽くされていたとしたら、それはまさに立体的な曼荼羅に近いイメージで、当時の仏教徒たちによってとらえられていたであろう。

五　その他の作品

大日如来を含む五仏についても簡単にふれておく。五仏は中期密教を代表する胎蔵マンダラと金剛界マンダラのいずれにも含まれるが、中尊の大日如来と西方の阿弥陀如来を除くと、そのメンバーは一致しない。インドに残るのはこのうちの金剛界の五仏のみである。金剛界五仏を表した作品としてよく知られているのは、ナーランダー出土の浮彫の石版である（図13）。中央にいるのは説法印の如来で、そのすぐ横には触地印と与願印、両端には定印と施無畏印の仏坐像を配する。印の組み合わせは金剛界の五仏にほぼ一致するが、中央の説法印の如来のみは大日如来とはいい切れない。台座に法輪と二頭の鹿が表され、むしろ初説法の釈迦と見るのが妥当であろう。ここでも、説法印の釈迦から智拳印の大日如来という方向性を、その背後に想定することができる。

このほか、金剛界の五仏を表した例としては、建築部材の一部などもあるが、圧倒的多数は石彫の尊像の光背上部に小さく表現する形式である。主尊は観音、ターラー、文殊などである（図14）。興味深いのは、主尊の種類に従って、五仏の配置が変わることである。たとえば、観音が主尊の場合、中央に置かれる仏は大日ではなく、阿弥陀になる。これは観音の属する部族が蓮華部で、その部の主尊が観音であることに基づくのであろう。仏の世界をいくつかの部族に分類して、全体を構築していたことがわかる。

初めにも述べたように、中期密教は明王や女尊など、それまでの仏教では見られなかったような尊格が大量に出現した時代である。そして、インドではそのような多様な仏の作品が、ごく少数にとどまっていたことにもふれた。しかし、わずかではあるが、降三世明王、不動明王、大威徳明王などの明王の作例が知られている。女尊は比較的作例が豊富で、とくに密教の時代に現れた特殊なターラー、たとえば金剛ターラーや

図13　釈迦と金剛界四仏　ナーランダー出土、デリー国立博物館

図14　光背に五仏を表した観音菩薩
ベンガル出土、ダッカ博物館

図15　カディラヴァニーターラー
ラリタギリ出土、インド博物館

カディラヴァニーターラー（図15）のような特定の名称を冠したターラーの作例もある。インドで実際に残る作品は限定的ではあっても、後の中国や日本における密教美術の大規模な展開から考えて、すでにインドでも水面下では、このような密教美術のイメージ形成が、着々と進んでいたのであろう。

参考文献

佐和隆研編、一九八二、『密教美術の原像』法蔵館

松長恵史、一九九三、「光背五仏について」『高野山大学密教文化研究所紀要』六、一四五～一六二頁

宮治　昭、一九九五、「インドの大日如来の現存作例について」『密教図像』一四、一～三〇頁

森　雅秀、二〇〇一、『インド密教の仏たち』春秋社

森　雅秀、二〇〇七、「エローラ第11窟、第12窟の菩薩群像」『金沢大学文学部論集　行動科学・哲学篇』二七、九九～一三四頁

頼富本宏編、二〇〇七、『大日如来の世界』春秋社

Huntington, Susan L., 1984, *The "Pala-Sena" Schools of Sculpture*, Studies in South Asian Culture Vol. X. Leiden: E. J. Brill.

第II部　インド中期密教の伝播

第1章 ネパール

ネワール仏教の儀礼を中心に

山口しのぶ

一 はじめに

ネパールのカトマンドゥ盆地には、すでに七世紀にはインドから密教が伝わっていたといわれる。古くからこの盆地で都市文明を築いてきたネワール人たちの間では、ネワール仏教が現在でも信仰されている。ネワール仏教では現在でもサンスクリット経典儀軌を用いた儀礼が数多く行われており、インドで失われてしまった密教儀礼の面影を見ることができる。

本章では、ネワール仏教の儀礼の中でも中期密教の仏やマンダラに対する儀礼「師マンダラ供養」および「悪趣《あくしゅ》清浄《しょうじょう》マンダラ」の儀礼を取り上げ、ネワール仏教において中期密教がどのように展開したかを見ていこう。

二　師マンダラ供養

ネワール仏教では寺院や僧侶の家庭においてさまざまな儀礼が行われるが、その中で最も基本的であり、諸儀礼の最初に行われるものが「師マンダラ供養」（グルマンダラ・プージャー）である。この供養で「師《グル》」と呼ばれるのは、中期密教の代表的なマンダラ、金剛界マンダラの十六大菩薩の一尊である金剛薩埵《こんごうさった》である。特にネワール仏教では金剛薩埵は高い地位に置かれ、仏教僧の師と考えられるとともに、五仏の師であるともされている。ネワール仏教寺院には、五仏の像が並んだその上に金剛薩埵像が位置することがある（図1）。

図1　ネワール仏教寺院のトーラナ。阿閦仏を中心に五仏が並び最上位に金剛薩埵が坐す
パタン市、クワ・バハ、筆者撮影

師マンダラ供養においては、僧は自身の前に描いたマンダラ（師マンダラ）に金剛薩埵をはじめとする諸仏諸菩薩を招いて供養を行う。先に述べたように師マンダラ供養は諸儀礼の最初に行われ、儀礼全体では準備的な行為と考えられる。この供養で僧侶は、金剛薩埵等の諸仏諸菩薩からある種のエネルギーを受け取り、そのエネルギーで中心的儀礼を行うと考えられる。

師マンダラ供養では、まず僧は自身の前に白い粉で直径一〇センチほどの円を描く（図2）。中心の円周は「輪廻の輪」と呼ばれ、輪で囲まれた内部はこの地上を示す。その輪の上に太陽と月を表す二つの小円を描き、その間には光線を描く。これら全体が

「師マンダラ」と呼ばれる。その後、僧は法螺貝《ほらがい》に入った水で自身の口をすすぎ、身体を浄化する。次に僧は儀礼執行の宣言（表白《ひょうびゃく》）を行い、儀礼の日時、場所、目的などを宣言する。師マンダラ供養の後に中心的儀礼が行われる場合には、その中心的儀礼の目的などが述べられる。

次に僧は右手で米を頭上に載せ、左手親指で左手指の関節の間を数え、心の中で「プン、ジャーン、オーム」などと唱える。これらの音は「種子《しゅじ》」と呼ばれ、古代インドの二四の密教聖地の頭文字である。これら二四聖地には、後期密教の忿怒の仏チャクラサンヴァラのマンダラ諸尊が住すると考えられている。金剛薩埵とともにチャクラサンヴァラもネワール仏教僧にとって非常に重要な仏であり、「金剛乗《ヴァジュラヤーナ》」と呼ばれるネワール仏教僧の通過儀礼では、チャクラサンヴァラのマンダラが用いられる。ここでは二四聖地の種子を僧の指に布置《ふち》し、脈管《みゃくかん》（気の通り道）を浄化する。

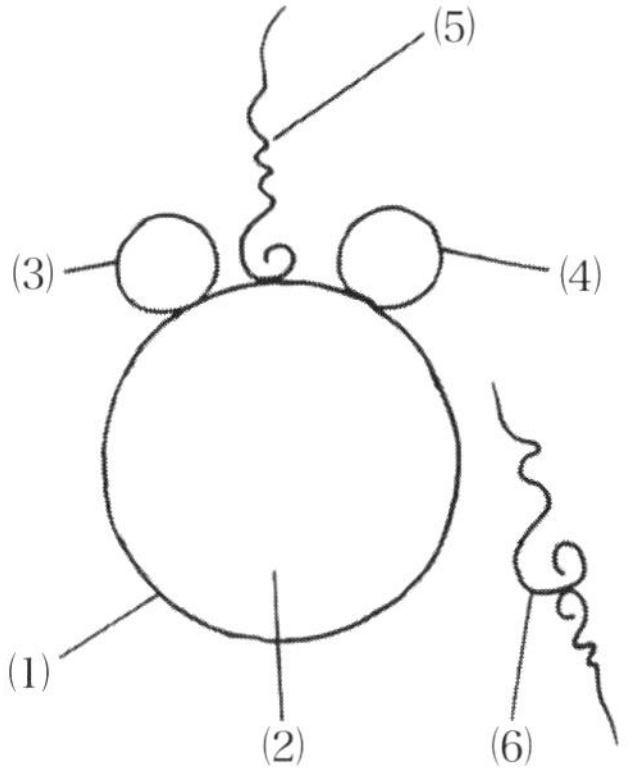

図２　師マンダラ　⑴輪廻の輪、⑵地、⑶太陽、⑷月、⑸光線、⑹雲の上のゴージャ

僧は自身を浄化した後、儀礼の場となる師マンダラにシンドゥーラ（儀礼に用いられる赤い粉）、水、米、花を置いてマンダラを浄化する。このとき、僧は「水と牛糞が布施［波羅蜜］であり、掃除することが持戒［波羅蜜］である云々」という文句を唱える。ここでは師マンダラに供物を供えて浄化することが、儀礼的に六波羅蜜、すなわち仏教修行者が行うべき六つの実践徳目を完成することを示すと考えられる。

その後、僧はマンダラに花をちぎって供え、師マンダラ上に須弥山《しゅみせん》を中心とした世界を創出する。それから僧は、「（前略）私は世間を浄化するために奉仕によってマンダラを作りだそう。それゆえ善き弟子と私をあわれんで、一切の方々（諸仏諸菩薩）はこぞってマンダラに住されよ（後略）」と唱え、師マンダラに金剛薩埵をはじめとする諸仏諸菩薩を招く。

　金剛薩埵等を師マンダラに招いた後、僧は師マンダラに水、シンドゥーラ、食物、灯明、米、花などを供え、仏たちをもてなす。もてなしの最後には、「金剛薩埵の百字真言」と呼ばれる金剛薩埵に守護や成就を頼む真言が唱えられる（図3）。

図3　百字真言を唱える僧　和田壽弘・森喜子撮影

　金剛薩埵が住する師マンダラは、また「宝マンダラ」とも呼ばれる。この後、僧は「四種の宝石からなり、八つの州に飾られ、種々の宝石によりおおわれた須弥山を無上の［恵み］を与える方（金剛薩埵）に私は捧げる（後略）」と唱え、師マンダラに米と花を供え、その上に水を注ぐ。これが師マンダラ供養の中心的行為であり、ここで僧は、須弥山世界であるとともに宝マンダラである師マンダラを、師である金剛薩埵に捧げるのである。

　師マンダラを金剛薩埵等の諸仏諸菩薩に捧げた後、僧は師と三宝に敬礼《きょうらい》し、その後、菩提行《ぼだいぎょう》、つまり悟りを得るための実践の決意を述べ、また自身の罪の懺悔《さんげ》や、自身が積んだ善い行為の功徳を世間の利益にふり向けるための回向《えこう》の文言を唱える。ここで僧は、マンダラに集う金剛薩埵などの仏たちに、自身の修行者としてのさとりへの決意を表明するのである。ここで金剛薩埵などへの行為が終了する。

　その後、諸仏諸菩薩とともに師マンダラにやってきたと考えられるインドラ（帝釈天）、ヤマ（閻魔天）、ヴァルナ（水神）など世間の守護神（護世神）、太陽、月、惑星、竜王などに花、線香、灯明、ポップライスなどが捧げられ、彼らへの賞賛の文句が唱えられる。これら一連の供養の後、僧は「あなた方により一切衆生への利益はなされた。心のおもむくままに仏の境界へ行け。再び戻ってくるために」という文言を唱えて、師マンダラに集う仏たちを送りだし師マンダラ供養は終了する。

以上の師マンダラ供養では、中期密教の仏である金剛薩埵が諸仏諸菩薩とともに師マンダラに招かれ供養を受ける。この供養においては、チャクラサンヴァラなど後期密教の仏たちの聖地にかかわる行為も含まれ、後期密教を重視するネワール仏教の特色があらわれている。師マンダラ供養においてネワール仏教僧は仏と対峙しながらも、仏を瞑想しマンダラ上の金剛薩埵や諸仏と一体となることはない。須弥山世界を師マンダラ上に創出し、その世界を自らの師に捧げた後、僧自身は仏との距離を保ったまま仏教の本来の目的である悟りへの決意を新たにするのである。この供養は師金剛薩埵のもつエネルギーを受け取る行為であるとともに、この供養を行う僧侶たちが修行者としての意識をリセットさせる、という性格ももっていると思われる。

三　ネワール仏教の死者儀礼と悪趣清浄マンダラ儀礼

（1）ネワール仏教徒の葬儀のプロセス

ネワール仏教では人が亡くなると、葬儀の際、中期密教のマンダラの一つである「悪趣清浄マンダラ」が使用される。悪趣清浄マンダラは、中期密教の代表的経典である『金剛頂経』第二章「降三世の章」の注釈にあたる「釈タントラ」の『悪趣清浄タントラ』に基づいたマンダラである。死者が死後、地獄や餓鬼道、畜生道など悪い行先（悪趣）に赴かないようにと願い、現代のネワール仏教やチベット仏教でもこのマンダラを葬儀に用いる。

ネワール社会はその長い歴史の中でカースト制度を受け入れ、仏教徒も特定のカーストに所属しているが、仏教徒が亡くなると各々のカーストのやり方にしたがって葬儀が執り行われる。残念ながら筆者はネワール仏教徒の葬儀に参列した経験はないが、ここではネワール仏教僧が出版した儀礼のテキストと僧侶へのインタビューをもとに、仏教僧カーストのヴァジュラーチャールヤとシャーキャの人々が行う葬儀の概要を述べよう。

ネワール仏教僧カーストに属する人が亡くなると、遺体は初日に茶毘に付される。初めに家の床に牛糞で卍（スワスティカ）が描かれ、その上に竹でできた敷物を敷き、その上に遺体を寝かせる。その後遺体を茶毘に付すための火を起こし、遺体を外に運び出す。ネワール仏教徒の社会には「グティ」と呼ばれる共同扶助体（講）の一種が存在し、ここで遺体を火葬場に運んでいくのもこのグティのメンバーである。遺体の後を追って、兄弟姉妹が泣きながら静かに火葬場に向かう。「泣きながら」というのは、自然に泣けるというより、むしろ儀礼的に死を悼んで泣く、ということであり、その際、人々は悪趣清浄の陀羅尼《だらに》（呪力のある文言）を唱えるという。

火葬場に到着すると、遺体は茶毘に付される場に置かれる。ネパールでは多くの場合、火葬場は川岸に位置するが、ここでは川の砂で「ピンダ」と呼ばれる団子と小さな「悪趣清浄仏塔」が作られ、遺体のかたわらに置かれる。僧はピンダと仏塔を前にして、まず前節で述べた師マンダラ供養を行う。その後、僧はピンダ供養執行の宣言（表白）を行い、故人が畜生道、餓鬼道などの悪趣に陥らないように、というこの儀礼の目的を述べる。その後、参列者は遺体のまわりを右回りに三回、続いて左回りに三回まわり、その後、遺体に茶毘の火が点火される。

遺体が茶毘に付されているとき、喪主は沐浴し、悪趣清浄陀羅尼を読む僧侶と葬儀の音楽を演奏する人々に布施をする。その後は数名のグティのメンバーを残し、参列者全員が家に帰る。いっぽう火葬場では、残されたグティのメンバーが遺体を荼毘に付した後の灰を川に流す。

　二日目には親族が故人宅にあらためてお悔やみに訪れ、僧侶も『悪趣清浄タントラ』の経典を読誦する。第三日には、故人宅において砂で悪趣清浄マンダラが描かれる（図４）。『悪趣清浄タントラ』には複数の異なったマンダラが説かれるが、ネワール仏教徒の間でポピュラーなものは中心に釈迦仏、その東西南北とその間の四方四維《しい》に金剛仏頂、宝仏頂など八名の仏頂尊が配され、その周囲を菩薩などが取り囲むマンダラである。この日はネワール仏教の最もオーソドックスな儀礼である「瓶《びょう》供養」が行われる。また第四日には、

図４　砂で描かれた悪趣清浄マンダラ（上）
図５　悪趣清浄マンダラに 108 の灯明をともす親族
ともにガウタム・ラトナ・ヴァジュラーチャールヤ撮影

悪趣清浄マンダラの周囲に一〇八の灯明が置かれる（図５）。

　死後五日目には、第三日に砂で描かれた悪趣清浄マンダラの供養が行われる。ネワール仏教僧の記したテキストによれば、この供養は①太陽礼拝、②師マンダラ供養、③五種の牛の産物（牛乳、ヨーグルト、バター油、牛の尿、牛糞）による儀礼用具の浄化、

④シンドゥーラによる供養、⑤悪趣清浄三昧、⑥瓶、灯明、マーマキー供物供養、⑦本尊供養の次第で行われる。これらの一連の行為において、①から④、および⑥、⑦のプロセスは葬儀以外でも行われるが、⑤の悪趣清浄三昧は葬儀に際してのみ行われ、その他の儀礼では行われないという。この悪趣清浄三昧については次項で詳しく述べたい。

葬儀の六日目には、遺族はネワール語で「ローチャー」と呼ばれる干し飯を食べる。七日目が葬儀の最終日であるが、この日は砂で描いた悪趣清浄マンダラの送り出しの儀礼を行い、砂マンダラを川に流す。この日、遺族は家中を浄化し、料理した食べ物を家の入口に置く。その後、川で沐浴し、白い喪服を身に着け、男性親族は頭を剃る。その後、喪主は寺院に赴き、家内息災の護摩を行ってもらい、夕刻には軒下に死者のための食事が置かれる。

以上がネワール仏教僧侶カーストの七日間の葬儀の概略である。初日に人々が火葬場に赴くときから悪趣清浄の陀羅尼が唱えられ、また三日目には悪趣清浄マンダラが描かれ、五日目には長いプロセスを含むマンダラ供養がとり行われる。以上のように、ネワール仏教の葬儀において悪趣清浄マンダラとその儀礼は重要な位置を占めるが、先に述べたようにこのマンダラ供養には葬儀でのみ行われる「悪趣清浄三昧」の儀礼が含まれている。次項では、この悪趣清浄三昧について述べていこう。

（2）『悪趣清浄三昧』テキストの内容

ネワール仏教僧が行う儀礼の最も基本的なものに、本章第一節で述べた師マンダラ供養があるが、多くの儀礼において師マンダラ供養の次に行われるのが「三三昧」（トリ・サマーディ）と呼ばれる行為である。「三三昧」とは三段階からなるマンダラの観想法（イメージの瞑想）を意味し、瓶に本尊を招き入れ供養する

「瓶供養」や、死霊、餓鬼などに「バリ」と呼ばれる供物をささげる「バリ供養」など、ネワール仏教で基本的な儀礼においては必ず師マンダラ供養に続いて三三昧の儀礼が行われる。「瓶供養」や「バリ供養」の三三昧では後期密教の恐ろしい仏チャクラサンヴァラを中尊とするマンダラが三段階のプロセスで観想され、供養を受ける。

いっぽう葬儀の際、師マンダラ供養の次には「悪趣清浄三昧」が行われる。この三昧においても、三段階のプロセスで悪趣清浄マンダラの観想と供養が行われる。『悪趣清浄三昧』にはサンスクリットとネワール語で書かれた多くの写本や印刷本があるが、チャクラサンヴァラ三三昧のテキストと異なるのは、多種多様な印相の画が掲載されていることである（図6）。ネワール仏教僧は、これらのテキストに基づいて印を結びながら儀礼を行うとされる。ここではネワール仏教僧が現在儀礼に使用している印刷本に従い、悪趣清浄三昧のプロセスを述べていこう。

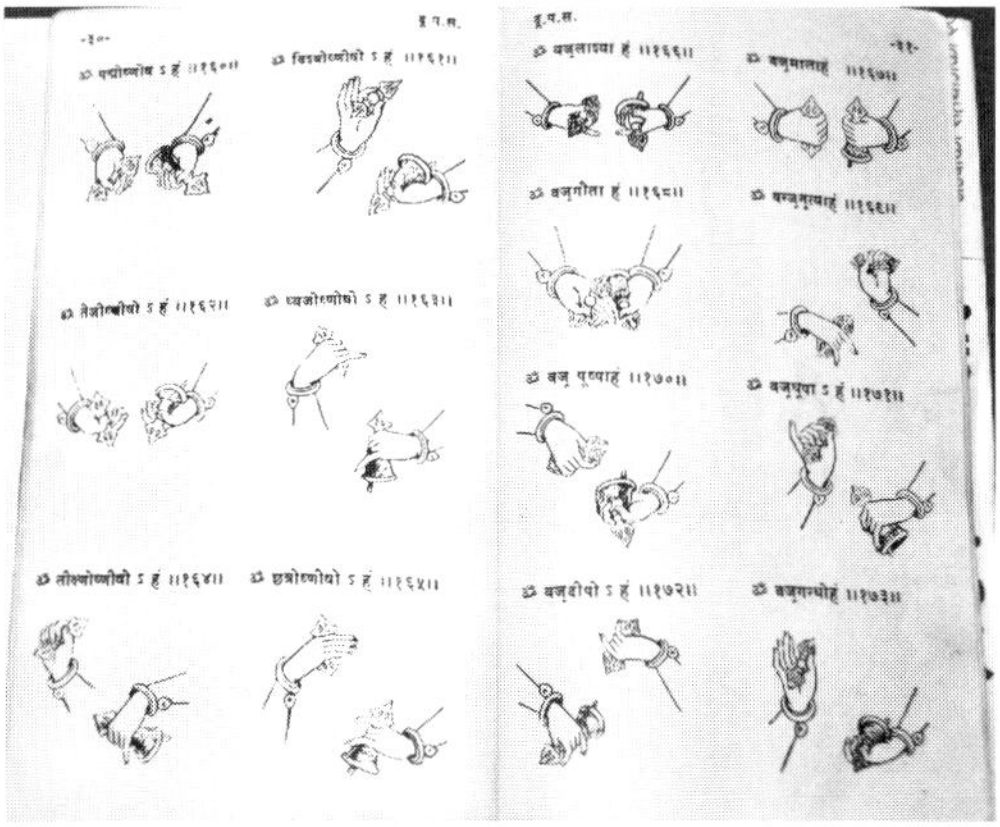
図6　印相が描かれた『悪趣清浄三昧』テキスト

悪趣清浄三昧の最初の三昧「第一ヨーガ三昧」において、まず僧は金剛薩埵と釈迦仏に敬礼し、青色、四面八臂、金剛杵と金剛鈴を持つ両手で妃を抱き、剣、チャクラ、弓矢などを持ち、両足でヒンドゥー教のナーラーヤナ（ヴィシュヌ）神と妃ラクシュミーを踏みつけるヴァジュラ・ジュワーラ・アナラールカ尊を、自らであると観想する。次に僧は親指を内側に組んだ印を結び、「オーム、ヴァジュラ・ジュワーラ・アナラールカよ、フーン、私を灌頂せよ」と唱える。その後、僧は次々と印を結んでこの尊格を招き、金剛華女、金剛香女などの印を結んで供養する。

次に、僧は虚空に悪趣清浄マンダラを観想し、両掌を鳥の翼のようにやや開く「ガルダ印」を結び、「ペーン、ペーン、ペーン」と唱えてマンダラを引き寄せる。ここで観想されるマンダラは葬儀で描かれたマンダラと同様、中尊の釈迦仏と八仏頂を中心とするものである。『悪趣清浄三昧』テキストでは、ここで僧が「三昧耶薩埵《さまやさった》」（約束の存在）と「智薩埵」（智恵の存在）という二種のマンダラを観想する、と述べられている。僧は印を結びながら、マンダラに供え水（閼伽《あか》水）、口すすぎの水を供え、水による浄め（灑水《しゃすい》）を行い、中尊と八仏頂、金剛喜女などマンダラ四隅の女尊、四人の供養女、弥勒をはじめとする十六人の菩薩、金剛鉤《こう》などの四人の門衛などのマンダラ諸尊に花を供える。

続いて、僧は手に金剛杵を持ち、「釈迦獅子（釈迦仏）に敬礼する。法輪をまわす者は、三界を、世界のすべてを、一切の悪趣を浄めよ」と唱え、その後、罪の懺悔を行う。懺悔の後、僧は花や線香、灯明などの八つの供物を示す印、布施波羅蜜をはじめとする十波羅蜜の印、心を捧げることを示す印、「秘密」を捧げることを象徴する印の計二〇種の印を、真言を唱えて立て続けに結ぶ。僧はこれら二〇のアイテムを、印というシンボルの形でマンダラ諸尊に捧げて供養し、最後は真言を唱えて自身を捧げる。

その後、僧は菩提心を発こす文言を唱え、次に印を結んで仏に罪の破壊や障害の浄化を頼み、悪趣清浄王（釈迦仏）に敬礼する。これで悪趣清浄マンダラが完成し、僧はこのマンダラを引き寄せ供養し、その後、心臓の中に引き入れ、そのマンダラと「心のマンダラ」を合一させる。続いて、心にマンダラを宿したまま、僧は仏たちに灌頂を受ける。灌頂の後、僧は釈迦仏と八仏頂を中心とする悪趣清浄マンダラ諸尊の印を、各々の仏の真言を唱えながら次々と結ぶ。これは、各尊の印によりマンダラ諸尊を飾り、その存在を確かなものとして刻印する行為であると考えられる。テキストによれば、僧はその後、新たに諸尊の「業印」（カルマムドラー）を結び、さらに手に金剛杵と金剛鈴を持ち、諸尊の「大印」（マハームドラー）を結ぶ。その後、マンダラ上の各尊に称賛の詩句が唱えられ、第一ヨーガ三昧は終了する。

第一の三昧が多くの印を結び、長いプロセスをもつのと対照的に、第二の三昧である「最も優れたマンダラ王の三昧」は、記述も比較的短く、また印相も描かれない。ここでは僧は風・火・水・地の四要素と楼閣を観想し、そこに再び主尊釈迦仏とマンダラ諸尊の計三七尊を観想する。

その後、僧は自身の頭頂に釈迦仏、心臓に金剛仏頂など、身体各部に諸尊を配置し、自身を聖別する。第三の三昧は「最も優れた行為の王の三昧」と呼ばれる。ここでは、僧は観想したマンダラを自身のもとに引き寄せ供養し、諸尊を称賛する。

以上、『悪趣清浄三昧』の概要を述べたが、ここでは第一の三昧に重点がおかれる。そこでは多くの印が結ばれ、「業印」「大印」など同じ仏たちに段階的に異なった印を結んでいき、それに従って観想も漸次的に深まっていくと考えられる。このような印を結んでの漸次的な観想の記述は、八世紀のインドの学僧アーナンダガルバ作『一切金剛出現』にも見られ、ネワールの『悪趣清浄三昧』も、このようなインド中期密教の伝統をよく残していると考えられる。

四　むすび

以上ネパールのネワール仏教儀礼について、「師マンダラ供養」、および葬儀における悪趣清浄マンダラとその儀礼を中心に見てきた。師マンダラ供養においては、ネパールで五仏の師である中期密教の仏金剛薩埵が観想され供養を受け、須弥山を中心とした世界が捧げられる。また葬儀においては、中期密教の悪趣清浄マンダラが作られ、そのマンダラを観想する悪趣清浄三昧が行われる。筆者はネパールのヒンドゥー教の代表的寺院パシュパティナートでヒンドゥー教徒の葬儀を観察したことがあるが、そのプロセスは遺体を荼毘に付す行為や女性たちが儀礼的に「泣く」など、仏教の葬儀とほとんど区別ができないほど類似しており、ネワール仏教儀礼のヒンドゥー教との強い関連性を感じた。だが、ヒンドゥーの葬儀で悪趣清浄マンダラが作られることは決してない。ネパールにおいて仏教とヒンドゥー教は相互に深く関係しているが、このような密教のマンダラとその儀礼は、ヒンドゥー教徒と自身を明確に区別するネワール仏教徒のアイデンティティーの基礎となっていると思われる。

［付記］本稿の執筆にあたり、ネワール仏教僧ガウタム・ラトナ・ヴァジュラーチャールヤ氏にネワール仏教の葬儀等に関してご教示をいただいた。ここに謝意を表します。

参考文献

高橋尚夫、一九八八、「金剛界大曼荼羅儀軌一切金剛出現第一瑜伽三摩地―和訳―」『密教文化』一六一、一一三～一五〇頁
山口しのぶ、二〇〇五、『ネパール密教儀礼の研究』山喜房仏書林
Badrīratna Vajrācārya, Nareś Mān Vajrācārya (ed.), 1988, *Śrīdurgatipariśodhanasamādhi*, Bāburatna Tulādhar et al., Kathmandu.
Ratnakajee Vajrācārya (ed.), 1994, *Kalaśārcanapūjāvidhi*, Yogambara Prakāśan, Kathmandu.
Skorupski, Tadeusz, 1983, *The Sarvadurgatipariśodhana Tantra*, Motilal Banarsidass, Dehli.

第2章　チベット

密教の相承と曼荼羅および密教美術を中心に

田中公明

一　はじめに

日本密教の根幹をなす『大日経』『金剛頂経』系の中期密教は、ヒマラヤを越えてチベットにも伝えられたが、その実態は長らく明らかでなかった。一九五九年のチベット動乱と文化大革命によって、チベット仏教は壊滅的な被害を受けた。宗教指導者の多くはインドやネパールに逃れ、そこから欧米開教に成功して、今日のチベット仏教ブームの基礎を築いた。しかし海外で一定の地歩を確立した宗教指導者といえども、かつてチベットに伝えられていた密教の全レパートリーに熟達していたわけではなかった。気候風土が異なる異郷で病に倒れ、後継者を得ることなく世を去った学僧も少なくなかったのである。

いっぽう文化大革命が終わると、中国国内でもチベット仏教復興の機運が高まり、いくつかの本山では、『大日経』『金剛頂経』系の中期密教の修学コースが再興された。本章では、このような最新の知見をもとに、チベットとその周辺地域における『大日経』『金剛頂経』系の中期密教の伝播と、それに基づく曼荼羅や密教絵画の作例を概観したい。

二　チベット密教のタントラ四分説

チベット仏教（ニンマ派を除く新訳派）では、すべての密教聖典（タントラ）を四種に分類する「タントラ四分説」が行われている。このうち「所作タントラ」は、インドにおいて比較的初期に成立した密教経典で、ほぼ日本の「雑密経典《ぞうみつ》」に相当する。第二は「行《ぎょう》タントラ」で、胎蔵曼荼羅を説く『大日経』系の密教に相当する。第三は「瑜伽《ゆが》タントラ」で、金剛界曼荼羅を説く『初会《しょえ》金剛頂経』『理趣経』系の密教である。これに対して第四の「無上瑜伽《むじょうゆが》タントラ」は、『初会金剛頂経』以後に成立した後期密教の聖典群であり、日本には伝承されないが、チベットでは最高の評価を与えられている。

このうち中期密教は、行タントラと瑜伽タントラにほぼ相当するが、チベットで行タントラに分類されていても、『ブータダーマラ・タントラ』（『金剛手菩薩降伏一切部多大教王経』）のように、成立が遅れるため、中期密教とは見なしがたいものが含まれている。いっぽう瑜伽タントラの中にも、わが国には伝承されない後期瑜伽タントラがある。このうちのいくつかは、初期の無上瑜伽タントラより成立が遅れるので、中期密教に分類すべきかに疑問が残るが、本章ではいちおうチベットで行・瑜伽に分類される密教を、中期密教として論述を進めることにしたい。

三　チベットへの『大日経』の伝播とその法系

この問題については、すでに他稿（田中、二〇〇三ａ）で紹介したが、チベットには吐蕃《とばん》時代に『大日経』が伝播し、シーレーンドラボーディとカワ・ペルツェクによってチベット訳された。さらにティソンデツェン王（七四二〜七九七）は、インド密教の権威者ブッダグフヤを招聘しようとしたが、彼はこれを謝絶し、代わりに『大日経広釈』と『大日経略釈』を贈ったと伝えられる。

吐蕃に遡りうる胎蔵曼荼羅の遺品は発見されていないが、胎蔵曼荼羅から主要尊を抽出した胎蔵大日八大菩薩、またこれに不動・降三世《ごうざんぜ》の二大明王を加えた群像が、吐蕃最初の本格的大僧院サムイェー寺をはじめ、チベット各地で制作されたとの記録がある。

このうちチベット自治区チャムド地区のチャムドゥン磨崖仏（八〇四年）と、青海省ジェクンド地区のビド大日如来堂の胎蔵大日八大菩薩像（八〇六年、図1）は現存している。また筆者は、八世紀末から九世紀半まで吐蕃が占領していた敦煌出土のチベット語密教文献の中から『眷属を伴う毘盧遮那讃《びるしゃなさん》』を発見した（田中、二〇〇〇、三〇〜三一頁）。これは八大菩薩などの眷属を伴う毘盧遮那仏の讃で、サムイェー寺の尊像配置と関連するものと思われた。ところが、ラサのチベット博物館所蔵の古写本の中から新たに発見された『パンタンマ目録』によって、『眷属を伴う毘盧遮那讃』は他ならぬティソンデツェン王の御製であることが判明した。このように吐蕃時代のチベットでは、『大日経』系の密教が盛行したことがわかってきた。

図１　ビド大日如来堂の八大菩薩像
ヴィジュアル・フォークロア撮影

しかし吐蕃時代に伝播したブッダグフヤ流は現存せず、

現在、チベットに伝えられる『大日経』の法系は、インドの学匠ジェーターリ（一〇世紀）に始まり、パリ訳経官（一〇四〇〜一一一一）によってチベットに伝えられたものである。

現在、チベットで『大日経』と胎蔵曼荼羅の修学コースが存在するのは、アムド（東北チベット）のラブラン寺、ラジャ寺、シャキュン寺の三カ寺（いずれもゲルク派）のみである。このうちラブラン寺とラジャ寺では、『時輪タントラ』を専攻する時輪学堂に『大日経』の修学コースが併設されているが、シャキュン寺には大日学堂（グンチャン・タツァン）と呼ばれる『大日経』専門の学堂が設置されている（図2）。筆者

図2　シャキュン寺の大日学堂

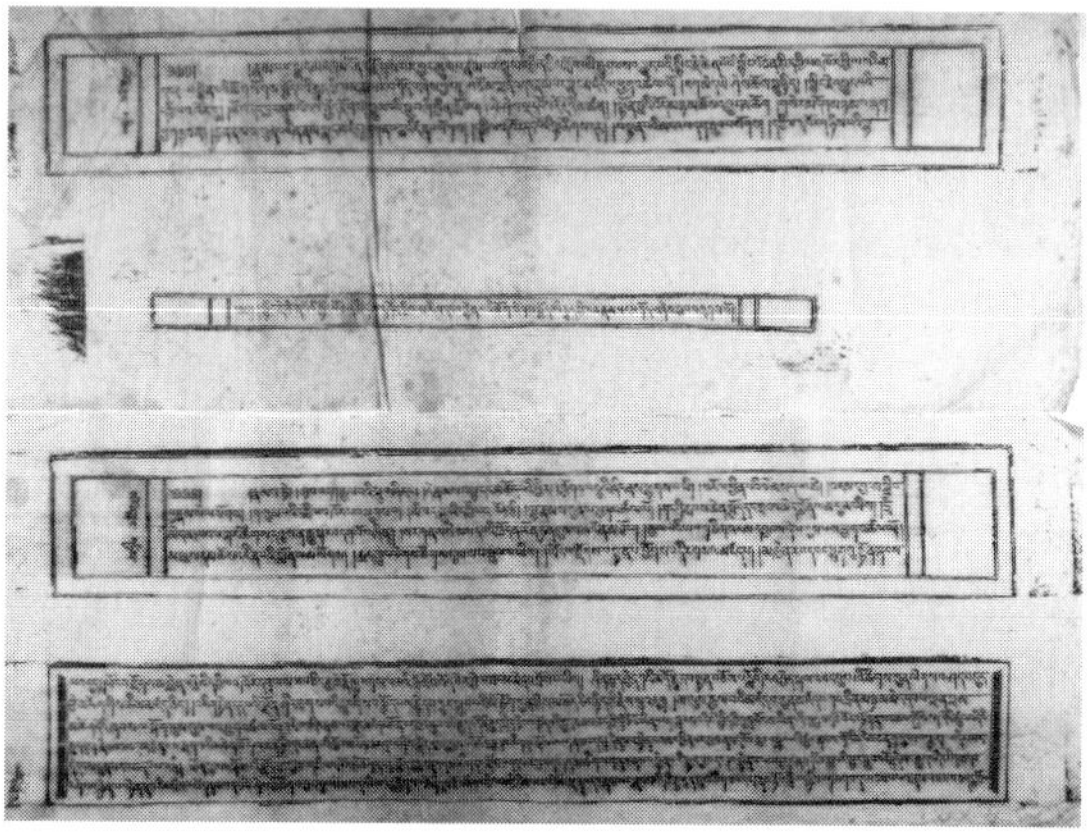

図3　シェーラプジュンネーの胎蔵曼荼羅儀軌　ラブラン版　筆者蔵

図4　胎蔵の砂曼荼羅　ラジャ寺

の知る限り、チベット仏教圏において、『大日経』と胎蔵曼荼羅に特化した学堂が存在するのは、シャキュン寺だけである。

ラブラン寺とラジャ寺では、宗祖ツォンカパの直弟子であるシェーラプジュンネーが著した胎蔵曼荼羅儀軌（図3）が用いられており、シャキュン寺大日学堂の胎蔵曼荼羅も、近代にラジャから伝播したと伝えられるので、おそらく同様であると思われる。

このうちラジャとシャキュンでは、毎年春に胎蔵の砂曼荼羅を制作しており、筆者は二〇一四年と二〇一五年に、ラジャとシャキュンの胎蔵曼荼羅を調査することができた（図4、カラー口絵5）。

四　チベットにおける胎蔵曼荼羅の作例

いっぽうチベット系の胎蔵曼荼羅の作例としては、わが国に最初に紹介されたゴル曼荼羅集所収の胎蔵曼荼羅のほか、富山県立山博物館本、Rossi & Rossi本、ラブラン寺時輪学堂本（図5）などが知られている。このうちRossi & Rossi本は、一四世紀に遡りうる現存最古の作例であるが、通常は西を下に描かれる胎蔵曼荼羅を、金剛界曼荼羅と同じく東を下にして描くなど、諸尊の配置が通例と異なる点が多い。

これらチベットの胎蔵曼荼羅を日本の作例と比較すると、以下のような特徴が挙げられる。

①全体の尊数は一二二尊前後となり、日本の胎蔵界曼荼羅に比して、はるかに少ない。現図《げんず》曼荼羅が、関連する経軌から多くの尊格を補充しているのに対し、チベットの胎蔵曼荼羅は、『大日経』所説の尊格のみを描くためである。

②中台八葉には胎蔵大日のみで、四仏四菩薩を描かない。なお作例によっては、四方の門楼（トーラナ）

上や楼閣の外に胎蔵四仏を描くことがある。

③金剛手部の眷属を日本では十六執金剛と数えるが、チベットではこれを十二執金剛と数える。十二執金剛については、初重の西面つまり持明部に配する作例と、初重の南面つまり金剛部に描く作例の二種がある。

④遍知印《へんちいん》の三角形（ダルモーダヤ）が、日本とは逆に下向きに描かれている。

このようにチベットの胎蔵曼荼羅は、日本の作例とは非常に異なっており、現図曼荼羅を見慣れた日本人には、一見しただけでは、それと同定できないほどである。また同じチベットの作例間でも、図像が固定している金剛界曼荼羅や後期密教の曼荼羅に比して、図像にかなりの相違が認められる。これは伝統を墨守する傾向が強いチベットの密教図像においては、かなり異例といえる。

図５　チベットの胎蔵曼荼羅　ラブラン寺時輪学堂本

いっぽう、ギャンツェのペンコル・チューデ仏塔二層の普賢堂（クンサン・ラカン）には、『大日経』所説の二十五菩薩の壁画が描かれている（一五世紀、図6、カラー口絵6）。これらは胎蔵曼荼羅の第三重に配される文殊部、除蓋《じょがい》障《しょう》部、虚空蔵部、地蔵部に属する二五尊の菩薩を、曼荼羅の楼閣から取り出して描いた作品である（田中、一九九六、八一〜八九頁）。

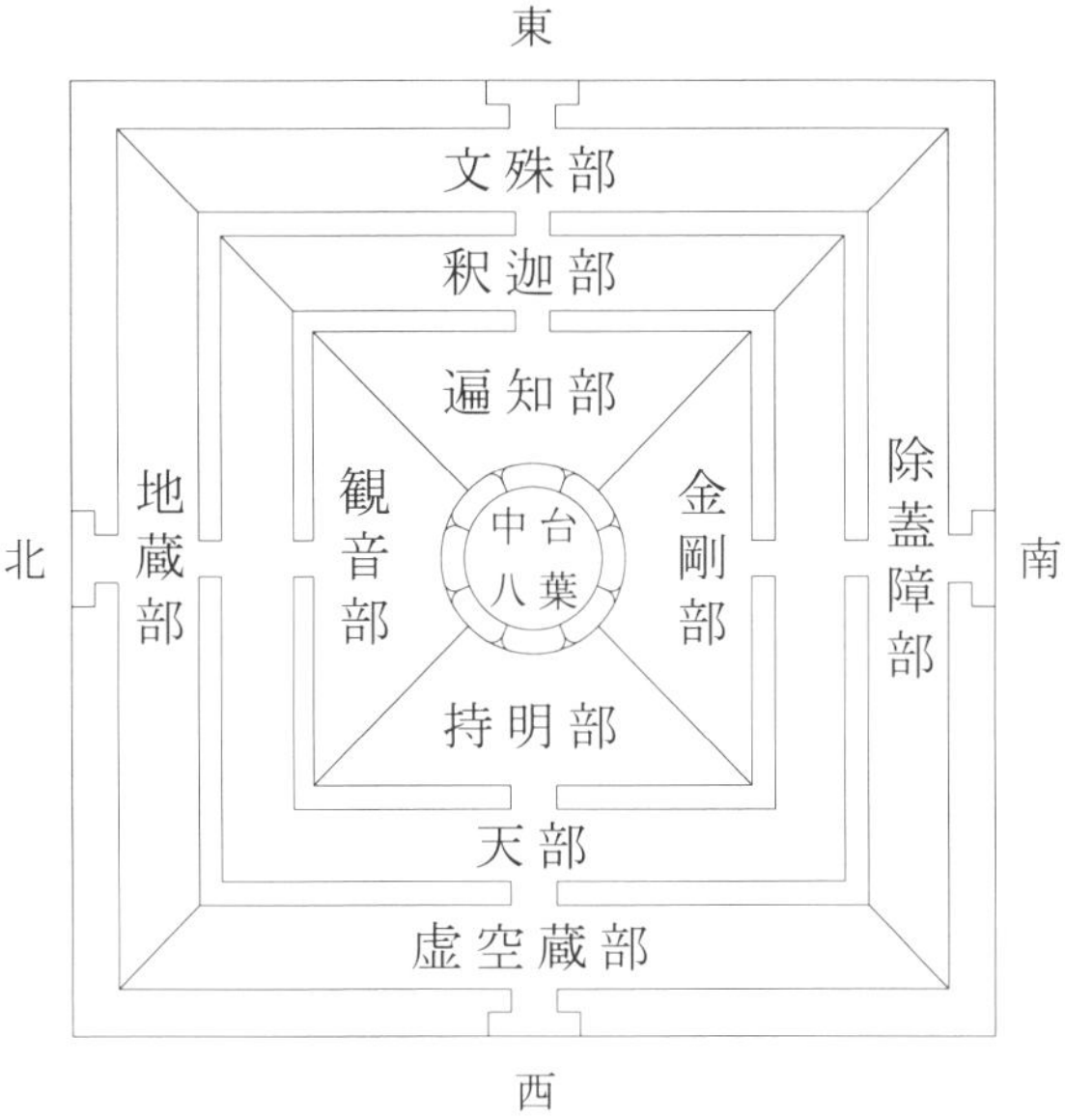

図5′　チベットの胎蔵曼荼羅

図6　普賢堂の胎蔵二十五菩薩から除蓋障部の施無畏と除悪趣
ペンコル・チューデ仏塔二層

いっぽう同じ二層にある不空羂索堂（トゥンシャク・ラカン）には、胎蔵曼荼羅諸尊の壁画が遺されている（一五世紀、図7）。東壁中央には、全段突き抜けで胎蔵大日を大きく描き、その向かって左に観音、右に金剛手を、他の眷属尊の二倍の大きさで描いている。この配置は、胎蔵曼荼羅の根幹をなす仏蓮金の三部を、強く意識したものといえる。不空羂索堂に描かれる胎蔵諸尊を合計すると一〇九尊となる。これを通常、チベット系の胎蔵曼荼羅に描かれる一二二尊と比較すると一三尊を欠いているが、主要尊はほぼ網羅している（田中、一九九八）。

図７　不空羂索堂の胎蔵曼荼羅諸尊
ペンコル・チューデ仏塔二層

また普賢堂と不空羂索堂では、二五尊の菩薩が重複している。両作例は、『大日経』所説の標幟《ひょうじ》については一致するが、標幟の持ち方や、持物を持たない手の手勢、そして身色がほとんど一致を見なかった。したがって、両者がプロトタイプを共有していないことは明白である。両者の相違が、別系統の祖本に起因するものか、儀軌に規定されていない図像の細部を画家が自由に解釈して描いたために生じたのかは、今後、他作例や文献資料と比較しつつ、慎重に検討しなければならない。

なお不空羂索堂壁画の最上段には、『大日経』の歴代ラマが描かれている。その法系は、三節で紹介したジェーターリからパリ訳経官に伝えられたものである。これはツォンカパの「聴聞録」（センイク）とも一致するので、おそらくチベットに現存する『大日経』の唯一の法系であると思われる。

さらに前述のシャキュン寺の大集会堂と大日学堂二階にも胎蔵曼荼羅諸尊の壁画が描かれているが、いずれも文化大革命後の復興なので、資料的価値は高くない。

日本への伝播については、二〇一〇年に南インドに亡命中のタシルンポ寺の住職、ガクチェンダルワ・フトゥクトゥが、東京の相田みつを美術館で胎蔵の砂曼荼羅を制作している。これが日本で、チベット系の胎蔵の砂曼荼羅が制作された初例であるが、宣伝が十分でなかったため、社会の注目を集めるには至らなかった。ガクチェンダルワ・フトゥクトゥの先代は、タシルンポ寺密教学堂の活仏で、パンチェン六世（追贈を

5　胎蔵の砂曼荼羅　チベット／ラジャ寺（以下、すべて田中公明撮影）

6　普賢堂の胎蔵二十五菩薩から除蓋障部の施無畏と除悪趣
チベット／ペンコル・チューデ仏塔二層

7　金剛界の砂曼荼羅　チベット／ラジャ寺

8　金剛薩埵十七尊曼荼羅　ムスタン／ローマンタン・チャンパラカン二階

含めれば九世）チューキニマ（一八八三〜一九三七）の片腕といわれた学僧であったが、当代はとくに『大日経』と胎蔵曼荼羅の権威というわけではない。来日にあたって、ダライ・ラマ一四世から、日本には行タントラと瑜伽タントラの伝統があるから、これらを中心に仏教の交流をはかるように、とのアドバイスを受けたため、胎蔵曼荼羅を制作したのだと聞いている。

五　チベットへの『初会金剛頂経』の伝播とその法系

前述のように、チベットでは吐蕃時代に『大日経』が伝播したが、従来の学界では、『初会金剛頂経』の伝播は一一世紀まで下がるといわれていた。吐蕃の経録『デンカルマ目録』には『初会金剛頂経』が収録されず、現行のチベット訳もリンチェンサンポ（九五八〜一〇五五）によるものだったからである。

ところが筆者は、吐蕃が占領していた敦煌出土のチベット語密教文献の分析から、吐蕃時代のチベットには、『初会金剛頂経』の「金剛界品」だけでなく、「降三世品」や「遍調伏品《へんちょうぶく》」、さらに『金剛頂経』の第四会とされる『降三世軌』も知られていたと推定した。

ところが前述のように、これまで幻の経録とされていた『パンタンマ目録』が発見され、同目録には続タントラを含む九巻の『初会金剛頂経』と、『降三世軌』が記載されていた。不空の漢訳とは異なり、四大品を備えたチベット訳が、すでに吐蕃の末年（九世紀半）には完成していたことが確認されたのである（田中、二〇一〇）。

ただしその流儀は、現在のチベットで有力なアーナンダガルバ流ではなかったと思われる。前述の『パンタンマ目録』には、シャーキャミトラの註釈『コーサラの荘厳』は記載されるが、アーナンダガルバの註釈

図８　金剛界の砂曼荼羅　ラジャ寺

図９　金剛界法の修法　ラジャ寺医薬学堂

『真性作明』や、金剛界曼荼羅儀軌『一切金剛出現』は収録されていないからである。

　これに対して、現在のチベットで有力な『初会金剛頂経』の法系は、新訳時代にリンチェンサンポによって伝えられたアーナンダガルバ流であり、プトゥン（一二九〇～一三六四）、ツォンカパ（一三五七～一四一九）をはじめとする多くの学匠の「聴聞録」には、この法系の歴代ラマが記録されている。

　チベット難民の間では、ネパールに亡命したサキャ派のチョギェーティチェン・リンポチェ（一九二〇～二〇〇七）が、『初会金剛頂経』をはじめとする瑜伽タントラの権威として知られ、ダライラマ一四世も彼から金剛界の灌頂を受けている。チョギェーティチェンは一九九三年、阿含宗の桐山管長に灌頂を授けるために来日し、三田の阿含宗関東別院で金剛界の砂曼荼羅を制作したが、これが日本で、チベット系の金剛界の砂曼荼羅が制作された初例となった。なおチョギェーティチェンが属する法系は、リンチェンサンポが伝えたアーナンダガルバ流で、その後はプトゥンを経て、ジャムヤン・キェンツェイワンポなど東チベットの無宗派運動に伝えられた流れである。

さらに二〇〇六年には、広島県宮島の大聖院で、ダライ・ラマ一四世が胎蔵と金剛界の灌頂を親修した。これが日本で、一般信徒を対象としたチベット仏教の胎蔵と金剛界の灌頂の初例である。その後、ダライ・ラマ一四世は、高野山でも金剛界（二〇一一年）と胎蔵（二〇一四年）の灌頂を授けている。

いっぽう中国領内では、前述のラジャ寺の医薬学堂に、金剛界曼荼羅の修学コースがあり、毎年春に直径三メートル八〇センチの巨大な砂曼荼羅が制作されている（図8、カラー口絵7）。これはダライ・ラマ一四世が、高野山灌頂で制作した金剛界曼荼羅（直径一メートル二〇センチ）の三倍の大きさである。

筆者は二〇一五年の調査で、曼荼羅の制作に先立って行われる、金剛界法の修法を実見することができた。その概要は、医薬学堂に常設される曼荼羅壇の上に机を載せ、その上に儀軌の経本と金剛杵・金剛鈴を置く。この儀軌はアーナンダガルバ流に基づき、寺の第二代座主シンサ・パンディタ（一七五九〜一八二四）が、プトゥン・ツォンカパの解釈を参照しながら、編集させたものである。机の前には、三名の僧侶が着席する。このうち中央の僧侶は、儀礼全体を統括するウンゼー（dbu mdzad）である。向かって左の僧侶は、儀礼の進行に従って儀軌の頁をめくる係である。右の僧侶は、必要に応じて鈴杵を執り、真言を唱えながら印を結んでいた。このようにラジャ寺では、現在も砂曼荼羅の制作に先立って金剛界法を修している（図9）。

六　チベットにおける金剛界系の曼荼羅の作例

チベットでは作例が稀な胎蔵曼荼羅に比して、金剛界系の瑜伽タントラの曼荼羅は作例が多く、比較的よく目にすることができる。金剛界曼荼羅といっても、日本の九会《くえ》曼荼羅に相当するものはないが、九会の成《じょう》

図10　金剛界曼荼羅　アルチ寺　森一司撮影

身会《じんね》に相当する金剛界大曼荼羅、降三世会に相当する降三世大曼荼羅などが、単独で描かれることが多い。

また「降三世品」の釈タントラとされる『悪趣清浄《あくしゅしょうじょう》タントラ』の曼荼羅は、死者の滅罪と追善に用いられたため社会的需要が高く、『初会金剛頂経』所説の曼荼羅をしのぐ作例数を遺している。その中でも、とくに作例が多いのが、旧訳本の根本曼荼羅である一切智毘盧遮那曼荼羅と、新訳本所説の九仏頂曼荼羅である。

なおチベット仏教圏に現存する金剛界系の曼荼羅の最古の作例は、アルチ寺三層堂と大日堂の壁画と思われる。ただしアルチ寺三層堂の曼荼羅は、通常の金剛界曼荼羅と諸尊の配置が異なっている（図10）。これに対して大日堂の降三世大曼荼羅の配置は、九会曼荼羅の降三世会と同じく、大月輪の中央と東西南北に五月輪を描き、その中にさらに五つの小月輪を配する伝統的パターンで描かれている。

いっぽう中国領の西チベットでは、トゥンガ一号窟の金剛界曼荼羅が古作と見られるが、史料や様式的見地から、その成立は一一世紀末から一三世紀と思われ、一一〜一二世紀とされるアルチ寺には及ばないことがわかる（田中、二〇〇三b）。

その後も西チベットでは、金剛界曼荼羅をはじめとする瑜伽タントラの諸尊が、しばしば壁画に描かれた。筆者が一九九一年に調査したツァパラン白廟とトリン寺集会堂の金剛界諸尊壁画は、様式的には一一〜一二

図11　降三世大曼荼羅　ペンコル・チューデ仏塔覆鉢部

世紀の作品と見まがうばかりの古様を示しているが、前者は一六世紀、後者も一五世紀以降であることが判明した（田中、一九九六、一四一〜一五六頁）。おそらく西チベットに伝えられた古い図像を、念紙写しの技法で複製したのではないかと思われる。

　またギャンツェのペンコル・チューデ寺院の仏塔覆鉢部（一五世紀）には、『金剛頂経』所説の二八種曼荼羅がすべて描かれており、九会の三昧耶《さんまや》会、微細《みさい》会、供養会、四印《しいん》会、一印《いちいん》会、降三世三昧耶会に相当する曼荼羅の存在も確認された（田中、一九九六、一二六〜一四〇頁、図11）。また北室東壁の『理趣広経』金剛薩埵曼荼羅（後補で創建当初のものではない）は、わが国の理趣会十七尊曼荼羅の発展形態であるが、尊数は大幅に増広されている。

　いっぽうプトゥンが住持したシャル寺にも、金剛界系の曼荼羅の壁画が遺されている。シャルの壁画については、プトゥン自身が詳細な壁画の目録を遺しており、それと現状を比較できることが貴重である。しかし壁画の保存が悪く「一皮むけた」状態、つまり彩色と描き起こしの線が剥落し、下絵の線が露わになっている壁面が多い。

　その他、ネパール領ムスタンのローマンタン、チャンパラカン二階にも、金剛界系の瑜伽タントラの曼荼羅五四点（九点は剥落、一五世紀）が描かれている。筆者は二〇一二年の調査で、図像が判別できる四五点の写真撮影に成功したが、金剛界大曼荼羅だけでなく、四大品所説の大曼荼羅、羯磨曼荼羅、四印曼荼羅が描か

図12　金剛薩埵十七尊曼荼羅　ローマンタン・チャンパラカン二階

れており、『初会金剛頂経』所説の曼荼羅の全容を知る上で、ペンコル・チューデ仏塔に匹敵する資料的価値を有している。また南西壁に描かれる金剛薩埵十七尊曼荼羅は、わが国の九会曼荼羅の理趣会に相当し、現在のところチベットでは他に類例がない（図12、カラー口絵**8**）。

このようにかつてのチベットには、金剛界系の瑜伽タントラの曼荼羅や、諸尊を描いた壁画が多数存在していた。これはチベット仏教で最高に位置づけられる後期密教（無上瑜伽タントラ）の諸尊には、男女合体の父母仏が多く、灌頂を受けていない者に示してはならなかったのに対し、瑜伽タントラの諸尊は、一般信徒が参詣する場所にも描くことができたからと思われる。

七　胎蔵・金剛界の立体曼荼羅セット

いっぽうチベットでは、曼荼羅の諸尊を仏像として造立する立体曼荼羅も制作された。立体曼荼羅には、楼閣の模型を制作し、その中に小型の鋳造仏像や塑像を安置するルーラン・キンコルと、寺院の堂内に曼荼羅の主尊を祀り、その周囲に眷属尊を配する大規模な立体曼荼羅の二種があるが、筆者がかつて紹介した北京慈寧宮《じねいきゅう》宝相楼《ほうそうろう》の立体曼荼羅セットは前者の例である（田中、一九九六、二〇～四五頁）。

なお慈寧宮の立体曼荼羅セットは、乾隆帝《けんりゅうてい》が北京の紫禁城と承徳の熱河離宮に、合計八セット造立させた鋳造仏像群の一つであることがわかった（那須、二〇〇五）。中国では、全体が①般若経品（通仏教的尊格）、②無上陽体根本品（無上瑜伽父タントラ）、③無上陰体根本品（無上瑜伽母タントラ）、④瑜伽根本経品（瑜伽タントラ）、⑤徳行根本経品（行タントラ）、⑥功行根本経品（所作タントラ）の六品に分類されるところから、これら一連の鋳造仏を「六品楼仏像」と呼んでいる。

このうち、胎蔵曼荼羅の諸尊は⑤徳行根本経品に、金剛界曼荼羅の諸尊は④瑜伽根本経品に含まれている。胎蔵曼荼羅の諸尊は除蓋障部の救意慧菩薩まで造立されているが、第五品全体の尊数を一三一体以内に収める必要から、虚空蔵部と地蔵部の諸尊が省略されている。チベット系の胎蔵立体曼荼羅は、「六品楼仏像」以外には知られていないので、図像学的に貴重な遺品である。いっぽう金剛界の立体曼荼羅は、金剛界三十七尊だけでなく賢劫《げんごう》十六尊も造像されており、五三尊が揃っている。

なお、都合八セット制作された「六品楼仏像」は、清朝の瓦解から国共内戦までの間に散逸し、現在は世界各地のコレクションに分蔵されている。ただし寧寿宮梵華《ねいじゅきゅうぼんか》楼《ろう》に安置されていたセットのみは、ほぼ完全な形で保存されている。いっぽう慈寧宮宝相楼のセットは、国共内戦中に行方不明となってしまったが、現在、南京博物館に収蔵される鋳造仏像群がそれではないかといわれている。また北京首都博物館所蔵の香象《こうぞう》菩薩像（図13）は、かつて金剛界立体曼荼羅を構成していた賢劫十六尊の一尊と考えられるが、八つあったセットのいずれから流出したかはわかっていない。

図13　香象菩薩像　北京首都博物館

いっぽうペンコル・チューデ本堂、金剛界堂（ドルイン・ラカン）の立体曼荼羅（図14）は、寺院の堂内に曼荼羅の諸尊を安置した後者の例である。かつてのチベットには、金剛界の立体曼荼羅が多数存在したことが明らかになっているが、現存するのは、ペンコル・チューデ金剛界堂とインド領スピティのタボ寺の金剛界立体曼荼羅の二例ほどに過ぎない。

図14　ペンコル・チューデ金剛界堂の立体曼荼羅

八　シルクロード地域における金剛界系曼荼羅の作例

このようにチベット仏教圏には、『大日経』『金剛頂経』などの中期密教が伝えられ、曼荼羅の作例も数多く発見されている。しかし、その他の地域（第II部第4章で取り上げるインドネシアを除く）からは、中期密教の遺物はほとんど発見されていなかった。ところが最近になって、シルクロード地域からも、金剛界系の曼荼羅がいくつか同定されるようになった。

瓜州（旧安西）楡林窟《ゆりんくつ》第三窟（西夏時代）は、漢族系の大乗経典の経変《きょうへん》とチベット系の曼荼羅が共存する窟として知られている。その南壁に描かれた曼荼羅は、従来は「胎蔵界曼荼羅」と呼ばれていたが、筆者が図像を解析したところ、前述の『悪趣清浄タントラ』九仏頂曼荼羅であることが明らかになった（Tanaka, 2014）。いっぽう、この曼荼羅にあい対する北壁の曼荼羅は、従来から「金剛界曼荼羅」と呼ばれていたが、最近になって鮮明な写真が出版され、金剛界曼荼羅であることが確認された。その構成は、金剛界三十七尊

図15　東千仏洞第五窟の金剛界曼荼羅

からなる本格的作例であるが、通常は五仏の四方に配される四波羅蜜と十六大菩薩が、五仏の四維に小さく描かれている。

いっぽうネワール絵画の影響を受けた壁画が注目されている東千仏洞第五窟では、中心柱の北面に金剛界曼荼羅が描かれている（図15）。こちらは八供養を欠く二九尊形式で、大日の四方に四波羅蜜を尊形で描くが、楡林窟と同じく、十六大菩薩は四仏の四維に配されている。なお十六大菩薩を四仏の四維に配した例は、西チベットで発見された古作の金剛界曼荼羅（一一〜一二世紀）などにも見られ、インドに起源を有すると思われる。

九　まとめ

本章では、ヒマラヤを越えてチベットに伝えられた『大日経』『金剛頂経』系の中期密教が、チベットにおいてどのように受容され、どのような密教美術を遺したかを、簡単に紹介してきた。残念ながらチベットでは、チベット動乱から文化大革命にかけて、多くの仏教の伝承と、仏教美術が失われた。そのため国外に逃れたチベット難民が伝える行・瑜伽系の密教と、中国国内で文化大革命後に復興された『大日経』『金剛頂経』系の中期密教が、どの程度、一九五九年以前の伝統を反映しているかは、慎重に検討しなければならない。しかし『大日経』『金剛頂経』系の中期密教を体系的に伝承するのは、世界広しといえども、日本とチベット仏教を措いて他にない。したがってチベットとその周辺地域に伝承される中期密教に関しては、日本の研究者が、これからも世界に先駆けて研究を進めてゆかなければならないと考えている。

参考文献

田中公明、一九九六、『インド・チベット曼荼羅の研究』法藏館

田中公明、一九九八、「ペンコル・チューデ仏塔不空羂索堂の胎蔵曼荼羅諸尊壁画について」『密教図像』一七、五一～五九頁

田中公明、二〇〇〇、『敦煌 密教と美術』法藏館

田中公明、二〇〇三a、「チベットにおける胎蔵大日如来と胎蔵曼荼羅の伝承と作例について」『聖なるものの形と場』〔頼富本宏編〕国際日本文化研究センター、三九～五二頁

田中公明、二〇〇三b、「トゥンガ石窟の成立年代について」『日本西蔵学会会報』四九、六三～六九頁

田中公明、二〇一〇、「『パンタンマ目録』と敦煌密教」『東方』二六、九九～一〇六頁

那須真裕美、二〇〇五、「『大清乾隆年敬造』の銘文を持つ仏像群」『頼富本宏博士還暦記念論文集 マンダラの諸相と文化』法藏館、六六五～六八三頁

Tanaka, Kimiaki, 2014, "On the So-called Garbhadhātu-maṇḍala in Cave No.3 of An-xi Yu-lin Cave,"『漢蔵佛教美術研究』上海古籍出版社, pp. 155–160.

＊本稿の図版で撮影者名のないものはすべて筆者による撮影である。

第3章

中国

中期密教の請来と展開

山口史恭

一　はじめに

インドで成立した中期密教の経典は、大きな時間差もなく、陸海路を通じて中国、すなわち玄宗《げんそう》期（在位七一二〜七五六）の唐へと伝わった。中期密教の請来《しょうらい》期と呼ぶべきその時代は、「開元の治」とたたえられる太平の世に重なっていた。そこでは善無畏《ぜんむい》、一行《いちぎょう》、金剛智《こんごうち》らが『大日経』『略出念誦経《りゃくしゅつねんじゅきょう》』や儀軌《ぎき》等を漢訳し、中国に中期密教が拡がる礎を築いたのである。やがて玄宗期の末に安史《あんし》の乱（七五五〜七六三）が勃発すると、密教の除災招福の実効力に注目が集まり、不空《ふくう》が第一線で活躍するようになる。

乱が収束して代宗《だいそう》期（在位七六二〜七七九）に移行すると、皇帝の帰依を一身に集めた不空のもと、次々に中期密教の中国的展開が目立つようになった。その内容は鎮護国家や新たな皇帝観など現実社会に関することと、速疾《そくしつ》成仏の強調や仏身論の導入など密教の教理に関することに分けられる。不空によるこのような路線の確立は、日本などの東アジア諸国にも大きな影響を与えた。不空の弟子の恵果《けいか》以降は、この基本路線を踏襲しつつ、両部思想や三部思想、儀軌の整備などのさらなる展開が見られる。本章では、主要人物ではなく中国的展開そのものに注目し、請来期と展開期に分け、近年の学術成果を反映しながら順次整理して示す。

二　請来期

中国史上唯一の女帝、武則天《ぶそくてん》（則天武后）の在位期（六九〇～七〇五）には、変化観音を主尊とした多くの初期密教経典が請来・漢訳された。すなわちこの時期までに、密教経典の漢訳に関する経験が、長安・洛陽の仏教界にある程度、蓄積されていたものと思われる。それから一〇数年後の開元四年（七一六）五月、善《ぜん》無畏《むい》（Śubhakarasiṃha）三蔵（「輸波迦羅《ゆばから》」とも。六三七～七三五）がインドから陸路長安に到着した。このときすでに八〇歳、金剛智に先立つこと三年であった。以来長安に九年、洛陽に一二年在住して、訳経や請雨法、特に人びとへの授戒（菩薩戒）などの活動に勤しんだ。訳経は、初期密教経典に属する『虚空蔵菩薩求《ぐ》聞持《もんじ》法』『蘇婆呼童子《そばこどうじ》経』『蘇悉地羯羅《そしつじから》経』や、中期密教経典の『大日経』が挙げられ、授戒に関する資料として『無畏三蔵禅要』が伝存している。

また善無畏による『大日経』についての逐語釈講義を、中国人の一行禅師（六八三～七二七）が筆記し、『大日経疏《しょ》』として編集している。『大日経疏』には『大日経』よりやや進んだ密教の思潮が反映されており、善無畏がナーランダー寺院において師の達磨掬多《だるまきくた》（Dharmagupta）から伝えられた教えが、『大日経』成立時よりもある程度、展開していたことが予見される。同時に、筆記者・一行が玉泉寺《ぎょくせんじ》で学んだ天台教学を反映させていることも確認できる。それはたとえば、「今この本地の身（＝大日如来）は、またこれ妙法蓮花の最深秘処なり」（大正三九、六五八ａ）など、天台教学に寄せて大日如来を理解しようとする姿勢に明らかである。一方で一行は、『大日経』訳経に携わる以前、開元七年（七一九）に長安に至った金剛智に教えを請い、密教を熱心に学び、灌頂を授けられ、感動して密教の流布を誓ったと伝える。これらを勘案すると、おそらく漢語に精通していなかった善無畏と、それを補佐した一行によって成された『大日経疏』は、一行の関与の度合が小さくなく、実質的には共作といっても過言ではないだろう。なお『大日経疏』は、後に一行の同学である智儼《ちごん》と温古《おんこ》によって『大日経義釈《ぎしゃく》』として改訂され、日本の天台密教（台密《たいみつ》）で重視されることとなった。

『大日経』は灌頂（七日作壇法《しちにちさだんほう》）を説くが、その灌頂を執行するために必要な灌頂儀則は漢訳されておらず、善無畏が灌頂を執行した記録もない。よって善無畏は同時代の中国人から、授戒をもって布教した高僧として記録されても、密教僧としては認識されていなかった。この点は灌頂を主に布教した金剛智・不空の師弟と対照的である。善無畏が密教僧として描かれるのは入滅後三〇年ほど経過してからであり、不空や恵果の活動期にあたる。この善無畏の再評価ともいうべき事態は、中国人の密教理解が進んだことや、『金剛頂経』と『大日経』の「両部」を志向する思潮と密接に関連すると考えられる。周知のように、インドで『金剛頂経』が密教の主流になると、『大日経』はその後、ほとんど振るわなかった。しかし東アジア、殊に日本の平安仏教においては、「両部」のゆえ『大日経』『大日経疏』が極めて大きな影響を与えることとなった。

次に金剛智（Vajrabodhi）三蔵（六七一〜七四一）による『金剛頂経』の請来についてとり上げたい。金剛智は、『金剛頂経』系の相承者《そうじょうしゃ》としてインドから海路中国をめざし、開元七年（七一九）三九歳にして長安に入った。善無畏に遅れること三年である。早速その高名を聞いて北宗禅《ほくしゅうぜん》の義福《ぎふく》と一行の両禅師が、また年少の不空（一五歳）などが弟子となった。以後は、玄宗に随って長安と洛陽とを往復しつつ、灌頂や密教経軌の漢訳に従事した。ただし『金剛頂経』そのものをもたらすことはできず、このことがのちに不空のインド渡航を促すことになる。金剛智請来の訳経で特に重要なのは『金剛頂瑜伽中略出念誦経《ゆがちゅうりゃくしゅつねんじゅ》』で、これが灌頂を執行する際に不可欠な儀則の初の漢訳となった。実際に金剛智は多くの人々に灌頂を授けて密教の布教につとめている。授法の具体的内容は不詳だが、中国人に鮮烈な印象を残し、以後「密教＝灌頂」と認知せしめた点で重要である。また洛陽の広福寺に「毘盧遮那《びるしゃな》塔院」を建立し、その密教美術（おそらくはインド密教風な）の新奇さが人々に大いに讃歎されたという。

以上、請来期にあたる善無畏・金剛智の活動は、あくまでもインドから来た異能の一個人僧としてであり、「教団」と呼べるような組織的なものではなかった。しかし中期密教が広がる礎を築いたのは、まぎれもなく善無畏・金剛智の熱心な活動と、訳経を助けた一行の努力の賜物である。なお善無畏と金剛智は同じ頃に洛陽で活動していたわけだが、両者に交流があったという記録は見出せない。記録はないが、後世、一行を通じるなどして、両者になにがしかの交流があったと想像されるに至った。それが善無畏と金剛智が互いに法を伝授し合ったという「金善互授《こんぜんごじゅ》」の伝説に結実するが、史実としては認め難い。

金剛智の後継者、不空（Amoghavajra）三蔵（七〇五〜七七四）は、二一年間金剛智につき従い、翻訳・灌頂・加持祈禱などの活動をつぶさに吸収し、『金剛頂経』系の密教を授けられた。金剛智が示寂すると、不空は懸案であった『金剛頂経』等の原典を求めて、天宝二年（七四三）末に広州から海路インド・スリランカへ旅立った。時に不空三九歳。渡航は足かけ四年に及び、かの地の普賢阿闍梨から最新の密教を授かり、膨大な密教経典も収集し得た（ただし目録はない）。この不空のインド・スリランカ求法までを中期密教の請来期ととらえたい。その理由としては、この求法に中期密教の重要経典である『初会金剛頂経』の一部分（＝『教王経』三巻）が含まれていること、また、これ以後まとまった密教経典の請来がしばらくないこと、などが挙げられる。

三　展開期　現実社会への働きかけ

中期密教の『大日経』『教王経』が揃い、不空が活躍した時代以降には、中国的展開が次々と見られるようになる。ここではその展開をいくつかの項目に分け、それぞれの概略を示す。

まずは密教が現実社会に働きかける展開として、以下の二点が挙げられる。

(1) 護国思想の展開　(2) 新たな皇帝観の試み

次に密教の教理的な展開として、以下の三点が挙げられる。

(3) 速疾成仏の強調　(4) 唯識教学の導入　(5) 両部思想及び三部思想

(1) 護国思想の展開

善無畏や金剛智に護国を志向するような言動は認められず、密教の念誦法や灌頂に護国の利益を付したのは不空である。しかしそれは当初からではなかった。インド・スリランカから最新の密教を請来した不空だが、太平の世にそれが強く求められた形跡はない。不空は失意のうち長安を離れ、再びインドへ向かおうとした道中で病気にかかり、韶州《しゅうしゅう》(現広東省韶関市)で長い療養生活を送ることとなる。転機は天宝一二年(七五三)、河西節度使《せつどし》に就任したばかりの哥舒翰《かじょかん》が不空を突然招聘したことに始まる。哥舒翰は西テュルク系で、対チベット防衛の前線の街・武威《ぶい》(現甘粛省武威市)の軍政を担う武将であり、父・哥舒道元もかつて実叉難陀《じっしゃなんだ》の遺骨を本貫のホータン(現新疆ウイグル自治区崑玉市)に還すなどした崇仏家であった。哥舒翰は、辺境に「福を請うため」不空を招き、「国のため」に『教王経』等の訳経を依頼し、多民族軍団の精神的結束や戦勝のため、軍人らへの灌頂を請うた（大正五五、八八一c）。不空はこれらすべてに応え、その際は護国のために経典（『一字頂輪王経』）の一部改変も辞さないなど、武威での活動はのちの不空の活動の基本路線となった。すなわち、密教経典の漢訳や灌頂に護国という利益があるとし、それを「福」を招くために修めるべき功徳と位置付けたのである。このように不空の護国活動は、国境の紛争地において当事者から求められ、それに応えることで始まったのである。

天宝一四（七五五）年の末、唐の屋台骨を揺るがし、華北の地を焦土と化す安史の乱が勃発した。不空は長安・大興善寺《だいこうぜんじ》に移り、乱の鎮圧に修法という形で協力した。やがて皇帝・粛宗《しゅくそう》の信頼を得て、至徳二年（七五七）九月に長安が奪回されると、不空は大明宮《だいめいきゅう》の内道場に、護国のため弟子を念誦僧として配置させた（以後、恒例となる）。

次に不空は粛宗に灌頂を授けた。これは国王が灌頂を受けることにより、金剛界三十七尊が国土を保護するという考えに基づいている。しかし粛宗は次第に道士の李含光や王璵に傾倒し、不空と没交渉となっていった。代宗期に入ってもその傾向は変わらなかったので、この間不空は、従来の『金剛頂経』による灌頂に基づく護国構想を見直す必要を自覚し、軌道修正を行った。すなわち、灌頂を執行できるのは少数の密教僧のみなので、大乗経典を密教的に再訳することで、大乗の法会と密教の修法を併せて行えるようにし、仏教界全体の護国法要実現を目指したのである。その最初にして最大の成果が、永泰元年（七六五）に勅を得て再訳された『仁王《にんのう》経』『密厳《みつごん》経』であった。

中国撰述経典である『仁王経』をさらに改変して密教的に再訳することで、密教僧は経文に対応して作成された『仁王陀羅尼念誦儀軌』を用いて仁王経法を修し、それ以外の僧は伝統的な百座供養（『仁王経』について百回講演する）を勤めるという構図ができた。仁王経法は、壇の中央に転輪聖王《てんりんじょうおう》（＝代宗 ※後述）の持物である十二幅《ふく》の輪宝《りんぼう》を描き、修法者が王の代務者となって念誦することで、争いそのものの消滅を期する修法である。敵の殲滅ではなく、あくまでも敵の瓦解と無諍《むじょう》を願うその姿勢は、不空の護国観がよくあらわれており、注目すべきである。

この修法と百座法要は、実際に永泰元年秋の僕固懐恩《ぼくこかいおん》の乱に際して行われ、果たして敵が瓦解したので、勝利の功績が不空の加持祈禱に帰せられることとなった。以降、『仁王経』『密厳経』はこの時代の護国経典の頂点として各所で盛んに読誦された（『密厳経』がセットになっている理由は後述する）。このような経緯を経て完成した不空の護国の功能分担が、大暦六年（七七一）の「入蔵目録」（『表制集《ひょうせいしゅう》』巻三）に示されている。それによると「成仏速疾の路《みち》」は「金剛頂瑜伽の法門」、すなわち『金剛頂経』系の密教経軌や灌頂が担うとしている。対して「上は邦国に資し、災厄を息滅し（中略）仏力を仰恃して、国家を輔成」するのは「所訳の諸の大乗経典」、すなわち不空訳の大乗経典が担うとする（大正五二、八四〇b）。

以上のように、不空の護国活動は灌頂、訳経、内道場における念誦、『仁王経』『密厳経』の読誦と仁王経法の実践などであり、不空の入滅後、弟子たちもこれを踏襲した。八世紀末ころ活躍したカーピシー出身の般若《はんにゃ》三蔵（Prajñā 七三三〜?）は、海路中国に入り、不空の弟子たちとともに、より強い護国的要素を含む経典をいくつか訳した。その際、不空のときと同様に、多くの護国的要素を挿入していることが確認されている。このことは、中国密教に護国という方針が定着したことを示しているといえよう。

（2）新たな皇帝観の試み

不空は永泰元年（七六五）の『仁王経』『密厳経』再訳において、経文を改変・挿入して、皇帝を転輪聖王と規定しうる経説を確立した。それはまず『仁王経』に、過去世において仏の説法会に聴衆として参加した人は、その善根により現世で国王として生じる、と説くことを前提とする。一方『密厳経』は、仏の説法会の聴衆はみな聖位《しょうい》（初地《しょじ》以上）の菩薩であり、彼らは来世に転輪王《てんりんのう》として生じることができる、と説く。その上で再び『仁王経』を見ると、聖位の菩薩が転輪王として生じるのならば、それは凡位の輪王ではなく、聖位の転輪聖王であり、しかもその転輪聖王は、正法《しょうぼう》をもって多くの国の衆生を教化《きょうけ》し、五方菩薩（五大明王）に国が加護される、と説いている。これらの経説により、現実の皇帝である代宗は、過去世で仏の説法会の聴衆であったため、聖位の転輪聖王として現世で皇帝として生じた、という新しい皇帝観が整ったのである。

同じく永泰元年、『仁王経』『密厳経』再訳との前後は不明だが、不空は代宗に灌頂を授け、その投花《とうけ》が曼荼羅の金剛薩埵《こんごうさった》に落ちた（山口、二〇一五）。金剛薩埵は初地を現証する尊で、『金剛頂経』においては普賢菩薩と同体である。よって不空は代宗に普賢念誦法とその儀軌を授け、代宗もそれに応えて熱心に普賢念誦法を実践していたことが確認できる。先の「皇帝は転輪聖王」と規定した経説と合わせて考えると、皇帝の聖位（初地）という経説を、灌頂儀礼で重ねて保証したことになる。だからこそ不空は、代宗が仏法を付嘱された聖位の国王（＝転輪聖王）として普賢の行願を実現できるように、またその自覚を保つために、普賢念誦法を授けたと思われる。そしてこの再訳の直後、不空による文殊信仰宣揚が『文殊師利法身礼《ほっしんらい》』の訳出というかたちで唐突に表面化する。

代宗からの揺るぎない帰依を得た不空は、晩年の大暦年間（七六六〜）、五台山《ごだいさん》文殊菩薩への信仰を全国的に宣揚した。五台山（現山西省五台県）は六朝時代から「文殊菩薩が現に説法する」霊場としてインドでも著名で、これを目指して来唐するインド僧もいたほどであった。不空は五台山金閣寺の整備と並行して、全国の全寺院に、文殊菩薩を食堂《じきどう》に祀ることや、境内に「文殊院」を新設してそこで不空訳『文殊仏刹功徳経』を読誦すべきことを上進し、すべて許可された。この未曾有の規模による文殊信仰宣揚の理由は、代宗の結縁仏が普賢菩薩であることに由来すると考えられている。つまり不空が意図したのは、普賢が文殊とともに釈迦如来の両脇侍であるという「対」の関係である。具体的には、国王たる皇帝が普賢行願を実践して慈悲・方便で国を正しく治め、文殊菩薩は智慧をもって唐の守護仏となり、両者が対となることで国家と仏法そのものを支える、という構図である。

　この構図における不空教団の立ち位置は、両者の対の関係を効果的に機能させるため、密教修法をもって補佐する不可欠な存在である。皇帝が転輪聖王として、普賢行をもって治国することが、そのまま仏法を支えることになり、仏法を支えることが、即、治国に繋がるという正法治国《ちこく》の構図である。このような壮大な構想を背景に、不空は『王法政論経』という経典を訳し、代宗に正法治国の実際をも教導している。そして遂に代宗は「文殊のことを弘め、普賢の願いを行ずるは、群品（＝人民）を益する為なり」（大正五二、八五七c）と讃えられるに至り、不空の弟子たちも不空訳『普賢行願讃』『文殊法身礼』を暗誦してこれに応えた。

図１　不空（『三国祖師影』）　大正蔵図像部 10 巻より

　大暦五年（七七〇）秋、不空は唐朝発祥の

地・太原《たいげん》（現山西省太原市）の太崇福寺号令堂に普賢菩薩像を安置し、粛宗にいたる七代の皇帝の追善のため、ほぼ年中『仁王経』を読誦することを勅許された（大正五二、八三七c〜八三八a）。歴代皇帝のために普賢像をまつり『仁王経』を読誦することは、代宗のみならず過去に遡って、唐の歴代皇帝がみな聖位の転輪聖王かつ普賢菩薩であった、という観念を示そうとした可能性がある。いずれにせよ、経説をもって王権を保障するという構図は、武則天期の『大雲経《だいうんきょう》』を連想させる。しかし武則天は女性ゆえに仏典の支持を必要としたが、代宗は男性である。周知のように、中国における帝位の伝統的・儒教的な認識は、天が王朝の始祖に天命《てんめい》を降すことで認められ、その天命を血縁的に存続していくことが求められた。「前世で仏の説法会の聴衆であったため、聖位の菩薩（普賢）・転輪聖王として、現世で皇帝として生じた」という皇帝観は、当然、その天命思想に抵触する。皇帝が皇帝たる理由を、天命の血縁的相続ではなく、個人の過去世に求めているからである。しかも唐の帝室は老子の末裔を自認しており、こちらにも抵触することがただちに予見できる。武則天期は仏教が儒教・道教に対して優位で、皇帝が皇帝たる理由を天命ではなく仏教に求めた。おそらく不空はその武則天期の仏教のあり方を強く意識して、右のような構想を築いたと思われる。武則天期に訳された経典を再訳することが多かったのも、そのような事情が根底にあったからであろう。

ところで、このような壮大な皇帝観は、当時の社会にどの程度受容されたのであろうか。実は正史には一切記されず、不空の上表文集などでも明確には示されていない。あくまでも『仁王経』『密厳経』の再訳に際しての改変・挿入と、灌頂で普賢金剛薩埵と結縁したという結果から推定された皇帝観に過ぎない。しかし表面に出ないからそのような構想は存在しなかった、ではなく、何らかの事情で表面化せず、ごく狭い範囲での共通認識でとどまらせたものと考えられる。

不空の皇帝観を徹底すると、儒教の皇帝観や道教と唐室の関係を否定するのみならず、唐室の血縁そのものの否定に繋がることが避けられない。不空にとっては、儒教・道教と並んで仏教からの王権の定義を確立するのが目的であって、儒教・道教との関係先鋭化は望まぬところであったと思う。そのような事情を背景に、限られた範囲のみで信仰として共有した結果、文献史料に表面化しなかったのではないだろうか。

普賢である皇帝が正法治国し、守護仏である文殊とともに仏法を護持する、という構図は、見方を変えれば皇帝が仏教を守護する宿命を負うもので、いわば仏教主導の治国論である。これが、般若によって訳された『守護国界主陀羅尼経』『心地観経』等では、「皇帝こそが仏法を支えることができる」として、不空の活躍した時代より国王の特別視がいっそう進んだことが確認できる。なお、同じく般若らが訳出した『四十華厳』は、普賢と文殊を対となす典拠である『華厳経』「入法界品」のみの再訳である。これをあらためて訳出した理由は、『貞元録』に他国から原典を献上されたから云々と縷々述べられている。しかし、普賢（皇帝）と五台山文殊がともに国・仏法を支える構図をあらためて讃歎するため、という意図を込めて訳出したと考えたほうが実態に近いだろう。

四　展開期　教理面

（3）速疾成仏の強調

大乗仏教では三生ないし三劫《さんごう》かかるとされた成仏だが、中期密教の眼目は、行者が灌頂を受けた上で三密行によって今生に成仏することにある。よって不空は、訳出した『金剛頂経』系統の諸経軌において、密教における成仏が「速疾《そくしつ》」「速時」であることをたびたび主張した。その論理は、密教と密教以外の仏教（顕《けん》教《ぎょう》）の成仏までの時間を比較して、相対的に密教のほうが速い、という内容である。そのような言説は、不空の撰述的要素が高いと目される経軌において頻出する。たとえば『五秘密儀軌《ごひみつぎき》』に「顕教で修行する者は三大無数劫《むしゅこう》をへてのちに無上菩提を証す。（中略）もし密教によれば、現生において阿闍梨に遇い、灌頂壇の曼荼羅に入り、（中略）加持威神力によって、須臾《しゅゆ》の頃《あいだ》において、まさに無量三昧耶無量陀羅尼門を証す」（大正二〇、五三五b ※筆者意訳）とあり、顕教の「三大無数劫」と密教の「現生」「須臾（＝一瞬）」が明らかに対比されている。また『表制集』に「その教を准ずれば、よろしく頓《とん》（＝速い、即時）あり、漸《ぜん》（ゆっくり、段階的）あるべし。漸とは、声聞小乗の学処に登壇するをいい、頓とは菩薩大士の灌頂の法門（＝密教）なり。これ極に詣る夷途、仏に入るの正位なり」（大正五二、八三〇a）とあるのも、時間の相対比較が主軸である。この主張は恵果などの弟子たちも踏襲しており、やがて空海に引き継がれるが、その後の中国密教では主張されず、密教の成仏論に関する教判が成立したとはいい難い。

（4）唯識教学の導入

速疾成仏と同様に、不空の撰述的要素が高いと目される経軌（『五秘密儀軌』『分別聖位経《ふんべつしょういきょう》』等）においては、数種の仏身論の導入が見られる。仏身論は仏のとらえかたの分類であり、換言すれば、法身である大日如来と我々がいかなる関係性を有するかという問題である。不空はこれを明らかにするため、玄奘三蔵から発展した唯識教学（主に『成唯識論《じょうゆいしきろん》』）の仏身論を援用して、法身・報身《ほうじん》・応化身《おうけしん》の三身説、あるいは法身・自他の受用身《じゅゆう》・変化身《へんげ》・等流身《とうる》の四身説を、部分的に導入した。しかし、その導入は断片的かつ不統一であったため、密教の仏身論の確立には至らなかったとの評価がなされている。

大同じような経緯で唯識教学から導入されたものに行位論《ぎょうい》がある。速疾成仏を標榜する密教においては、大乗仏教のように行位の階梯を細分化する必然性がないため、聖位と凡位という大まかな区別がなされた。不空は唯識教学から、聖位を意味する言葉として「勝解行地《しょうげぎょうじ》」を導入した。ただしこの言葉を凡位（地前《じぜん》の三賢位《さんげんい》）を示す言葉として用いる大乗の学派もあった。その上『大日経』に由来し、似て非なる意味を持つ「信解《しんげ》行地」という言葉も用いられたため混乱し、中国密教において統一的な行位論を示すには至らなかった。

また唯識教学でいう四智や転識得智《てんじきとくち》を基に『金剛頂経』の五智思想を解釈する姿勢からは、不空がいかに唯識教学を重視していたかがうかがえる。ただし唯識教学の導入がすべて不空主導かは不明である。不空の周囲には念誦行を主とする僧と訳経協力を主とする僧がいたが、右のような唯識教学の導入には、訳経僧中に数名確認される法相系の僧（たとえば良賁《りょうひ》など）の関与があったと考えられる。

（5）両部思想および三部思想

『大日経』と『金剛頂経』という異なる教理をもつ経典を「両部」として一つのセットとして捉えるのは、インドには見られない中国密教の特徴の一つである。この傾向は不空には見られず、恵果（七四六～八〇五）が第一人者の時代に徐々にあらわれてくる。文献的には『秘蔵記』『破地獄儀軌』などで、胎蔵大日が理法身、金剛界大日が智法身に配当され、あるいは因と果、東と西、右と左など、二元論的な理解が確認できる。ただしそれら文献の成立問題は複雑であり、両部思想がいつごろ発生したかの指標にするのは難しい。

恵果は不空から『金剛頂経』系の密教を授けられているが、善無畏の弟子、玄超から『大日経』系の密教をも授けられている。漢訳の灌頂儀則がない『大日経』系の密教がどのように授けられたのか、玄超とは何者か、この間の経緯は不明点が多い。これについて『略出念誦経』を胎蔵法にも依用した可能性や、玄超は北宗禅の僧で、胎蔵法の伝法に北宗禅の僧が介在した可能性が指摘されている（岩崎、二〇一五）。ともあれ、第七祖となる恵果が『大日経』系の密教をも授けられた意義は大きく、ここから善無畏の再評価が進み、両部の観念が発達したものと考えられている。それは貞元二一年（八〇五）、恵果が空海に、金胎の灌頂を「両部大法」（『御請来目録』）として授けていることから確認できる。

『蘇悉地経』は現在、成仏を目的とした灌頂を説かないことから、『大日経』の前段階にある初期密教経典に分類されている。しかし中国密教では、九世紀の中頃になると両部に『蘇悉地経』を加えて三部とする思潮があらわれ、金胎に次ぐ位置付けから、やがて金胎を統合する地位を与えられるに至る。これを義真（恵果の孫弟子）が蘇悉地法として円仁に授けたことから、日本の天台密教で「三部経」として尊ばれることとなった。

五　むすび

以上、中期密教の中国的展開について、請来期と展開期（五項目）に分けてその概略を示した。八世紀前半から九世紀はじめ、善無畏から恵果までを主な範囲としたが、中でも不空が関与した展開がその後の基本路線となっており、もっとも影響が大きかったことがうかがえる。不空の活動は導入期と異なり、近代に「不空教団」と呼称されるほど組織的であった。そしてその組織的活動は、（3）（4）の教理的な問題よりも、（1）（2）の国家にかかわる問題により多くの努力が割かれていた印象が強い。この理由として、密教を中国社会に定着させることを優先したため、教理の問題まで十分手が回らなかったから、と解説されることがある。しかし（4）で中国仏教学の主流である唯識教学を導入した手法を見ると、教理について手が回らないというよりは、中国仏教との融合・共存を目指したとも考えられる。（3）の「速疾」は、常に灌頂を受法することで果たされるという文脈で主張されているため、教判というよりむしろ灌頂の功徳を示すのが目的の言葉と考えられる。また不空の密教（特に（1）（2））が受け入れられた理由として、ソグド軍人や宦官などの人脈構築を重視する意見（中田、二〇〇七）と、功徳を修めて福を求めるという当時主流の信仰に密教が合致したことを重視する意見（岩崎、二〇一二）があり、いずれも偶然ではなく時代の必然として見なしている。視点は異なるが、どちらが欠けても不空の密教が宮廷の内外を席巻した理由を説明するのは不可能であろう。

唐における中期密教の系譜は、日本から渡航した入唐八家の記録から、その後も伝法の授受が盛んだったことが確認できる。なかでも九世紀中盤で著名なのは義操《ぎそう》・義真《ぎしん》・法全《はっせん》・智慧輪《ちえりん》などであり、彼らは不空による展開を整理した世代にあたる。また同じ頃、「不空訳」という権威を利用し、不空に仮託した儀軌が大量に作成された。これがのちに大蔵経にも編入され、中国密教研究を難しくする一因となっている。

中期密教の中国的展開を引き継いだのが空海、という見方に反論は少ないであろう。戦乱期に生きた不空と、比較的平和な世に育った日本の空海では単純に比較できないが、空海の言動は不空の影響が大きく、意図して模倣していたことが明らかである。特に護国仏教のあり方や、宮中に密教修法の道場を設けること、教団を組織することなどが挙げられる。一方で空海は、顕教と密教を峻別し即身成仏思想を確立するなど教理面で大きな展開を果たしている。中国的展開を引き継いだ空海による日本的展開は、真言密教として結実し、現在まで存続している。

参考文献

岩崎日出男、二〇一〇、「密教の伝播と浸透」『新アジア仏教史07 中国II隋唐 興隆・発展する仏教』佼成出版社、三

三八～三九一頁
岩崎日出男、二〇一二、「不空三蔵の密教宣布における修功徳の役割とその意義—哥舒翰の不空三蔵招聘から長安における密教宣布の展開とその特質—」『密教学研究』四四、二三～四八頁
岩崎日出男、二〇一五、「順暁から最澄への密教受法について—入唐時、唐土における密教伝播の状況からみたその内容と問題点—」『大久保良峻教授還暦記念論集　天台・真言　諸宗論攷』山喜房仏書林、二〇三～二二六頁
立川武蔵・頼富本宏編、一九九九、『シリーズ密教3　中国密教』春秋社
中田美絵、二〇〇七、「不空の長安仏教界台頭とソグド人」『東洋学報』八九‐三、三三～六五頁
宮坂宥勝・松長有慶・頼富本宏編、一九九四、『密教大系　第二巻　中国密教』法蔵館
山口史恭、二〇一五、「代宗の灌頂受法と普賢結縁について」『密教学研究』四七、七九～九三頁

第4章　東南アジア

インドネシアの碑文を中心に

種村隆元

一　はじめに

周知のように、今日東南アジアの宗教に関して、大陸部においては上座部系の仏教が、そして島嶼部においてはイスラームが主たるものである。このような宗教的な情況ができあがったのは一一〜一五世紀にかけてであり、それ以前のこの地域は、ヒンドゥー教と、密教を含む大乗仏教が実践されていた「インド化」された世界であった。そのことは、アンコールワットやボロブドゥールなどの遺跡、発掘された仏像などの遺品、碑文、そして古ジャワ語で著された文献、さらには義浄著『南海寄帰内法伝』などの中国資料などにより知ることができる。

本書がテーマとするインドの中期密教に話を限定すると、インドネシア・ジャワ島ボロブドゥール遺跡には『真実摂経《しんじつしょうきょう》』の教理大系が反映されていることが指摘されており（石井、一九九一、一九九四）、金剛界曼荼羅を構成する尊格のブロンズ像もインドネシアの遺跡から出土している。

文献資料に目を向けると、古ジャワ語で著された『聖真言道大乗』『聖大乗論』という文献が遺されている。前者は灌頂（入門儀礼）を行う際に使用されるサンスクリット語の詩節と古ジャワ語によるそれら詩節の翻訳と解説から成り立っている。このサンスクリット語の詩節のほとんどが『大日経』『真実摂経』『金剛頂瑜伽中略出念誦経』『悪趣清浄タントラ』『サルヴァヴァジュローダヤー（一切金剛出現）』『理趣広経』（本書第I部第2章を参照）といった中期インド密教を代表する経典、とくにヨーガ・タントラに分類される経典とパラレルであることが指摘されている。後者の『聖大乗論』も前者同様の「密教教理書」である（石井、一九八八a、一九八八b）。

さらに、『クンジャラカルナ』という仏教説話があるが、そこに見られるヨーガ・タントラの要素は、マックス・ニホムにより詳細に研究されている（Nihom, 1994）。

本章の課題は、インド中期密教の東南アジアでの展開を記述することであるが、その概要を網羅的に説明するには紙幅が限られている。そこで本章ではジャワ島において発見された碑文に関する近年の研究を例として取り上げ、発掘された碑文の理解のために、インド撰述の一次資料が重要であること、またその逆にインドにおける密教の実際を理解するために、インドネシアの碑文資料がいかに重要であるかを論じた上で、インド中期密教、特に金剛頂経系（ヨーガ・タントラ）の宗教の「国際性」に言及してみたい。

二　インドネシア出土碑文　その一

さて、本章が取り上げる碑文は、アルロ・グリフィス（フランス極東研究所）が、インドネシアから発見された碑文の研究論文「文字で記された仏教時代の過去の痕跡—インドネシア碑文における真言と陀羅尼」

(Griffiths, 2014)で詳細に検討しているもののうちの二点である。

最初に紹介する碑文は寺院の境界の印となる石(その役割は密教の「橛《けつ》」に相当する)に彫られたマントラ(真言)である。この石はジャワ島中部南岸に位置する、ジョグジャカルタ特別州のスレマン県で発見されたものであり、現在はプランバナン寺院群の現地博物館に収蔵されている。

件のマントラの読みは以下の通りである。なお、実際の碑文には欠損により読めない箇所があるが、以下の引用ではその部分は適切と思われる読みで補い、かつ多少の「訂正」を施している。

①オーン、ヴァジュラーナラ、ハナ、ダハ、パチャ、マタ、バンジャ、ラナ、フーン、パットゥ。②ヴァジュラネートゥリ、バンダ、サルヴァヴィグナーン。③スヴァーハー。④オーン、フルフル、フーン、パットゥ。⑤オーン、ドゥルン、バンダ、フヴァナハ。⑥ヴァジュラパーシェー、フン。⑦オーン、ヴァジュラヤクシャ、フーン。⑧オーン、ヴァジュラシカレー、ルットゥ、マットゥ。⑨フーン、ヴァジュラカルマ、フーン。⑩オーン。ヴァジュラキーラ、キーラヤ、フーン、パットゥ。⑪フンフンフンフンフンフンフンフンフンフンフン。⑫オーン、ガガ、ガータヤ、ガータヤ、サルヴァドゥシュターン、パットゥ、キーラヤキーラヤ、サルヴァパーパーン、パットゥ。フンフンフン、ヴァジュラキーラ、ヴァジュラダラ、アージュニャーパヤティ。サルヴァドゥシュターン、カーヤヴァークチッタヴァジュラン、キーラヤ、フーン、パットゥ。

【和訳】
①オーン、金剛火よ! 殺せ! 焼け! 煮ろ! 粉砕せよ! 破壊せよ! 喜べ! フーン、パットゥ。②

金剛眼よ！　すべての妨害者を縛れ！　③スヴァーハー！　④オーン、フルフル、フーン、パットゥ。⑤オーン、ドゥルム、縛れ！　フヴァナハ。⑥金剛索女よ！　フン。⑦オーン、金剛ヤクシャよ！　フーン。⑧オーン、金剛頂女よ！　ルットゥ、マットゥ。⑨フーン、金剛業よ！　フーン。⑩オーン、金剛橛よ！　橛を打ちつけよ！　フーン、パットゥ。⑪フンフンフンフンフンフンフンフンフンフン。⑫オーン、ガガ、すべての妨害者を殺せ、殺せ！　パットゥ、すべての悪しき者どもに橛を打ちつけよ！　橛を打ちつけよ！　パットゥ、フンフンフン、金剛橛よ！　持金剛は命令する。すべての妨害者の金剛のごとき身体・言葉・心に橛を打ち込め！　フーン、パットゥ。

三　碑文の典拠となるインド密教文献

この碑文には複数のマントラが記されているが、①～⑨、⑩～⑪、⑫の三グループに分けることが可能である。まず①～⑨のマントラは『悪趣清浄タントラ』において、実践者が実践に際してその障害となるものを排除する文脈で見出される。ところでこの『悪趣清浄タントラ』には、「清浄タントラ」と「九仏頂」の二系統のテキストが存在する。このうちサンスクリット語原典が存在するのは後者で、一三世紀にチベット語訳がなされている。現存するサンスクリット語写本はそれよりずっと後代の書写である。

当該マントラが見られる部分は「九仏頂」のみに存在し、しかもその箇所は「清浄タントラ」とは共通の内容を持たない部分である。そして「九仏頂」における、「清浄タントラ」と共通しない箇所はかなり古い素材であることも指摘されている。すなわち、九～一〇世紀のインドネシアの仏教僧が参照可能であったテキストは、素材的には古い時代の、一三世紀のチベット語訳およびそれよりずっと後代のサンスクリット語写本に書かれているテキストと密接な関係があることが浮かび上がってくる。同様の結論はマックス・ニホムの研究によっても提示されている。

さらにマントラ①〜⑨を見出すことのできる『悪趣清浄タントラ』の該当箇所は、アーナンダガルバ著『サルヴァヴァジローダヤー』とクラダッタ著『所作集註』(「本尊瑜伽《ほんぞんゆが》」のセクション)に見出すことができる。アーナンダガルバは本書第一部の「主要文献」において述べたように九世紀の人物と考えられる。

次に⑫のマントラは『秘密集会タントラ』(第一四章)やその他の文献においても見られるマントラである。機能としては、先と同様に妨害者を駆逐するものである。しかし、⑩のマントラとセットで用いられている文献は、現在確認できる限りアーナンダガルバ著『サルヴァヴァジュローダヤー』である。

次にカディラ樹製の金剛橛をマンダラの四隅に金剛杵で打ちつけるべきである。その際、「オーン、金剛橛よ！　すべての妨害者に橛を打ちつけろ！　縛れ！　フーン、パットゥ」という心マントラを一〇八回唱えるべきである。あるいは左手を金剛拳に結んで五鈷金剛杵を手に取り、フーンと唱えながら、マンダラの四隅と中心に五本の橛を観想し、以下のマントラを唱えながら、三鈷金剛杵の形に結んだ右手で、この五本の橛を打ちつけるべきである。「オーン、ガガ、すべての妨害者を殺せ、殺せ！　パットゥ、すべての悪しき者に橛を打ちつけよ！　橛を打ちつけよ！　パットゥ、金剛橛よ！　持金剛は命令する、スヴァーハー」。

当該碑文のマントラ⑪の「フン」字一〇回は、『サルヴァヴァジローダヤー』の引用における「フーンと唱えながら」相当するもので、十方向、すなわち四方四維《しい》上下における障害をもたらす者の排除に相当すると考えるのが適切であろう。

マントラ⑩は、『真実摂経』において「橛打ちの心真言」として説かれているものである。そして『真実摂経』に基づく儀礼の手引き書である『サルヴァヴァジュローダヤー』や『所作集註』にも説かれている。

以上、まとめると以下のことが指摘されうる。

1　マントラ①〜⑨は『悪趣清浄タントラ』に見出すことができる。同タントラの当該部分は、一三世紀より古い素材を伝えている。また、『悪趣清浄タントラ』の当該部分は、九世紀に活動したと考えられるアーナンダガルバ著の『サルヴァヴァジュローダヤー』と平行関係にある。したがって、九〜一〇世紀に同一の内容を有する文献が、インドおよびインドネシアにおいて参照可能であった。また、一一世紀にネパールのカトマンドゥ盆地で編纂されたと考えられる『所作集註』も同様の内容を有している。ただし、『所作集註』はその内容を『サルヴァヴァジュローダヤー』に依拠している。

2　マントラ⑩〜⑫をセットで見出せる文献は『サルヴァヴァジュローダヤー』および『所作集註』である。

3　当該碑文全体に関して、同内容のマントラがセットで見出せるのは『サルヴァヴァジュローダヤー』および『所作集註』である。

したがって、いま問題にしている碑文にあるマントラは『サルヴァヴァジュローダヤー』が規定する、障害をもたらす者の排除を目的とした儀礼に関連して記されたと考えるのが、最も可能性が高い。

四　インドネシア出土碑文　その二

グリフィスはもう一つ、『サルヴァヴァジュローダヤー』がジャワの碑文の理解に役立つ例として、「タキ（あるいは、タキー）、フーン、ジャッハ」というマントラを含む碑文群をあげている。境界標識の設定を記録する碑文に書かれているこのマントラが、障害の除去を意図していることは、以下に挙げる『サルヴァヴァジュローダヤー』の一節を参照すると明らかになってくる。

障害を完全に除去しようとする者は［その原因となる神の像を］土で覆うべきである。そのようにしても、なお害をなすのであれば、金剛フーン字［という忿怒尊］と一体となり、タッキ王［というマントラ］で引き寄せ、金剛鉤・［金剛索・金剛鎖・金剛鈴のマントラ］で、それらを引き寄せ・［入らせ・結び・制御］して、金剛フーン字［の印］を結んで、左足で障害となる者の像を踏みつけ、「フーン、ヴァン、フーン、云々」と［唱えて］巨大化のヨーガを行い、展左の姿勢をとり、その［金剛フーン字の］印を雲の方に向かって、その間間に投げつけるべきである。雲の内部に広がり、燃え上がる炎で輝き、［障害をなす者の］足を打ちつける金剛フーン字により、雲などが灰になると観想すべきである。このように障害をなす者が打ち倒される。

このタッキ王とは、「オーン、タッキ、フーン、ジャッハ」というマントラのことであり、『サルヴァヴァジュローダヤー』により、このマントラの機能が障害の除去であること、そしてその実用例がジャワ島に存在することがわかるのである。

五　碑文資料と美術資料の接続

次に、碑文資料からジャワ島出土のブロンズ製仏像に目を向けてみたいと思う。松長恵史は、ジャワ島東部のチャンディ・レジョにあるチャンディ・ロル寺院の遺跡から発見されたブロンズ像についての研究を行っている（松長、一九九四）。件のブロンズ像は、一九一三年に当該遺跡からまとまった形で発見されたもので、松長はそれらを二種のグループに分け、それぞれを、金剛界曼荼羅を構成する諸尊格に比定した。それ以前にも海外研究者（ボッシュ、リム）の研究により、これらのブロンズ像が曼荼羅、特に金剛界曼荼羅を構成する尊像である可能性（しかも図像学的特徴がアーナンダガルバの著作内容と共通している）が指摘されてきたが、松長の研究は五仏以外の諸尊格についても、アーナンダガルバ著『サルヴァヴァジュローダヤー』『タットヴァ・アーローカカリー』およびアバヤーカラグプタ著『ニシュパンナヨーガーヴァリー』といった、インド撰述の原典にあたり、その比定を行っている。

松長の検討は細部にわたっているが、結論を述べるならば、松長の比定した金剛界曼荼羅諸尊の図像的特徴は、アーナンダガルバの『タットヴァ・アーローカカリー』に規定されているものとよく一致するという。

六　諸資料の接続を通して浮かび上がる中期密教の「国際性」

ここでまた、われわれはアーナンダガルバの著作、あるいはそれと非常に近い関係にあるテキストが、当該仏像群の制作者が参照可能なものであり、インドネシアで展開したヨーガ・タントラ系の密教に重要な役割を果たしていることを推測するのである。

第一部の「主要文献」の章に、漢訳『金剛頂経』の一類本として、金剛智訳『金剛頂瑜伽中略出念誦経』(四巻)(以下、『略出念誦経』)があり、その内容は経典に基づいた実践マニュアルであることをすでに見てきた。実はこの『略出念誦経』には『サルヴァヴァジュローダヤー』とテキスト的にパラレルな箇所があることが、高橋尚夫により指摘されている。

第一のパラレルは『サルヴァヴァジュローダヤー』の「最初の合一(アーディヨーガ)」という、実践者と曼荼羅の本尊との予備的な合一を説くセクションである。この「アーディヨーガ」は、合一の前段階の種々の実践を規定しているが、当該のパラレルは実践者が化作した金剛界大曼荼羅に対して行う二〇の供養の規定において認められる。第二のパラレルは、『略出念誦経』の規定する灌頂儀礼(弟子の入門儀礼)の部分で、そのかなりの部分で『サルヴァヴァジュローダヤー』にパラレルなテキストを見出せる。

以上をまとめると、七世紀から一〇世紀にかけての時代に、アーナンダガルバの『金剛頂経』系密教に関する著作は、インド亜大陸に留まらず、チベット語訳を通してチベット・ヒマラヤ地域においても受容された。そして彼の『サルヴァヴァジュローダヤー』『タットヴァ・アーローカカリー』、あるいはそれと関連の深いテキストがインドネシアでも参照可能であった。そして、『サルヴァヴァジュローダヤー』と『略出念誦経』は共通の素材を使用している可能性が高いことが指摘される。

さらに、本章の冒頭部で紹介した『聖真言道大乗』に『真実摂経』『悪趣清浄タントラ』『略出念誦経』『サルヴァヴァジュローダヤー』との共通の詩節が見られるという事実を考慮すると、この時代、南アジア(スリランカを含む、馬場、二〇一一参照)からヒマラヤ・チベット地域、東南アジア、そして東アジアにわたる広い地域において、共通のテキストの伝統に基づいた『金剛頂経』系密教、すなわちヨーガ・タントラの密教が実践されていたということがわかるのである。

このように、インドネシアに遺された碑文は、現存するインドの密教文献を参照することで、そのコンテクストを探ることが可能である。言葉を換えると、インド密教文献の知識はインドネシア碑文の理解の助けとなる。

先に紹介したインドネシア碑文に見られるマントラは、『サルヴァヴァジュローダヤー』では、瞑想を実践する行者がその瞑想の前段階において行う障害の除去において、使用される。ところが、グリフィスも指摘しているように、インドネシアにおいて見られる当該マントラの使用の実際は、寺院の境界の守護という「公共的な」目的を有している。このようにマントラを伴った実践が、経典や儀軌が規定する場合以外に適用されることをサンスクリット語で「アティデーシャ（拡大適用）」などと表現されるが、このようなインド密教文献に規定されている実践の拡大適用の実例、すなわち実際の儀礼への適用例をインドネシアの碑文から確認することができるのである。

本章で検討したインドネシア資料は二、三に過ぎないが、インドの資料、インドネシアの資料が双方の密教の理解に資することを理解していただけたと思う。今後の密教研究は地域や言語を超えた広い視点から行われていくべきであろう。

〔補遺〕冒頭にて述べたように、本章は東南アジアに伝播した中期密教を包括的には論じていない。この地域に伝播した密教のアウトラインについては、岩本、一九七三、松長、一九九四を参照していただければ幸いである。

参考文献

石井和子、一九八八a、「古ジャワ『サン・ヒアン・カマハーヤーナン・マントラナヤ（聖真言道大乗）』」『東京外国語大学論集』三八、二八九〜三〇一頁

石井和子、一九八八b、「古ジャワ『サン・ヒアン・カマハーヤーニカン（聖大乗論）』全訳」『伊東定典先生・渋沢元則先生古希記念論集』東京外国語大学インドネシア・マレーシア語学科研究室、五七〜九九頁

石井和子、一九九一、「ボロブドゥールと『初会金剛頂経』―その関係の一考察」『東京外国語大学論集（Area and Culture Studies)』四二、一六五〜一八一頁

石井和子、一九九四、「ボロブドゥールと『初会金剛頂経』―シャイレーンドラ朝密教受容の一考察」『密教大系 第二巻 中国密教』〔宮坂宥勝・松長有慶・頼富本宏編〕法蔵館、四〇八〜四三五頁

岩本裕、一九七三、「第七章 インドネシアの仏教」『アジア仏教史 インド編VI 東南アジアの仏教〈伝統と戒律の教え〉』〔中村元・笠原一男、金岡秀友監修・編集〕佼成出版社、二五九〜三〇九頁

馬場紀寿、二〇一一、「上座部仏教と大乗仏教」『シリーズ大乗仏教 第二巻 大乗仏教の誕生』春秋社、一三九〜一七一頁

松長恵史、一九九四、「インドネシアの金剛界曼荼羅―ガンジュク出土のブロンズ像―」『密教図像』一三、四八〜六九頁

松長恵史、一九九九、「ジャワの密教」『シリーズ密教1 インド密教』春秋社、二一一〜二三六頁

Griffiths, A, 2014, “Written Traces of the Buddhist Past: Mantras and Dhāraṇīs in Indonesian Inscriptions.” *Bulletin of the School of Oriental and African Studies* 77-1, pp.137 -194.

Nihom, Max. 1994, *Studies in Indian and Indo-Indonesian Tantrism: The Kuñjarakarṇadharmakathana and the Yogatantra*, Vienna.

第Ⅲ部 空海とインド中期密教［1］経典篇

第1章　『大日経』

大塚伸夫

一　空海と『大日経』との出会い

近年、空海の創設した真言宗の密教は、インドで成立したインド密教や中国に継承された中国密教とは異なることから、日本密教と呼ばれる範疇に含まれる。しかし、この日本密教にも平安時代以降に天台宗によって確立された「天台密教（旧来呼称の台密）」も含まれるため、それとは区別して「真言密教（旧来呼称の東密）」と呼ばれている。また真言密教の体系は、教義全般を意味する「教相」と実践全般を含意する「事相」とに大きく分かれている。さらに実践面を包括する事相は、大きく「胎蔵法」と「金剛界法」とに分かれて構成されている。この胎蔵法の依拠する経典が『大日経』であり、金剛界法の依拠する経典が『金剛頂経』と位置づけられる。真言密教の伝統からすれば、『大日経』と『金剛頂経』は成立時代や成立地が異なり、実践内容も異なるとはいえ、「金胎不二《こんたいふに》」と位置づけられるように、ともに宗教理想とする即身成仏の到達点は異ならないと理解されて、両経の価値は同一視されてきた。

さて、真言密教にはこうした『大日経』に関する取り扱いがあるところで、空海と『大日経』との出会いからみていきたい。まず空海が密教と呼べるものと初めて出会うのは、空海が一八歳で入学した大学にて懸命に学問を修めていたころと推定されている。空海の書物には著作年代が記されていないものが多いため定かではないが、およそ二四歳のころに著されたとみられる出家宣言の書『三教指帰《さんごうしいき》』の序文には、空海が一五歳で母方の伯父にあたる阿刀大足《あとのおおたり》について修学し、一八歳にて大学で学問に精進している際、ある一人の修行僧から密教修法である虚空蔵求聞持法《こくうぞうぐもんじほう》を伝授され（一説にはこの修行僧は奈良の勤操《ごんぞう》とみなされている）、四国高知の室戸岬で明星が来影することをもってこの修法を成就された旨が記されている。

余、年、志学《しいがく》（十五歳）にして外氏阿二千石《がいしあじせんせき》文学の舅《きゅう》（阿刀大足）に就いて伏膺《ふくよう》し錯仰《さんぎょう》す。二九《じきゅう》（十八歳）にして槐市《くわいし》（大学）に遊聴《ゆうてい》し、雪螢《せっけい》をなお怠るに拉《とりひし》ぎ、縄錐《じょうすい》の勤めざるに怒る。ここに一《ひとり》の沙門あり、余に虚空蔵求聞持の法を呈《しめ》す。その経に説かく、もし人、法によってこの真言一百万遍を誦すれば即ち一切の教法の文義暗記することを得、と。ここに大聖の誠言《じょうごん》を信じて飛燄《ひえん》を鑽燧《さんすい》に望み、阿国大瀧嶽《たいりょうのたけ》に躋《のぼ》り攀《よ》じ、土州室戸崎《むろとのさき》に勤念《ごんねん》す。谷響《たにひびき》を惜しまず、明星来影《みょうじょうらいえい》す。（弘全三―三二四）

それゆえ、一八歳より二四歳までの期間に空海は仏教に専心するようになり、大学を中退するまでに至ったと思われる。ただここで注目すべきは、若き空海が仏教、ことに密教修法にふれて密教に大きな関心をもつことになった点であろう。

その後、空海が三一歳で入唐《にっとう》するまでの消息は明確ではなく、この七年間は空白の時代と呼ばれている。その空白の時期に空海は『大日経』と出会い、より深く密教を求めて入唐したというのが、真言密教における伝統説にもなっている。その点を予想させるのが二十五箇条『御遺告《ごゆいごう》』（現在、空海真撰ではないとみなされている）に記された次の文章である。

此《ここ》に経あり。名字は大毗盧遮那経《だいびるしゃなきょう》と云う。是れ乃《なんじ》が要《もと》むる所なりと。即ち随喜《ずいき》して件《くだん》の経王を尋ね得たり。大日本国高市郡久米《やまとのくにたけちくめ》の道場の東塔の下に在《あ》り。此《ここ》に於て一部緘《かん》を解《と》いて普《あまね》く覧《み》るに、衆情滞《とどこお》り有りて憚問《たんもん》するに所なし。更に発心を作《な》して、去《い》んじ延暦二十三年五月十二日を以て入唐《にっとう》す。初めて学習せんが為なり。（弘全二—七八三）

この文章に「久米の道場の東塔」とある場所こそ奈良の久米寺であり、その東塔の下で空海の見たものが『大日経』であったと述べられている。この伝承には、真言密教の第三祖龍猛《りょうみょう》菩薩が南天《なんでん》の鉄塔にて密教を受法したと伝えられる「南天鉄塔説」が影響しているとも考えられるが、ともかくこの事態によって、空海は『大日経』に関する不明な点を解明するため、またさらなる深い密教の深旨を求めて入唐求法《ぐほう》を志したというのである。

近年では、空海が『大日経』に説かれる密教の奥義とされる灌頂《かんじょう》を求めて入唐したのではないか、あるいはまた求聞持法を修して得た神秘体験が何であったのか、その確証を求めて入唐したとも指摘されている。いずれの説も推測の域を出ないが、筆者としては空海が前者の説である『大日経』に説かれた灌頂を求めて入唐したのではないかという見解に傾倒している。というのも、空海の入唐後わずかの時点で、中国における師である恵果阿闍梨《けいかあじゃり》（真言密教の第七祖）より灌頂を受法し、恵果阿闍梨が亡くなると間もなく帰朝しているからである。この経緯には、恵果より受法した密教を日本で流布させ民衆を救済しなさいといった恵果の遺言も影響していようが、空海の最も求めていた所期の目的が達成されたからこそ、いつ帰れるかわからない帰国を急いだと考える。

二　『大日経』の章品構成ならびに思想面と実践面の概要

それでは、空海が重要視した『大日経』にはどのような内容が説かれているのであろうか。ここでは、『大日経』の全体的な章品構成について概観したい。『大日経』にチベット訳と漢訳の二種があるうち、空海の見た漢訳に基づけば、本経は七巻三六品より構成されている。そのうち、前六巻三一品が経典の本体部分であり、第七巻五品が「第七巻供養法」と総称される本経の附属儀軌《ぎき》から構成されている（同供養法は真言密教における胎蔵法系の供養次第の原形である）。経典本体である前六巻三一品のうち、「住心品」第一では本経の思想面（教相）が説かれており、真言密教の主要な教義の大部分が同品に集中して説かれる。「具縁品」第二以降は、胎蔵法の灌頂に関する儀礼やその灌頂儀礼で用いられる曼荼羅の作壇法《さだんほう》・印契《いんげい》・真言、念誦法《ねんじゅほう》、三摩地法《さんまじほう》、護摩法といった実践的な軌則（修法次第）が説かれる。以下に各品の内容を概述する。

「入真言門住心品（略称、「住心品」）」第一…本品の巻頭部分では、空海の重要思想の一つである法身《ほっしん》説法説の背景思想となった大日如来による説法の瑞相が示される。その内容は、金剛法界宮殿《こんごうほうかいぐうでん》（説法の会場）に住する法身大日如来が身語意の三無尽荘厳蔵《さんむじんしょうごんぞう》（大日如来による説法活動の真実相である身語意の三密活動のこと。その全体的な姿が法界曼荼羅と呼ばれる）を奮迅示現し、身語意三平等句の法門を過去・現在・未来の三世にわたって説法する姿を描写する。次に、そのような説法を実現させる大日如来の智慧を「一切智智《いっさいちち》」と呼び、「地・水・火・風・空」の五大のように衆生を利益《りやく》する存在であると説く。

そこで、教主大日如来が聴聞者の代表である金剛薩埵《こんごうさった》（執金剛《しゅうこんごう》秘密主）の質問に答える形で、菩提と一切智智の獲得のために自心にその答えを求めるよう教示する「如実知自心《にょじっちじしん》」の教えを示す。次に、なぜ自心にその智慧（大日如来の智慧）を追求するのかという根拠を示して、衆生本来の心のあり方は自性清浄《じしょうしょうじょう》で、心の真実相こそが唯一菩提と虚空の相に等しいからと説く。つまり覚りの実体は心の真実相と同じであるから、心の真実相を見きわめることが覚りなりと説明しているのである（やがてこの教えは、空海によって『十《じゅう》住心論《じゅうしんろん》』における深秘釈《じんぴしゃく》の「秘密曼荼羅十住心」思想として解釈されていくことになる）。そして、その智慧を獲得するための原因が「菩提心」であり、その根本が「大悲《だいひ》」であり、その最終的な究極の姿が「方便」であるとする「三句の法門」を説く。

次に、実際に真言門における菩薩行（密教修行）を実践することで、菩薩の日常心がどのように一切智智の獲得に向かって転昇していくのか、その転昇過程を説く。概略すれば、我に執われて煩悩欲にふける心相から始まって、順世の八心・六十心・百六十心・三劫・十地という各説段において、次第して心相が深まり転昇していく様子を明らかにする。たとえば、外道の有我説、五蘊仮和合《ごうんけわごう》による無我説や十二因縁といった部派仏教の教理、瑜伽行派の唯識思想や中観派の般若空思想などの大乗仏教の教理をふまえた本経独自の重要な主要教義を明かして、心相の深まりを説明する。その過程で重要なのが、本経の覚りに対する基本的な立場や、空海の『秘蔵宝鑰《ひぞうほうやく》』や『十住心論』における十住心思想の背景にもなった「住心」の概念が提示されていることである。

次いで心相の転昇過程のまとめとして、覚りに向かうにあたっての六段階の心の休息所を意味する六無畏《ろくむい》（善・身・無我・法・法無我・一切法自性平等）を説く。「住心品」の最後にあたっては、真言門の菩薩が絶えず修すべき縁起観として十縁生句《じゅうえんしょうく》（幻・陽焔・夢・影・乾闥婆城《けんだつばじょう》・響・水月・浮泡・虚空華・旋火輪）が示される。この一〇種の縁起観は密教観法《かんぼう》の一つであり、次品より説示される密教修法を実践する際に現れる覚りを得たと感ずる境地を否定して、さらなる深い境地を目指すために観ずる側面（いわゆる心品転昇を促す側面）と、深い覚りの境地から衆生利益を実践することを肯定するために観ずる側面（真言行者が仏作仏業《ぶっさぶつごう》として展開する方便行の側面）を含み、絶えず真言門の菩薩が修習《しゅじゅう》すべき密教独自の縁起観と位置づけられる。

「入漫荼羅具縁真言品（略称、「具縁品」）」第二…この「具縁品」第二以降は、密教における諸の実践行（事相）を説く。とくに同品では、灌頂阿闍梨となる阿闍梨の資格や弟子の資格を取り上げたのちに、真言門の菩薩（灌頂阿闍梨となる真言行者）が七日間で土壇曼荼羅（身曼荼羅＝大曼荼羅）を造り上げるための七《しち》日《にち》作《さ》壇法《だんぽう》の順序次第や、その造壇した曼荼羅に弟子（灌頂の受者）を導き入れて投華得仏《とうけとくぶつ》させ、瓶《びょう》灌頂を行う灌頂儀礼いわゆる「曼荼羅行《まんだらぎょう》」と本経で呼ぶ密教儀礼を中心に説く。同品所説の曼荼羅は、総称して「大悲胎蔵生曼荼羅」と呼ばれるが、同曼荼羅の実体は先の「住心品」の巻頭部分で示された教主大日如来の大悲から奮迅示現され発生された身語意三無尽荘厳蔵のうちの身無尽荘厳蔵（身密《しんみつ》）を図絵化したもので、尊格が身体的に図絵表現されるので四種曼荼羅（大・三・法・羯）のうちの大曼荼羅と位置づけられる。その身曼荼羅を前にして行われる同品の灌頂は、本経に三段階あるうちの第一段階の灌頂と位置づけられる。なお同品所説の灌頂儀礼は、現行の真言宗における胎蔵法の灌頂儀礼の原形となっている。

「息障品」第三…諸の真言行、たとえば前品の灌頂儀礼をはじめ、「世間成就品」第五以降に説かれる念誦法や三摩地法を実際に真言行者が実践する場合に当然、引き起こされる心内の煩悩や妄念などをはじめ、心外にも起こり得る諸の障害を除去する法を説く。この問題は、真言行者が望む所願を成就できない原因を払拭するための方策を説くものであり、初期密教の時代より密教行者にとって懸案事項でもあった。

「普通真言蔵品」第四…「具縁品」第二以降の諸品に説示される曼荼羅における尊格の真言や種字《しゅじ》（梵字）など、一一九呪を羅列して説く。

「世間成就品」第五…世間的な有相悉地《うそうしつじ》（世間的な所願成就）を目的とした四種念誦法（意支念誦・先持誦念誦・具支念誦・作成就念誦）を説く。同品の念誦法はどちらかといえば、初期密教の時代より継承されてきたもので、現世利益的な念誦法である。

「悉地出現品」第六…前品に対して同品は、出世間《しゅっせけん》の無相悉地である菩提（覚り）を獲得するための三月念誦（先持誦念誦・具支念誦・作成就法）や六月念誦などの念誦法を説く。

「成就悉地品」第七…先の第五・第六の両品に説かれた念誦法の補助的な内容を主として説き、両品の念誦法に従った悉地を正しく得るための観想法を明かす。

「転字輪漫荼羅行品」第八…灌頂阿闍梨が大日如来を象徴する阿（A）字を曼荼羅の中心に配置して字輪を形成する転字輪曼荼羅（語曼荼羅＝種字曼荼羅＝法曼荼羅）を造り、そこに弟子（灌頂の受者）を導き入れて灌頂する儀礼を説く。これは、「具縁品」所説の曼荼羅が身曼荼羅であるのに対し、法身大日如来の語無尽荘厳蔵（語密《ごみつ》）を図絵化したもので、尊格が梵字の種字によって言語的に表現されるので種字曼荼羅と呼ばれたり、四種曼荼羅（大・三・法・羯）のうちの法曼荼羅と位置づけられる。その語曼荼羅を前にして行われる同品の灌頂は、三段階あるうちの第二段階の灌頂と捉えられる。

「密印品」第九…曼荼羅の諸尊に関する印契一三九種と真言八七呪を説く。

「字輪品」第十…胎蔵曼荼羅を構成する仏部・蓮華部・金剛部の三部をそれぞれ象徴する阿（A）・娑（SA）・縛（VA）の三種字による三部字輪観を説く。

「秘密漫荼羅品」第十一…秘密曼荼羅（意曼荼羅＝三昧耶曼荼羅）を造るための軌則とその作壇法を説く。

この秘密曼荼羅は、法身大日如来の意無尽荘厳蔵（意密）を図絵化したもので、尊格が金剛杵や蓮華といった三昧耶形（諸尊の誓願や精神活動を象徴するもの）で表現されるので意曼荼羅と呼ばれたり、四種曼荼羅（大・三・法・羯）のうちの三昧耶曼荼羅と位置づけられる。

「入秘密漫荼羅法品」第十二…弟子（灌頂の受者）を造壇した秘密曼荼羅に導き入れる入壇の軌則を説く。

「入秘密漫荼羅位品」第十三…秘密曼荼羅における灌頂壇の作壇法と灌頂（以心灌頂）の作法を説く。この秘密曼荼羅を前にして行われる同品の灌頂は、三段階あるうちの第三段階の灌頂と捉えられ、これによって最終的な大日如来の智慧が獲得される。

「秘密八印品」第十四…秘密曼荼羅の中央に位置する中台八葉院の四仏・四菩薩の印契と真言を説く。

「持明禁戒品」第十五…「悉地出現品」第六にも説かれた六月念誦を実践するための真言行者の戒法を説く。

「阿闍梨真実智品」第十六…灌頂阿闍梨が曼荼羅を造る直前に修習すべき布字観《ふじかん》・三部布字観・五字五輪観（いわゆる五字厳身観《ごじごんしんかん》）という三種の三摩地法を説く。とくに第一の布字観は「具縁品」第二所説の身曼荼羅を、第二の三部布字観は「転字輪漫荼羅行品」第八の語曼荼羅を、第三の五字五輪観は「秘密漫荼羅品」第十一の意曼荼羅を作壇する前に観ずる阿闍梨の三摩地といえる。それゆえ、この三種三摩地とは、阿闍梨が大日如来となって（即身成仏して）、「住心品」で示された三無尽荘厳蔵を灌頂用の身語意の三種曼荼羅へと視覚的に開示するための観念操作といえる。

「布字品」第十七…前品に明かされた第一の布字観について詳細に説く。

「受方便学処品」第十八…真言行者が遵守すべき十善戒・五戒・四重禁戒などの戒について説く。

「説百字生品」第十九…曼荼羅中央の大日如来を象徴する百光遍照王《ひゃっこうへんじょうおう》の真言（namaḥ samantabuddhānāṃ am）を説き、この百光遍照王の種字（AM·字）を中心とする字輪観（百光遍照王観）を修習して菩提を得ることを説く。

「百字果相応品」第二十…前品所説の百光遍照王の字輪観を修習することによって得られる菩提の果相を説く。

「百字位成品」第二十一…百光遍照王の字輪観を修習することによって、本尊大日如来との入我《にゅうが》我入《がにゅう》の秘趣を明かす。

「百字成就持誦品」第二十二…本品において具体的な百光遍照王の字輪観の持誦軌則を明かす。

「百字真言法品」第二十三…百光遍照王の種字（AM·字）の字母である阿（A）字について説く。本品が真言宗で現在も実修されている阿字観の教理的根拠にもなっている。

「説菩提性品」第二十四…覚りの本質である菩提性とは、「住心品」でも説示された虚空の相であり、真言行者は無分別に住すべき旨を説く。

「三三昧耶品」第二十五…発心・真智・大悲の三平等、仏・法・僧の三平等、法身・報身《ほうじん》・応身《おうじん》の三平等、心・仏・衆生の三平等という三種の三昧耶（多義あるが本品では平等の義）について説く。なお、この三平等の義は空海の『即身成仏義《そくしんじょうぶつぎ》』でも取り上げられており、即身に関する重要な思想背景になっている。

「説如来品」第二十六…菩提と正覚の区別のもとに、菩薩と如来の相違を説く。たとえば、一切の分別を離れた虚空の相である菩提を求める者を菩提薩埵とし、十地《じゅうじ》を成就円満し、一切諸法は空にして如幻であると知る正覚を成就し、十智力をそなえて無明の域を脱した者を如来というと説く。

「世出世護摩法品」第二十七…世間の護摩法（炉の中で供物を焼いて本尊に供養する修法）と出世間の護摩法とを明かす。世間の護摩法とはバラモンの行ずる護摩法であるとし、出世間の護摩法は本経に説く密教の護摩法であるとして、その中に内《ない》護摩と外《げ》護摩の別があるとする。内護摩は菩提心の智火で無明煩悩の薪を焼くことをいい、外護摩とは道具を用いて行う通常の供物を焼く護摩法をいうと規定する。

「説本尊三昧品」第二十八…密教的瑜伽観行の対象となる本尊の種字（梵字）・印（月輪《がちりん》などの象徴物）・尊《そん》形《ぎょう》（姿形）を用いて修習する種三尊観を説く。

「説無相三昧品」第二十九…本経の説く三昧には有相三昧と無相三昧があるとし、真言行者はそのうちの、無自性空を覚る無相三昧に住すべき旨を明かす。

「世出世持誦品」第三十…世間的な念誦法と出世間の念誦法とその軌則を説く。そのうち世間的な念誦法とは、世間的な福楽長寿などを得ようとして修習する念誦法のことをいい、出世間の念誦法とは、妄想煩悩を断除して覚りを開く念誦法のことであると説く。また、念誦法には心意念誦と出入息念誦の二つがあるとする。心意念誦は行者の所念を本尊に傾注して真言を念誦する修法で、出入息念誦は息の出入に応じて、本尊の真言を口誦《くじゅ》する修法のことをいうと説く。

「嘱累品」第三十一…真言秘法を伝授する際の注意事項を説く。とくに弟子の器を確かめてから、本経の実践法を伝授することを強調する。これらの規則は現在の真言宗の伝授にも伝えられているものが多い。

第七巻供養法「第一品～第五品」…これらの五品によって本経所説の供養儀礼の略法を説く。

以上が『大日経』の章品構成と概略であるが、前述したとおり、「住心品」第一では迷いの心の状態から覚りを得るまでの心相を詳細に明かす一方、「具縁品」第二以降では、その覚りを得るための実践法が明かされている。なかでも『大日経』を代表する修法は「五字厳身観」といわれており、『金剛頂経』の「五相《ごそう》成《じょう》身観《しんがん》」とともに即身成仏の秘観とされている。

三　空海の思想形成に果たした『大日経』の役割

さて、『大日経』が空海の思想形成に重要な役割を果たしたことは論をまたないところである。ここでは上記『大日経』の章品内容から、空海が同経の何を取り入れて自身の思想を確立したかを述べてみたい。

まず、入唐後における空海の代表的な著作を概観すると、帰朝したのち弘仁六年ころに著述したとされる『弁顕密《べんけんみつ》二教論《にきょうろん》』をはじめ、独自の世界観を主張して真言密教の教理の中核を形成した『即身成仏義』『声《しょう》字実相義《じじっそうぎ》』『吽字義《うんじぎ》』『般若心経秘鍵』『秘蔵宝鑰』『十住心論』など、主に教理思想を扱った著作類がある。その一方、『大日経』や『金剛頂経』などの諸経典に関する開題類、手紙などを含む書簡類などがある。ここでは、教理思想を扱う著作類を中心に取り扱うことにしたい。

空海の教理思想系の著作を見ると、自身の主張を展開する場合、よくその典拠となる経論儀軌を引用する点にある。とくに『大日経』に関しては、空海の初期の著作となる『弁顕密二教論』から晩年の『秘蔵宝鑰』『十住心論』にいたるまで、随所に証文として引用される。そればかりでなく、引用元である経典の典拠や証文を示さないまま自身の主張を展開する場合もあるが、終始一貫して『大日経』を用いて自身の思想を大きく展開している特徴がみられる。

現在、『大日経』からの引用が判明している箇所は、「住心品」第一、「具縁品」第二、「普通真言蔵品」第四、「悉地出現品」第六、「転字輪漫荼羅行品」第八、「密印品」第九、「秘密漫荼羅品」第十一、「入秘密漫荼羅位品」第十三、「阿闍梨真実智品」第十六、「百字果相応品」第二十、「百字位成品」第二十一、「説本尊三昧品」第二十八、第七巻の「供養法真言行学処品」第一、「供養儀式品」第三の一四品である。

それでは、これより空海が『大日経』のいかなる思想を摂取して自身の思想を構築しているか、いくつかの著作を取り上げて見ていくことにしたい。

（1）『弁顕密二教論』にみられる法身説法と速疾成仏の背景

第一に取り上げたいのが『弁顕密二教論』に主張される法身説法と速疾成仏《そくしつじょうぶつ》（同著作の時点ではまだ「即身成仏」ではなく「速疾成仏」の意味で主張されている）の拠り所になった『大日経』の部分である。この『弁顕密二教論』という著作は、およそ弘仁六年（八一五年）空海四二歳のころと推定されており、真言密教以外の仏教全般を一括して「顕教《けんぎょう》」と呼び、これと空海の唱える真言密教との比較を通じて密教の優位性を主張した著作といえる。その顕密二教に関する比較の論点に①「能説の仏身」、②「所説の教法」、③「成仏の遅速」、④「教益の勝劣」があるうち、①「能説の仏身」の中で主張されるのが法身説法説であり、③「成仏の遅速」の中で主張されるのが速疾成仏説である。

まず①「能説の仏身」の中で主張される法身説法説において、空海は「自性・受用仏は、自受法楽《じじゅほうらく》の故に自眷属とともに各々三密門を説きたもう。これを密教という」と述べて、『大日経』「住心品」の大日如来による説法の瑞相を説く経文を引用して、法身が覚りの境地を説法する（これを果分可説という）と主張する。この主張は、法身は説法しないことを常識とした当時の仏教界で大きな反響を呼んだと想像できるが、そもそも『大日経』における大日如来の説法に対する立場は、釈尊をはじめとする仏菩薩の言葉による口説説法に限定されるようなものではなく、人々を導こうとする心から（意密活動）、救済の手を差し伸べたり（身密活動）、言葉をかけて（語密活動）、人々を導こうとする救済者（加持身）そのものを現し出すことを説法といい、この説法内容を「身口意平等句の法門」と称している。いわゆる法身大日如来の無量の分身を示現することを説法と表現しているのである。この説法に対する立場の相違が顕教と密教を根底から峻別する基準になっているといっても過言ではない。そのような点を具体的に示すために『大日経』では、教主大日如来が「若し衆生有りて、仏を以て度すべき者には即ち仏身を現じ、或いは声聞の身を現じ……（中略）……各々に彼の言音に同じて、種々の威儀に住し給う」と説明している。その要点を空海は独自の発想で法身説法と表現されたわけである。

空海の法身説法説の背景には、こうした『大日経』における説法に対する密教的な解釈が介在することが理解されたと思われるが、ことはこれで終わらないのである。この説法内容である身語意の三密活動を真言行者が体現しようとして、手に印契を結び（身密）、口に真言を唱え（口密）、心を三摩地に住せしめると（意密）、行者と仏身とが融合し、凡身のまま即時的に成仏してしまうという即身成仏の修道論へと展開することになるのである。『弁顕密二教論』の時点では、空海の即身成仏思想は時間の速さを問題にした速疾成仏の概念であったが（③「成仏の遅速」）、後の著作『即身成仏義』になると、明確に凡身即仏身といった即身成仏の理論が整備されてくるのである。

また、空海の即身成仏に関する初期の思想である速疾成仏の考え方に多大な影響を与えたのが、『大日経』所説の「劫」に対する『大日経疏』の解釈をあげることができる。この劫に対する『大日経疏』の解釈には、まるで一休さんのトンチのようなトリックが効いている。要略すると、「梵に劫跛《こうは》（kalpa）と云うに二義あり。一には時分、二には妄執《もうじゅう》なり」と解説した後、「若し一生に三妄執を度すれば、即ち一生に成仏す。何ぞ時分を論ぜんや」と解釈するように、『大日経疏』は「劫」に時間と煩悩妄執の二つの意味が含まれるとして、この解釈のもと、顕教の菩薩は六波羅蜜の修行によって三劫という永遠ともいえる時間をかけて輪廻転生を繰り返しながら煩悩妄執を少しずつ取り除いて成仏へと到達するが、密教の菩薩は三劫という時間をかけずとも、秀でた密教修行を実践すれば、一生の間に三劫分の煩悩妄執（第一劫分の妄執＝麁《そ》妄執、第二劫分の妄執＝細妄執、第三劫分の妄執＝極細妄執）を一気に取り除けるので、一生のうちに成仏できると解釈されるのである。ここに空海の発想する速疾成仏のアイデアが隠れていたのである。もちろん、空海の速疾成仏思想には、『金剛頂経』の十六大菩薩生の修道論に依拠しながら強調される側面もあるが、この『大日経疏』の劫に対する妄執解釈によってこそ、理論的に速疾成仏が可能であることが論証できるのである。

（2）『即身成仏義』にみられる「即身」と「本有本覚」の背景

次に取り上げたいのが、『即身成仏義』に主張される即身と本有《ほんぬ》本覚《ほんがく》の理論の拠り所になった『大日経』についてである。この『即身成仏義』という著作は、およそ弘仁一四年～天長元年（八二三～八二四年）にかけて、空海が五〇～五一歳のころ著述したと推定されている。先の『弁顕密二教論』において真言密教の成仏の速疾性を主張した空海は、やがて『即身成仏義』において速疾性だけではない成仏の即時性、つまり即身と本有本覚の理論を強調するようになるのである。その理論のヒントになったのが『大日経』である。そもそも『即身成仏義』では、即身成仏できるとする理論の柱に六大体大《ろくだいたいだい》・四曼相大《しまんそうだい》・三密用大《さんみつゆうだい》の三大思想と無礙の四点を用いて、凡夫の身体そのままが仏身と異ならないとみる即身の理論を主張し、さらに衆生心の源底に大日如来と等同の智慧が内在されているとみる本有本覚の理論を用いて、身も心も衆生は仏と同一であるといった即身成仏思想を説いている。

そこで、こうした即身成仏思想のヒントを空海に与えたであろう『大日経』に視点を移してみたい。

まず、『即身成仏義』における地・水・火・風・空・識なる六大の概念は、『大日経』「住心品」に説かれた地・水・火・風・空の五大説に依拠している。この『大日経』の五大説は、顕教で考えられていた物質的な構成要素としての五大の意味ではない点が重要である。あくまでも『大日経』の説く五大は、説法のために無量の加持身を示現する大日如来の一切智智の働きそのものを表現していた。空海はその一切智智には、覚られる客体の「真理」と覚る主体の「智慧」が両方含まれると解釈して、地・水・火・風・空の五大を真理の客体と捉え、主体の智慧を識大に設定して、合して六大としたのである。

次に、空海は「かくの如くの六大、能く一切の仏および一切衆生器界等の四種法身と三種世間とを造す」と述べ、この六大があらゆる世界の基体的な存在（六大体性）であるとみなす。そして、森羅万象はすべてこの六大より発生されたものであり、十界の有情すべてはこの六大によって成り立っているとみる六大能造説を主張する（これを後世、六大縁起説と呼ぶ）。この発想はまさに、『大日経』における大日如来の一切智智より無量の加持身（三無尽荘厳蔵）が示現されて現象する世界構造（加持世界）をモデルにしているといえる。結局、われわれや仏菩薩も含め、すべての存在はこの六大より成り立っているゆえ（六大所成）、例外なく、衆生身は即ち仏身と異なった存在ではないとみる、六大体大による即身の理論が成立することになる。

また、『大日経』でいう身語意の三無尽荘厳蔵は、大日如来の説法する姿であり様相でもあるから、それを絵画的に捉えれば曼荼羅（大・三・法・羯の四種曼荼羅）と表現できることになる。そして、一々の存在はすべて大日如来の分身（空海のいう四種法身）であり、加持世界における曼荼羅の一構成員となるので、衆生身と仏身も相離れた存在ではない不離の関係にあるとみる、四曼相大による即身の理論が成立する。

また、『大日経』でいう身語意の三無尽荘厳蔵はそのまま、大日如来の説法活動であると同時に、大日如来による衆生救済のための身口意の三密活動でもあるゆえ、その分身であるわれわれの活動も、煩悩に影響されている限りは身口意の三業となってしまうが、本来は大日如来の三密活動の一環でもあるゆえ、この三密を通じて仏身も衆生身も本来的に相通じているとみる、三密用大による即身の理論が成立する。

さらには、本体的にも相状的にも活動的にも衆生と仏身は等しい存在で、すべての存在が融け合っているとみる、空海の無礙《むげ》の思想は、『大日経』所説の三等無礙の真言によって補説されて、無礙思想による即身の理論が成立するのである。そして『即身成仏義』の後半では、衆生心の源底に大日如来と等同の一切智智が内在されているとみる本有本覚の理論が示される。ここにも『大日経』の五大説に基づいて独創的に展開された六大説のうちの識大によって、本有本覚の理論が支えられている。つまり、衆生は六大によって成り立っているので法身大日如来の識大たる一切智智が、一切衆生にも内在されることになる（一切衆生は六大所成なるゆえに）。これを従来の仏教学の視点で説明すれば、如来蔵思想における法身の遍満によって、衆生も一切智智を具有する結果になる。

空海はこの一切智智の内在性を「法然に薩般若を具足」すると説明し、さらには「各々五智無際智を具す」とも主張している。この五智は一切智智を構成する智慧の総合態を意味し、『金剛頂経』や『理趣経』系の五智思想が反映されているが、やはり基本的には『大日経』所説の五大説より展開した識大の思想によって、空海の本有本覚の理論が支えられているといっても過言ではない。

以上のことから、空海の即身成仏思想には、多分に『大日経』「住心品」における説法構造の思想的影響が大であったといえるのである。

（3）『声字実相義』にみられる言語観の背景

次に、空海による『声字実相義』に関する『大日経』の思想的影響について述べたい。

まず同書は『弁顕密二教論』の法身説法説をより具体的に説明する性格を有した著作と考えられており、著述年代は明らかではないが、ただ同書の中に「即身義の如し」と記されていることから、『即身成仏義』

の著述後に両書が著されたとみるのがほぼ定説化している。それゆえ、同書にみられるいくつかの思想は、『即身成仏義』における真言密教の世界観が構築されてからの応用編とも表現できる。

同書にどのような思想がみられるかといえば、法身説法する大日如来の発した声や文字がそのまま、説法の真実相とみる声字即実相の思想がある。そして、この声字と実相の世界観が「随縁《ずいえん》（現象世界）」と「法《ほう》爾《に》（真実世界）」という二重の世界観を構成することになって、法身説法の世界観がより明らかにされる。

それでは、こうした声字実相、法爾随縁の世界観は『大日経』の思想のどこから影響を受けて成立したのであろうか。声字実相の思想は、基本的に『大日経』の説法構造に依拠しており、前述した『弁顕密二教論』の法身説法説や『即身成仏義』の六大と四曼の思想を統合して理論が構築されている。

たとえば、『声字実相義』の「夫《そ》れ如来の説法は必ず文字《もんじ》に藉《よ》る。文字の所在は六塵《ろくじん》その体なり。六塵の本は法仏の三密即ち是れなり。……（中略）……声字分明《ふんみょう》にして実相顕わる。所謂《いわゆる》声字実相とは、即ち是れ法仏平等の三密、衆生本有《ほんぬ》の曼荼《まんだ》なり」という一節に、声字と実相の考え方が表明されている。つまり、大日如来による説法の声や文字は、色・声・香・味・触・法（これを「六塵」と呼ぶ）といった、われわれの感覚器官を通じて感じ取れる認識対象（仏教用語でこれらを六境とも呼ぶ）であるというのである。これは、われわれの眼・耳・鼻・舌・身・意の六感覚器官を通じて感じ取れる現象世界すべてを指し、認識し感じとる一つひとつが大日如来による説法の声であり、文字であるということになる。実に空海以前の言語観を覆す考え方である。通例、仏による説法は肉声の言葉または文字によって伝達されると考えるのが一般的であるが、空海はこの現実世界の存在や変化して止まない流転現象、あるいは鳥のさえずりや小川のせせらぎの音そのものが大日如来の声であり文字である、というのである。

こうした言語観の背景にも、『大日経』における三無尽荘厳蔵の思想があるといえる。この三無尽荘厳蔵とは、繰り返すが、内実は大日如来によって現し出された加持身の総合体（曼荼羅）とはいえ、説法の視点からすれば、現象世界に伝達された大日如来による説法内容でもあるから、空海はその点を捉えて、まず『即身成仏義』において、この三無尽荘厳蔵を六大より発生された、いわゆる六大所成の四種曼荼羅であるとみなし、次いで『声字実相義』では、六大より成り立っている十界の有情（加持身）と、その者たちが住する山川草木にいたる自然環境のすべても、大日如来による説法の声であり文字であると拡大解釈するのである。

こうした大日如来の声字に対する解釈のもとに、空海は十界の有情を含む現象世界の有り様を感じ取ることができれば、大日如来による説法の真実相、つまり実相が顕われると主張する。そして、その実相とは、現象世界に展開する大日如来の三密活動の有り様であり、分身としてのわれわれの存在性と自心の源底に内在される一切智智（本有本覚）であって、命あるわれわれの存在意義を如実に覚知することが説法の声を聞き取ることであるという。

第二の法爾随縁の世界観については、『大日経』でいうところの、大日如来の一切智智の領域を「法爾」と位置づけ、それによって現された三無尽荘厳蔵の世界を「随縁」と位置づけている。『即身成仏義』の立場からすれば、一切の本体である六大の領域を法爾と位置づけ、その六大より現し出された、つまり六大縁起して現し出された四種曼荼羅の現象世界を随縁と位置づけることができる。それはちょうど、池の底（六大）と池の底から池の水面に現し出された水泡の集合体（四曼）のような関係と表現できる。『声字実相義』では、池の底の領域に相当するのが法爾の世界であり、池の水面に現れ出た水泡の集合体が随縁の世界といった関係に換言されているのである。

そして、究極的には法爾の領域と随縁の世界は一体であるとみなして、声字（随縁）即実相（法爾）と主張する。それゆえ、説法の声や文字の領域である随縁の世界そのままが大日如来による説法の真実相であるとみなし、現実世界そのままが真実世界であるとして、現実世界に真実の存在価値を見出そうとする。従来の仏教学からすれば、現実世界は空なる存在であって、覚りの障害となる煩悩を引き起こすだけの迷いの世界に過ぎない、と全否定されるのとはまったく相反する。これが空海の独創的な世界観となっているのである。

（4）『秘蔵宝鑰』と『十住心論』にみられる十住心思想の背景

『秘蔵宝鑰』と『十住心論』は、天長七年、当時の天皇の勅を受けて著された勅撰書で、両書がどのような意図で著されたかが長年の問題となっている。伝統説では、最初に『十住心論』十巻を提出したが大著であったため、要約したものを提出するよう求められて提出したのが『秘蔵宝鑰』であると考え、『十住心論』を広論、『秘蔵宝鑰』を略論と位置づけてきた。しかし近年では、『秘蔵宝鑰』は綱要書で、『十住心論』がそれに付随する資料集とみなして一緒に提出されたのではないかとも推測されている。

このような両書に対する議論が起こるのも、両書の性格が十住心思想をめぐって少し異なる視点から著述されていることに起因している。両書の共通部分については、『大日経』「住心品」に説かれる密教菩薩の日常心が一切智智の獲得に向かって転昇していく、その転昇過程をヒントに人間の心のあり方を十段階の心のレベルに集約して、浅い心から深い心へと転昇していく十住心構造の思想が構築されている点である。

この場合の十住心構造の特徴は、第一住心より第三住心までは「世間三箇《せけんさんが》の住心」と位置づけ、第四住心と第五住心を声聞・縁覚の小乗、第六住心より第九住心までを法相・三論・天台・華厳の四家大乗と位置づけて、これら九住心を一括して顕教と捉えた上で、最後の第十住心を密教に位置づけて真言密教の優位性を主張する教判論を構築している。この内容を伝統的に「九顕《くけん》一密《いちみつ》」と称している。

また、『秘蔵宝鑰』には見られない『十住心論』のみの特徴であるが、同書に深秘釈として「九顕十密《じゅうみつ》」の思想が提示されている。それは単なる教判論では捉えられない空海独自の思想といえる。その理由は、まさに『十住心論』の具名が『秘密曼荼羅十住心論』というように、あえて十住心思想に曼荼羅の概念を持ち込んでいるからなのである。

そもそも、この九顕十密とは、前九住心における顕教の住心も結局は、真言密教の菩薩の菩提心が転昇していく過程であり、かつ曼荼羅思想からみれば、一々の住心も大日如来の三昧門の一つに過ぎないとみなす曼荼羅観によって、十住心のすべてが真言密教の住心であるとみなす思想である。それゆえ、九顕十密という思想構造は、空海の曼荼羅観によって構築されているといっても過言ではないのである。

具体的に述べれば、空海は『十住心論』の第六他縁《たえん》大乗《だいじょう》住心の説段において「如上の無縁乗の法は、すなわちこれ弥勒菩薩の三摩地なり。この三昧はすなわちいわゆる大慈三昧なり。またこれ大日如来の四行の一なり」とか、第九極無《ごくむ》自性《じしょう》住心の説段において「自上所説の極無自性心は、これ普賢菩薩の所証の三摩地門なり、またこれ大毘盧遮那如来の菩提心の一門なり」などと述べている。この文意は、第六住心の精神レベルを弥勒菩薩、第七住心を文珠菩薩、第八住心を観音菩薩、第九住心を普賢菩薩の三昧の境地であるとして各住心に曼荼羅の尊格を配当し、最後の第十住心を大日如来の心位とみて、胎蔵曼荼羅の構造で各住心を捉えながら、すべての住心が大日如来の菩提心の一展開過程でもあると指摘しているのである。こうした空海の九顕十密に関する記述を見るとき、まさに胎蔵曼荼羅の構造で十住心が重層的に構築されているのがわかる。

これらの九顕十密の思想的特徴を考慮すれば、空海にとって曼荼羅こそ、大日如来の智心を具象化したものでありつつ、衆生自心の実相を映し出したものでもあったのである。それは、曼荼羅の中央に住する大日如来が衆生の心王である第十秘密《ひみつ》荘厳《しょうごん》心であり、弥勒・文殊・観音・普賢が衆生の心数である第六他縁大乗心・第七覚心《かくしん》不生《ふしょう》心・第八一道《いちどう》無為《むい》心・第九極無自性心といった具合に、まるで鏡に自分の姿を見るように、そのように空海は胎蔵曼荼羅に衆生心の全体像を見ていたのであろう。

このような空海の曼荼羅観は、心の曼荼羅とも表現できるものであり、それは衆生自心に仏を見る思想、つまり、われわれの心そのままが大日如来の心相であったとみる自心仏の思想に裏打ちされていたといえよう。またこの意味で、空海の曼荼羅観は、衆生の心に即した即心成仏の思想に貫かれていたともいえる。

空海の十住心思想の特徴を九顕一密と九顕十密に大きく分類して、その思想特徴を見てきたわけであるが、これを『大日経』の視点からみると、九顕一密の思想構造は、まったく『大日経』「住心品」の心品転昇過程の次第順序を背景に構築されており、各住心の名称も『大日経』「住心品」に記される語句を用いていることからして、九顕一密の背景が「住心品」にあることは明確である。

一方、九顕十密の背景はあまり明確ではない。筆者の考えるところでは、『大日経』「具縁品」第二以降の曼荼羅思想に影響を受けていると思われる。限定すれば、「具縁品」に説かれる「五種三昧道」に影響を受けているようである。この五種三昧道とは、胎蔵曼荼羅の作壇法に関する記述が終わった直後に示されるもので、曼荼羅の諸尊全体を仏・菩薩・声聞・縁覚・世間（世天）の五種に区分した上で、五種の尊格群がみな衆生を大日如来の一切智智の世界へ入住させるための三昧門を担っていると同時に、五種それぞれの三昧門が衆生心の真実相を開く門になっているという内容である。

具体的にいえば、「住心品」で覚りとは何かの問いに答えて「実の如く自心を知ること」と大日如来が説いたように、曼荼羅諸尊は衆生が大日如来の覚りの世界に入るための入り口であり、われわれ自身が覚るべき心の状態を、尊格の三昧を通じてわれわれに開示しているというのである。いわゆる入曼荼羅（入法界）のために密教者が修する本尊の三昧が、実はわれわれ自身の覚られるべき心の実相であったのである。このように解した場合、三重構造の胎蔵曼荼羅の仏・菩薩・声聞・縁覚・世間（世天）の五種の尊格群それぞれが、衆生心の諸相を明かす存在として曼荼羅に配されていたことになる。

空海の十住心思想の視点をかりてこの点を喩えれば、煩悩の赴くままにある凡夫の心相（空海のいう第一住心）より、あるがままの自心の実相（空海のいう第十住心）に至るまでの衆生心の全体像を、この三重曼荼羅の諸尊が表しているのである。結局、このような曼荼羅における五種三昧道の思想が、空海の十住心思想における九顕十密の思想形成に影響を与えたと考えられる。

以上、『弁顕密二教論』より『十住心論』にいたる著作を通じて、空海が『大日経』のいかなる思想を摂取して自身の思想を構築していたかが明らかになったのではないだろうか。その他にも、空海には『大日経開題』などの著作類があり、自心仏・五字厳身観・四種法身・四種曼荼羅などの思想が見られる。また空海の説く三昧耶戒といった戒律観の構築にも、『大日経』所説の三世無障礙智戒や四重禁戒が影響を与えているといえる。

四　『大日経』という中期密教経典の性格

『大日経』という密教経典は、同じ中期密教の『金剛頂経』や『理趣経』と比較して、どのような特徴をもつ経典なのであろうか。『大日経』「住心品」で説かれた「如実知自心」や因根究竟の「三句の法門」、また前述した「胎蔵曼荼羅」の意義を注視するならば、『大日経』は心の外郭を形成する煩悩心（三妄執）を取り除き、自心の源底にある浄菩提心を見出そうとする思想構造（如実知自心）を有する経典で、その菩提心を発得《ほっとく》してより、大悲と方便とをもって大日如来が衆生利益するように、密教者を大日如来の存在まで導こうとする経典であったように思える。それはまるで、卵の殻を割って中味を取り出し、成仏へと導こうとする発想と表現できる。

一方、『金剛頂経』の場合は、まだ覚りに到る前のシッダールタをモデルにした一切義成就菩薩が修した五相成身観（「第一通達菩提心」に始まる瑜伽観法）の五段階構造の意義を考えるならば、『大日経』のように心の外郭を形成する煩悩心を取り除くというよりも、自心の源底にある浄菩提心を成長させて、自力で煩悩の殻を破って大日如来へと転身させようとする思想構造を有する。それはまるで、卵の中でヒナへと成長させ、自分で殻を割って出てこさせるように、最初から内なる菩提心に目覚めさせて一気に成仏へと導こうとする発想である。

もう一方の『理趣経』の場合は、第一段の十七清浄句による「煩悩即菩提」のテーゼや、第十一段の四種本有性と第十二段の四種蔵性、そして法身の遍満を意味する第十六段の般若波羅蜜多の四種遍満といった如来蔵思想を基本とする本有本覚思想を重視するならば、心の外郭を形成する煩悩心もまた浄菩提心の一部であり、かつ大日如来の一切智智の徳性であったとみる思想構造を有している。それはまるで、卵を割ることなく、衆生はそのままですでに大日如来であったとみなす発想と表現できる。

このように三経典の特徴を表現してみると、『大日経』という密教経典は、中期密教の経典の中でも煩悩への対処の仕方が「煩悩断尽型」の大乗仏教的特徴を有しているといえる。また、『金剛頂経』は煩悩を断除するのではなく、密教者の本性を開発する本性開顕型の密教形態を有しているといえる。そして『理趣経』は、『金剛頂経』との密接な思想的関係を有しているだけあって、衆生の本性へ回帰する本性回帰型の密教形態を有しているといえる。それゆえ、『大日経』は大乗仏教的な特徴を残しながら、密教的な形態を整えて成立した経典であるといえるであろう。

〔略号〕
弘全…『弘法大師全集 第一輯』〔密教文化研究所編〕同朋舎、一九七八（復刊）

参考文献

勝又俊教、一九七〇、『密教の日本的展開』春秋社
弘法大師空海全集編集委員会編、一九八三、『弘法大師空海全集 第二巻』筑摩書房
松長有慶、二〇一〇、『大日経住心品講讃』大法輪閣
宮崎忍勝、一九七四、『大日経に聞く』教育新潮社
頼富本宏、二〇〇〇、『『大日経』入門』大法輪閣

第2章 『金剛頂経』

高橋尚夫

一 はじめに

『大日経』と『金剛頂経』は中期密教を代表する二大経典である。弘法大師空海は『大日経』については七種の開題を、『金剛頂経』については二種の開題を著している。開題とは、その経典名の経題を解説することによって、その経典のいわんとすることを明かすものであり、空海は両経典の他にも、『理趣経』や『法華経』など多くの経典の開題を著している。

『金剛頂経』については近年すぐれた解説が二篇あらわされている(1)。ここでは少し視点を変えて開題風に述べてみたい。その際、空海の『教王経開題』の一部を参考までに並記したが、対照のみで詳しい検討までは加えていない。

二　『金剛頂経』の概略

『金剛頂経』の概略については、本書第I部第2章「主要文献」の解説に譲るべきであるが、ここでも最小限、必用なことをごく簡単に述べておきたい。

『金剛頂経』とは、厳密には単独の経典ではなく十八部からなる一群の経典類の総称であり、十万頌《じゅ》からなるという。わが国において普通に『金剛頂経』というときは、その経典群の第一番目（初会《しょえ》という）に属するところの『初会金剛頂経』のことをいう。『初会金剛頂経』はまた、その経題である「一切如来の真実を摂《しょう》したものと名づける大乗の経典」（Sarvatathāgatatattvasaṃgrahaṃ nāma mahāyānasūtram）から『真実摂経《しんじつしょうきょう》』（Tattvasaṃgraha）とも称する。サンスクリット原典、チベット訳、漢訳（施護）の三種が完成本として存在している。その成立は南インドにおいて、七世紀中頃（第一篇）から八世紀末（第二篇）までには現存の完成本が出来上がったと考えられている。

十八部の『金剛頂経』とは不空訳『金剛頂経瑜伽十八会指帰《ゆがじゅうはってしいき》』（大正蔵一八、八六九番）によれば、次のようにある。なお、会《え》とは会座の意味で、経典が説かれた場所をいう。一八カ所で説かれたということである。十万頌とはその大きさをいい、頌とは三二音節からなる詩型をいう。およそ和歌の三一文字に当たる分量といえる。すなわち十万首の和歌が集成された分量ということである。一八の経典名と説かれた場所を記しておく。このうち、第六会は『理趣経』、第十五会は『秘密集会《ひみつしゅうえ》経』と現存の経軌に当てはまるものもある。他のものも研究者によりほぼ確定されているが現時点で照会することは割愛する。

	経典名	会座（説かれた場所）
初　会	一切如来真実摂教王	（色究竟天・閻浮提 idaṃ buddhakṣetram 堀内寛仁校訂本17－2）
第二会	一切如来秘密王瑜伽	色究竟天
第三会	一切教集瑜伽	法界宮殿
第四会	降三世金剛瑜伽	須弥盧頂
第五会	世間出世間金剛瑜伽	波羅奈国空界中
第六会	大安楽不空三昧耶真実瑜伽	他化自在天宮
第七会	普賢瑜伽	普賢菩薩宮殿中
第八会	勝初瑜伽	普賢宮殿
第九会	一切仏集会拏吉尼戒網瑜伽	真言宮殿
第十会	大三昧耶瑜伽	法界宮殿
第十一会	大乗現証瑜伽	阿迦尼吒天
第十二会	三昧耶最勝瑜伽	空界菩提場
第十三会	大三昧耶真実瑜伽	金剛界曼荼羅道場
第十四会	如来三昧耶真実瑜伽	（記載無し）
第十五会	秘密集会瑜伽	秘密処（喩師婆伽処）
第十六会	無二平等瑜伽	法界宮
第十七会	如虚空瑜伽	実際宮殿
第十八会	金剛宝冠瑜伽	第四静慮天

以下、『初会金剛頂経』について簡潔にふれる。堀内寛仁校訂本（堀内本と略す）によれば、全体は大きく分けて二篇からなる。第一篇は四つの大きな章（品という）からなり、第二篇は「教理分」といい、全体の五分の一を占めるが、その詳細は割愛する。第一篇のみの品名とサンスクリット文をあげれば以下のとおりである。

〔第一篇〕

第一　金剛界品（第一～第五章）　Sarvatathāgatamahāyānābhisamayo nāma mahākalparājaḥ
（一切如来の大乗現証と名づける大儀軌王）

第二　降三世品（第六～第十四章）　Sarvatathāgatavajrasamayo nāma mahākalparājaḥ
（一切如来の金剛三昧耶と名づける大儀軌王）

第三　遍調伏品（第十五～第十八章）　Sarvatathāgatadharmasamayo nāma mahākalparājaḥ
（一切如来の法三昧耶と名づける大儀軌王）

第四　一切義成就品（第十九～第二十二章）　Sarvatathāgatakarmasamayo nāma mahākalparājaḥ
（一切如来の羯磨三昧耶と名づける大儀軌王）

このうち、真言密教の中核となるのが、第一「金剛界品」の第一章「金剛界大曼荼羅広大儀軌品」（Vajra-dhātumahāmaṇḍalavidhivistaraḥ）である。

漢訳には次の三種がある。訳者の年代順に記せば以下のとおりである。

一　金剛智訳『金剛頂瑜《ゆ》伽《が》中《ちゅう》略《りゃく》出《しゅつ》念《ねん》誦《じゅ》経《きょう》』四巻（大正蔵一八、八六六番）七二三年頃
二　不空訳『金剛頂一切如来真実《しんじつ》摂《しょう》大《だい》乗《じょう》現《げん》証《しょう》大《だい》教《きょう》王《おう》経《きょう》』三巻（大正蔵一八、八六五番）七五三年頃
三　施護訳『仏説一切如来真実摂大乗現証三昧大教王経』三十巻（大正蔵一八、八八二番）一〇一五年頃

順に、四巻本、三巻本、三十巻本と略称する。サンスクリット文、チベット語訳の経典、チベット語訳に残るインドの学匠の註釈、日本における二種の註釈、チベットの学匠プトゥンによって撰述されたものなど、膨大な資料が現存する。ここでは最も重要なインド撰述の註釈のみ簡略に記しておく。

一　ブッダグフヤ『タントラ義入（Tantrārthāvatāra）』北京版 No. 3324, デルゲ版 No. 2501
二　パドマヴァジュラ『タントラ義入釈（Tantrārthāvatāravyākhyāna）』北京版 No. 3325, デルゲ版 No. 2502
三　シャークヤミトラ『コーサラ荘厳（Kosalālaṃkāra）』北京版 No. 3326, デルゲ版 No. 2503
四　アーナンダガルバ『真性作明（Tattvālokakārī）』北京版 No. 3333, デルゲ版 No. 2510

経典のうち、不空訳三巻本は第一金剛界品の第一章「金剛界大曼荼羅広大儀軌品」の翻訳であり、『初会金剛頂経』の中核をなす部分である。空海が請来したのはこの不空訳三巻本と、金剛智訳四巻本であり、全巻の訳出は未だなされていなかった。

冒頭にも記したが、空海は『金剛頂経』に関して、二種類の解説（開題）を行っている。大部な『金剛頂経開題』と、簡略な『教王経開題』である。ここでは『教王経開題』の後半に述べられる「金剛頂一切如来真実摂大乗現証大教王経第一、金剛界大曼荼羅広大儀軌品」の開題の一部を並記しつつ、各訳経の経題に基づき、『金剛頂経』（殊には不空訳三巻本の範囲に留まる）とはいかなるものかの解説を試みてみたい。

三　金剛智訳の経題について

金剛智訳は、写本に基づけば『金剛頂瑜伽中略出念誦法』（以下、『略出念誦経』）とあり、経典の忠実な翻訳というよりも、経自らが「金剛頂大瑜伽経王中に於て、瑜伽を修する者の瑜伽法を成就せんが為の故に、一切如来所摂真実最勝秘密の法を略説す」（大正一八、二二三c）というように、真言行者が本尊との瑜伽を成就するために編纂された成就法（sādhana）といえるであろう。われわれに身近な金剛界曼荼羅、四度加行における金剛界次第、灌頂次第などの典拠となるものである。

それでは経題の「金剛頂」とは何であろうか。不空訳とも共通するので、しばらく空海の言を引く。

「金剛頂」というは、しばらく三種あり、人・法・喩なり。喩とは、帝釈に金剛の宝あり、その色、白・黄・赤・青・紺なり、一一の色に随って功徳差別なり。よく災を除き、福を増し、堅固不壊のゆえに、もって如来の三密に喩う。人とは、大日如来より金剛鈴菩薩にいたるまで三十七尊および微塵数の尊、みな金剛と名づく。一一の尊に身口意の三種の金剛あり、三密ともに常恒不壊能決定の義あり。ゆえに金剛と名づく。ゆえに文にいわく、「無始無終にして消滅なく、性相常住にして虚空に等し。ないし心不動三摩地に住し、精勤決定するを金剛と名づく」と。一切の声聞・縁覺・一切の菩薩・如来、みな金剛定に入って、よく煩悩を断じ、自乗の果を得。その中にその大日尊は、最もその極に居したもうがゆえに頂という。

「頂」とは、最無上無過の義なり。

（勝又俊教編『弘法大師著作全集』第二巻、山喜房仏書林、一九七〇年）

経題のうち「金剛（vajra）」とは、もとはインドラ神（帝釈天）の持つ武器で、杵《きね》状に描かれることがあるが、あらゆるものを破壊する稲妻の象徴であり、形態としては独鈷金剛杵が最も近いであろう。その何ものをも打ち砕く最も堅固なものであることから、五鈷金剛杵を不壊なる如来の智慧（五智＝法界体性智《ほうかいたいしょうち》・大円《だいえん》鏡《きょう》智・平等性《びょうどうしょう》智・妙観察《みょうかんざつ》智・成所作《じょうしょさ》智）の象徴とし、また、名詞に金剛の語を冠し、あるいは語末に付して不動堅固な意味を与える。たとえば、鉱物の中で最も硬いダイヤモンドを「金剛石」といったりする。また、灌頂名に金剛某甲と金剛名を加えるが、これも「心が不動の三摩地《さんまじ》に住し、精勤決定《しょうごんけつじょう》せるを金剛と名づける」（『略出念誦経』、大正一八、二五〇c）のである。したがって、経典中に出る金剛の語は、金剛杵を指す場合と、堅固であることの冠詞である場合との両様の区別がなされなければならない。

「頂」とは、『金剛頂経』十八部の第二会、第三会の経典とされる『金剛頂タントラ』のサンスクリット名、Vajraśikharamahāguhyayogatantra によれば、śikhara あるいは śekhara の語が予想される。「頂上」の意味であるが、転じて、「最も勝れた」「最高の」などの意味をもつ。金剛の語と合わせ、「金剛頂」とは「金剛の如く不壊なる最も勝れた」との意である。先にも述べたが、特定の経典名ではなく、十八部の経典名を指す総称である。

「瑜伽」とは、ここでは、インド・チベットで最もポピュラーな密教経典の分類である、四種の階梯（クリヤー／作タントラ、チャルヤー／行タントラ、ヨーガ／瑜伽タントラ、アヌッタラヨーガ／無上瑜伽タントラ）のうち、『初会金剛頂経』は第三のヨーガタントラ階梯の代表経典であり、その「偉大な瑜伽経王の中から」との意である。「大瑜伽経王」とは「金剛頂経」十八部を指すか、『初会金剛頂経』を指すかの問題があるが、

『略出念誦経』の内容からすると、『初会金剛頂経』とするのが妥当であろう。それでは「瑜伽」とは何であろうか。もちろんサンスクリット語のヨーガ（yoga）の音写であるが、ヨーガとは端的にいえば、「結びつく、一体となる」との意であり、またその方法をいう。

大乗仏教と密教との相違はまさにこの瑜伽にあるといっても過言ではない。大乗仏教の理念は、三無数劫《さんむすうこう》の間にわたる菩薩行であるといえる。菩薩は上求菩提《じょうぐぼだい》・下化衆生《げけしゅじょう》の難行・苦行を積んで仏陀となるのを理想とする（もっとも、あえて涅槃に住しないという捉え方もある）。密教はその無数劫にわたる難行をヨーガという手段に置き換えたといえる。このことを密教では「三密瑜伽《さんみつゆが》」という。

三密とは、顕教で説く三業《さんごう》、すなわち身《しん》・口《く》・意《い》の三つの活動で、それは迷いの世界では気がつかないが、本来は仏の働きであることをいう。迷いの世界の凡夫の三業を悟りの世界の仏の三密と結びつけるのである。すなわち、「からだ」と「ことば」と「こころ」とが仏と同じであるならば、その人は仏である。そのためには、からだの働きとして仏と同じ印を結び（身密）、仏のことばである真言を唱え（口密）、仏の境地に入る三昧（意密）の操作を行なうのである。このことを本尊瑜伽《ほんぞんゆが》ともいうが、瑜伽によって仏と一体となれば、そのまま身・口・意の三業は浄化され、仏と成るというのである。ヨーガが成就すれば、との条件を満たせば、理論的にはまったく正しいであろう。

ブッダグフヤの註釈書（『タントラ義入』北京版 23b3~24a8, デルゲ版 21a5~22a1）に、『金剛頂経』十八部の第六会『大安楽不空三昧耶真実瑜伽』（Paramādi,『七巻理趣経』といわれる）を引用して次のようにいう。

自身と本尊の瑜伽をなすこと、これは悉地《しっじ》の因の主であると知るべし。何となれば、本尊の三昧耶薩埵を自身とよく観じることによって、完全に清浄なる真言によって障碍の塊を遥か遠くに追いやって一切の所作業を円満によくなすことは、〔瑜伽〕以外の清めや苦行や律儀や難行に努力することなく久しからずして成就するであろう。すなわち、『真実摂大乗の経典』に、

清めや律儀はここでは必要なし、苦行、難行も必要なし。一切諸仏（五仏）、大薩埵（十六大菩薩）が我と瑜伽することにより成就するであろう。（出典箇所不詳）

と説かれている如くである。何故かとなれば、〔瑜伽〕以外の清め等や律儀に努力することは逼悩心をなすので等至に背く。それゆえ、長時に難行すれば悉地を獲得するかもしれないし成就しないかもしれない。それゆえ、過失を有することのない他の方法によって、〔すなわち、〕安楽に身体を休めて本尊の瑜伽そのものを常に努力してなすべし。他の経等にもまた、この理趣があまねく示されている。すなわち、

①果てしない難行や苦行によって、〔この肉身は〕すぐさま干からびるであろう。苦行によって心は虚ろとなり、瑜伽を証得しないであろう。

②それゆえ、瑜伽者は思うがままに、何でも食べ、何でもなし、好きなことをなし、何でも喜んでなし、

③立っても、坐っても、往くも、止まるも笑うも、語るもふさわしく、いつでもあるがままになし、

④曼荼羅に入らなくても、あるいは、あらゆる障害を有していても、《我は本尊と瑜伽せり》という言葉のみによって常になすべし。

⑤まさに、この瑜伽によって一切のものが成就し、一切の悪食・悪行もけっして過失とはならないであろう。

⑥一切の大欲を自体とする殊勝なる自在を成就するであろう。

一切持金剛王・殊勝自在最勝・
⑦仏・菩薩性をこの瑜伽によって獲得するならば、
　いかに況んや諸々の悉地や最勝事業の他の諸事をや。
⑧不空なる最勝悉地と一切印を成就し、
　一切の苦を滅尽するこの瑜伽は堅固にして最勝なり。
と、最勝にして意安楽なるものを世尊・金剛薩埵は説きたまえり。(2)

また、同じ経典の別の個所には次のようにある。

　仏・菩薩の［悉地］もまた、この瑜伽によって獲得しやすいならば、他の悉地の如きは云何に況んや。多くの最勝の行為もまた空しからずして最勝に成就する。印の最勝を遍く成就する者は、一切の苦を断じ吉祥を具す。此の瑜伽は最勝にして堅固なり。(3)

すなわち、大乗の菩薩が成仏を目指して福智の二資糧を積む上求菩提の修行と、密教の菩薩が成仏の立場から有情済度に励む下化衆生の修行とはベクトルの違いだけであって、その行為はまったく同じなのである。このことはさらに、次の不空訳の経題の解説の所で述べよう。なお、金剛智訳は「大瑜伽経王」から「略出」したものという。

　金剛智訳の原典が存在したのか、あるいは金剛智が編纂したのか、定かではないが、同じく、吉祥なる『聖一切如来真実摂』「大乗現証大儀軌王」より略出（uddhṛta）したという『金剛界大曼荼羅儀軌・一切金剛出現』(Vajradhātumahāmaṇḍalopāyikā Sarvavajrodayā) なるものがある。(4) インド瑜伽密教の大学匠であるアーナンダガルバ(九〜一〇世紀、慶喜蔵と訳す)の著作で、サンスクリット原文が三分の二ほど存在する。金剛智訳と多くの共通点を有し、金剛智訳の原典かと見まごうばかりである。もちろん、時代がかけ離れているので金剛智訳の原典とはいえないが、同じ流が伝承されていることは明らかであり、真言密教の伝統がインド瑜伽密教にたどり得ることが文献的に証明されることは喜ばしい。

四　不空訳と施護訳の経題について

不空訳の経題『金剛頂一切如来真実摂大乗現証大教王経』と施護訳の経題『仏説一切如来真実摂大乗現証三昧大教王経』は、『初会金剛頂経』のタイトルである『一切如来真実摂』(Sarvatathāgatatattvasaṃgraha) と第一章のタイトルである『一切如来大乗現証』(Sarvatathāgatamahāyānābhisamaya) とを合した名前である。その第一章の経題は、Sarvatathāgatatattvasaṃgrahāt sarvatathāgatamahāyānābhisamayo nāma mahākalparājaḥ とあり、「一切如来真実摂[経]の中、一切如来大乗現証と名づける大儀軌王」となっている。もっとも、先に挙げた『一切金剛出現』には、Śrīmad-Āryasarvatathāgatatattvasaṃgrahād Mahāyānābhisamayād Mahātantrarājād uddhṛtā Vajra。とあり、これも〈吉祥なる『聖一切如来真実摂』のうち、「大乗現証大タントラ王」より略出した『金剛……』〉という意味である。「大教王」とは、mahākalparāja の訳であるが、mahātantrarāja ともいわれていたのであろう。なお、繰り返しになるが、不空訳は「第一　金剛界品」の中の「第一章　金剛界大曼荼羅広大儀軌品」のみの翻訳である。また、「金剛界品」と称するのは、『十八会指帰』の記述によっているが、アーナンダガルバの註釈中(北京版 9a, 264b, デルゲ版 7a, 231a)に、rdo rje dbyings kyi dum bu (*vajradhātukhaṇḍa?*) という名称が用いられていることから、人口に膾炙《かいしゃ》されていたかも知れない（堀内本、上巻三一四頁参照）。

経題の「金剛頂」の解説はすでに終わった。しかし、初会の『金剛頂経』、すなわち『真実摂経』のサンスクリット経典には「金剛頂」の経典名はついていない。「金剛頂」とは、先にも述べたように、一群の経典を指す言葉で、瑜伽階梯の経典の総称と捉えておきたい。なお、空海の『金剛頂経開題』には、梵名を次のようにあげている。

> またつぎに一一の名句に約して、その義を釈せば、これにまた二あり、一には梵の言名成立、二には唐の言名句なり。初に梵の言名句等とは、西国の語によって正しく呼はば、（以下、悉曇《しったん》文字にて記されるがローマ字に転写して記す）vajra-uṣṇīṣa-sarva-tathāgatā-samaya-mahāyaṃda-bhisaṃbodhi-mahā-ahaṃ-raja-sutraṃ（ママ）という、vajra は唐に飜じて金剛という。uṣṇīṣa は飜じて頂という。sarva は飜じて一切諸という。tathāgatā は如来・如去・如知等。mahāyaṃda は大乗。bhisaṃbodhi は現証。mahā-ahaṃ は大教。raja は王。sutraṃ は経なり。唐・梵の翻訳かくの如し。（勝又編、同前、二六四頁）

ここでは samaya の語には注記が省かれているが、仮にこれを Vajroṣṇīṣa-sarvatathāgata-samaya-mahāyānābhi-saṃbodhi-mahākalpa-rāja-sūtram と還梵し、「金剛頂一切如来三昧耶大乗現証大教王経」とでも訳したならば、後に述べる不空訳の「真実摂」の語に samaya という語を当てたとも考えられるが定かではない。

それでは「一切如来」とは何であろうか。『金剛頂経』では、この「一切如来（Sarvatathāgata）」という語は最も重要なキーワードである。まず、空海の『教王経開題』を記す。

「一切如来」とは、五仏を本とす。その五尊の条毛をあげて、ことごとく四種法身・四種曼荼羅を摂し、みな如来と名づく。

多少難解ではあるが、二つの意味があることを述べておきたい。一つは、この宇宙（曼荼羅）に遍満する「一切の如来たち」である。経典には「あたかも胡麻莢（til gyi gaṅ bu : tilaśimba）に胡麻がみちみちているように」（堀内本6、堀内本17－2）と表現される。この一切に遍満する如来たち（曼荼羅全体）を一つの尊格として表現するときに、大毘盧遮那《だいびるしゃな》（Mahāvairocana）という。

もう一つは、金剛界曼荼羅を形成する金剛界如来（毘盧遮那如来）をはじめとする阿閦・宝生・世自在王・不空成就の五如来を指す。この場合も「一切如来（sarvatathāgata）」と表現されるが、「一切であって如来であるもの」、すなわち一切という無限定なる大毘盧遮那が、可視的に毘盧遮那如来として、あるいは阿閦等の如来として限定されて出現したものである。

経典の通序の部分に於ける教主成就の段には次のようにある。

mahākṛpo vairocanaḥ śāśvatas tryadhvasamayavyavasthitaḥ sarvakāyavākcittavajras tathāgataḥ/（堀内本3）

「大悲を具え、あまねく［有情界］を照らし（色身《しきしん》毘盧遮那 vairocana）、永遠であり、三世の時に［わたって］住し、一切の身・語・心が金剛のように［堅固］な如来」

すなわち、曼荼羅の中尊である毘盧遮那如来（Vairocanas tathāgataḥ）である。

『金剛頂経』には他の経典にはない特別な序分があり、別序と称している。その別序にはまた、次のようにある。

「一切虚空界に常住し、身・語・心が金剛のように［堅固］なる世尊大毘盧遮那」

bhagavān mahāvairocanaḥ sarvākāśadhātusadāvasthitakāyavākcittavajraḥ/（堀内本7）

アーナンダガルバの註釈『真性作明』には次のようにいう。

毘盧遮那と大毘盧遮那、此の両者の区別は如何とならば、アカニシュタ処において現等覚した五如来の身の自性《じしょう》が毘盧遮那であり、それと不二なる心《しん》・心所《しんじょ》を有するお方、すなわち、毘盧遮那や金剛薩埵《こんごうさった》等の理趣を生じる原因となるお方、無始無終の法界の相を具するお方が大毘盧遮那である。彼は不可得なる大悲を自性とし、法無我の智の威力によって、真如を分担する薩埵を成熟せんがために、未来において無窮の間の一切時において、毘盧遮那等の身によって住することをなすがゆえに。

（北京版 36a, デルゲ版 31a）

すなわち、別序の教主は大毘盧遮那といわれる。要するに、智身として曼荼羅全体の活動を象徴している存在が大毘盧遮那であり、個別に曼荼羅の中尊として曼荼羅を形成していくのが毘盧遮那如来なのである。したがって、大毘盧遮那には如来という限定された辞はつかない。大毘盧遮那は法身であり、曼荼羅の中尊たる毘盧遮那如来以下は報身として理解される。しかし両者は不二なのである。

次に「真実摂」であるが、この「摂」の語は、後に述べる経末の頌によれば「摂大乗」に懸けることも可能であるが、サンスクリット文 tattvasaṃgraha によれば、「真実を摂めたもの」としか読めない。

空海の開題には次のようにある。


「真実」とは、十種の真、虚偽を離るるがゆえにこれに名づく。「摂大乗」とは、この経一一の言名成立の中に無辺の顕密の教義を含むがゆえに摂大乗と名づく。

（勝又編、同前、二八九頁）


空海は「真実摂」ではなく、「真実」と「摂大乗」に分ける。なお、空海は「真実」の解釈に『金剛頂経開題』において、『釈摩《しゃくま》訶衍論《かえんろん》』の十真実を当てるが、ここでは触れ得ない。

それでは「真実」とはなにか。アーナンダガルバの註釈『真性作明』によれば、次のようにある。


このタントラは『一切如来の真実を摂した大乗を現証するものと称する』といわれる。それゆえ、過去と未来と現在の仏・世尊は一切世間の微塵に等しい無二の心・心所等と無二なる一切如来であり、彼らの真実は一〇種であって、一〇とは何であるかとならば、すなわち、①曼荼羅、②真言、③印契、④我と場所等の守護、⑤本尊鉤召《こうちょう》の儀軌、⑥念誦、⑦観修《かんしゅう》、⑧外と内とを自性とする護摩、⑨引摂《いんしょう》、⑩供養の後の撥遣《はっけん》である。そのうち、①曼荼羅の数を宣べると、金剛界の條において如来部の曼荼羅は一〇である。超勝三界の條において金剛部の曼荼羅は一四である。蓮華部と宝部の二つにおいて、数は如来部と同じである。また、如来部の後タントラにおける成就曼荼羅は三七である。金剛部においては五八である。蓮華部と宝部の二つは、数は如来部と同じである。②真言等の真実は、後後タントラの説より通達すべきである。さらにまた、タントラと果と勝義の真実より一〇となる。それらはまた、三種となる。他にもまた、般若波羅蜜と方便波羅蜜の区別によってそれらの十真実は二種に安立されてもいる。このように説かれる「一切如来の真実」これら一〇は聞と思の二つの慧によって摂せられるとき「摂」である。これこそ「大乗」である。「現証」とは現観であり、作証である。それを示さんとする声の集まりが「タントラ」といわれる。また、毘盧遮那と大毘盧遮那を示したのは、因縁（nidāna）である。そのものの五現等覚より始めて四大品を示したのが根本タントラである。また、その最勝の悉地の殊勝を説いたのが後タントラである。他にもまた、最勝の悉地を成就の殊勝に入ることの出来ないものに対して有所縁を尋思するのに、後後タントラを示したのである。一切如来真実摂大乗現証の経集の義を示したもの終わり。

（北京版 31b4, デルゲ版 26b7）

とあり、一〇の真実を挙げる。なお、ここにおける曼荼羅の数等、不明な点が多々あり、これも今後の課題として現時点においては保留しておく。

ここでは別の角度から真実について究明してみたい。その劇的な場面が冒頭に展開される。釈尊の成道前の名前であるシッダールタに由来するサルヴァールタシッディ（Sarvārthasiddhi 一切義成就）という名の菩薩がアースパーナカという呼吸を止める苦行をしているところに、一切の如来たちがやって来て、「一切如来の真実を知らずしてあらゆる難行を堪え忍んでも無上正等覚は悟れない」（堀内本18）と勧告する。そこで、一切義成就菩薩は「どのように修行すればよいのか、真実とは何か。お教え下さい」と懇請し、一切の如来たちから教えられたのが「五相成身観《ごそうじょうしんがん》」の瑜伽観法である。その詳しい解説は省略せざるを得ないが、ごく簡単に記しておく。

五相成身観とは、釈尊菩提樹下の禅定にも比定されると考えられるが、真実に至る方法を五段階に踏んだものである。

第一通達菩提心《つうだつぼだいしん》。自己の心を自性清浄であると審《つまび》らかに観察し、oṃ cittaprativedhaṃ karomi と唱えて、自己の胸に月輪のようなものを見る。

第二修《しゅ》菩提心。自性光明なる心の智を増大させるために、oṃ bodhicittam utpādayāmi（発菩提心の真言）と唱えて、自己の胸に月輪そのものを見る。

第三成金剛心《じょうこんごうしん》。その月輪は普賢心の生起が現前したのであり、それを堅固にするために、oṃ tiṣṭha vajra と唱えて、自己の胸の月輪の上に金剛杵を思念する。

第四証《しょう》金剛身。普賢心そのものである月輪上金剛杵をより堅固にするために、oṃ vajrātmako ’haṃ と唱えて、自身が金剛杵と一体となると観じる。

第五仏身円満。最後に、oṃ yathā sarvatathāgatās tathāham と唱えて、自分自身を一切の形相をそなえた仏の姿そのものとなると観じる。

五相成身観を達成した一切義成就大菩薩は「金剛界」という灌頂名を授かり金剛界大菩薩となり、一切の如来たちの加持により金剛界如来（毘盧遮那如来・釈迦牟尼如来）と成ったのである[5]。そして、同じようにして成仏した阿閦等の四如来が金剛界如来の四方に住して、金剛界三十七尊（五如来・十六大菩薩・四波羅蜜・八供養・四摂）の曼荼羅が形成されるのであるが、その曼荼羅の諸尊が分担した毘盧遮那如来の美徳が三十七尊の真実といわれる。アーナンダガルバはその註釈において、「そこにおける諸尊の真実は三十七であって、それを説くべし」といって、三十七尊の功徳を列挙している。少しく煩瑣となるが、「真実」とは何かとの回答としよう。以下、アーナンダガルバの註釈（『真性作明』北京版 148b~149b, デルゲ版 130b~132a）に基づき簡略に示しておく。

〔曼荼羅諸尊の真実〕

中　尊

①毘盧遮那如来　一切曼荼羅の中央に安住し、一切諸仏を一つに摂したもので、阿閦等の理趣によって光り輝くものである。

阿閦如来と四親近

②阿閦如来　世尊毘盧遮那の菩提の相を有する御心なるもの。

③金剛薩埵　その因の状態の菩提の御心（能求菩提心）と果となる御心（所求菩提心）なるもの。

④金剛王菩薩　四摂事（布施・愛語・利行・同時）の行と果の御心。

⑤金剛愛菩薩　有情成熟と解脱を為す御心なるものと、同様に道の修習と果を自性とする御心なるもの。

⑥金剛喜菩薩　六波羅蜜の行と果の御心なるもの。

宝生如来と四親近

⑦宝生如来　世尊毘盧遮那の施波羅蜜なるもの、それはまた、［財］宝と無畏と慈と法の施の理趣によって四種となる。

⑧金剛宝菩薩　［財］宝を施す行と財施の行の果なるもの。

⑨金剛光菩薩　無畏施と無畏施の果なるもの。

⑩金剛幢菩薩　慈施の行と慈施の果なるもの。

⑪金剛笑菩薩　法施と法施の果なるもの、それが金剛笑である。

無量光如来と四親近

⑫無量光（世自在王）如来　世尊毘盧遮那の般若波羅蜜なるもの。

⑬金剛法菩薩　世尊無量光の一切法は自性からして清浄であるという心一竟性を相とする般若の行とその果なるもの。

⑭金剛利菩薩　煩悩と所知の障碍を捨てるために般若を修習することとその果なるもの。

⑮金剛因菩薩　金剛界等の曼荼羅を化作する相の般若とその果なるもの。

⑯金剛語菩薩　無量光そのものの四無礙弁を自性とする般若の行なるものとその果なるもの。

不空成就如来と四親近

⑰不空成就如来　世尊毘盧遮那の精進波羅蜜なるもの。

⑱金剛業菩薩　仏陀を化作せんがための精進修習の行か、あるいは有情成熟の行とそれらの果なるもの。

⑲金剛護菩薩　他の乗り物を欲する心の恐れより心を護る精進とその果なるもの。

⑳金剛牙菩薩　諸法は自性からして光明で本初清浄であり、虚空と等しいということを観察する精進を修習することによって、貪欲等の煩悩と随煩悩の享受と一切の毒の享受とその果なるもの。

㉑金剛拳菩薩　一切如来の身・語・心金剛の自性を修習する精進とその果なるもの。

四波羅蜜

㉒金剛波羅蜜　世尊毘盧遮那の菩提の御心を総摂したもの。

㉓宝波羅蜜　布施波羅蜜を総摂したもの。

㉔法波羅蜜　般若波羅蜜を総摂したもの。

⑮羯磨波羅蜜　精進波羅蜜を総摂したもの。

八供養菩薩

⑯〜㉝布施と持戒と忍辱と精進と般若と禅定と誓願と方便の波羅蜜なるもの、それが嬉女、鬘女、歌女、舞女、香女、華女、灯女、塗女である。

四摂菩薩

㉞金剛鉤菩薩　世尊毘盧遮那の菩提の御心を生じて、大解脱の城に有情を鉤召なさる御業なるもの。

㉟金剛索菩薩　菩提の行（十波羅蜜）の索によって有情を引入するもの。

㊱金剛鎖菩薩　菩提の禅定によって他の乗り物を欲することから心を打ち破り、縛り上げるもの。

㊲金剛鈴菩薩　縛って遍入して親愛をなすもの。

これらの功徳によって飾られる五如来と眷属を経全体から一覧すると以下のようになる。

尊　名	方位	五　智	部　族	功　徳	三昧耶形	眷　属
毘盧遮那如来	中央	法界体性智	如来部	総　徳	率塔婆	金・宝・法・羯(四波羅蜜)
阿閦如来	東方	大円鏡智	金剛部	菩提心	金剛杵	薩・王・愛・喜・嬉・香・鉤
宝生如来	南方	平等性智	宝　部	布施波羅蜜	宝　珠	宝・光・幢・笑・鬘・花・索
世自在王如来	西方	妙観察智	蓮華部	般若波羅蜜	蓮　華	法・利・因・語・歌・灯・鎖
不空成就如来	北方	成所作智	羯磨部	精進波羅蜜	毘首金剛杵	業・護・牙・拳・舞・塗・鈴

なお、曼荼羅に関しては、本書第Ⅳ部第2章を参照されたし。

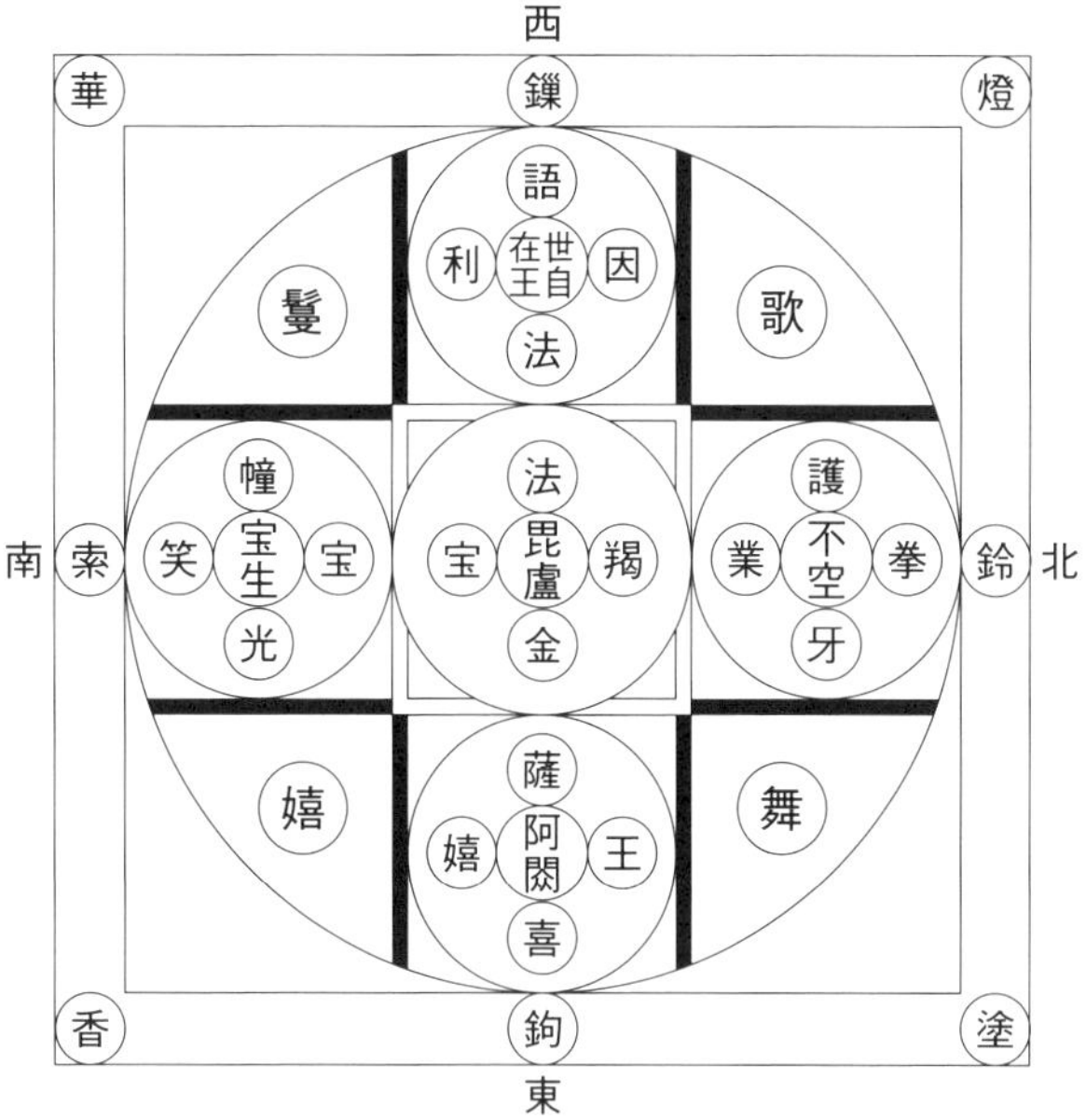

金剛界曼荼羅三十七尊の配置図

次に「大乗現証」であるが、先にも述べたが、空海は「摂大乗」とし、「現証」については以下のように述べる。

一切如来のこの三密・四印を観じ、頓によく本有法身を覚悟するがゆえに現証という。

この「大乗現証」であるが、経末に、

subhāṣitaṃ idaṃ sūtraṃ vajrayānam anuttaram |
sarvatāthāgataṃ guhyaṃ mahāyānābhisaṃgraham ||（堀内本 3068）

能く説かれたるこの経典は、無上なる金剛乗であり、
一切如来の秘密であり、大乗を摂握せるものである。

能善宣説此正法　無上金剛秘密乗　一切如来秘密門　大乗現証法中摂（施護訳 大正一八、四四五a）

とある。経題の「大乗現証」の語はサンスクリット文では、mahāyānābhisamaya である。しかしここでは、mahāyānābhisaṃgraha となっており、まさに「摂大乗」の語が用いられている。先に空海が「真実」と「摂大乗」と分けた理由は漢訳の経題に基づいてのことであろうが、空海の炯眼といわざるをえないであろう。もっとも先に記したように、空海はその経題の梵名は mahāyānābhisaṃbodhi としているが。

最後に「大経王経」であるが、空海の『教王経開題』には次のようにいう。

「大経王」とは、法経の中に主宰なるがゆえにこれに名づく。「経」とは、真言を経《たて》となし、密印を緯《ぬき》となし、三昧を杼《をさ》となして、海会の綿を織りて、よく衆生の奇観となる。

先述のように、『金剛頂経』の第一章の経題は Sarvatathāgatatattvasaṃgrahāt sarvatathāgata-mahāyānābhisamayo nāma mahākalparājaḥ とあり、「一切如来真実摂［経］の中、一切如来大乗現証と名づける大儀軌王」となっ

ている。もっとも、先に挙げた『一切金剛出現』の尾題には、Śrīmad-Āryasarvatathāgatatattvasaṃgrahād Mahāyānābhisamayād Mahātantrarājād uddhṛtā Vajradhātumahāmaṇḍalopāyikā Sarvavajrodayā nāma とあり、これも〈吉祥なる『聖一切如来真実摂』のうち、「大乗現証大タントラ王」より略出した『金剛界大曼荼羅儀軌・一切金剛出現』と名づけるもの〉という意味である。「大教王」とは、mahākalparāja の訳であるが、mahātantrarāja ともいわれていたのであろう。まさに、『金剛頂経』は瑜伽によって大乗の理想を実現する最上堅固なる乗り物（「大教王」）なのである。

また、空海は「第一」と「金剛界大曼荼羅広大儀軌品」の経題についても次のようにいう。

初会の経の中に端首に居るがゆえに「第一」という。初会の中に四品あり、いわゆる金剛界・降三世・一切義成就・遍調伏なり。この四品の中におのおの四智印を具す。初品の四印の中にまず広く大曼荼羅の儀則を説くがゆえに儀軌品という。

空海の『教王経開題』の最後には「経の文に」といって、経典の最初の部分、いわゆる五成就（六成就ともいう）の個所があげられている。

施護訳の経題『仏説一切如来真実摂大乗現証三昧大教王経』の「大乗現証三昧」は、mahāyānābhisamaya の重訳であろう。アビサマヤは現証の意。アビサマヤのサマヤを重ねて三昧と訳したものであろう。アーナンダガルバの註釈に「このタントラは観想を主とするものである」（『真性作明』北京版 3b）とあるように、この『初会金剛頂経』は観想によって曼荼羅諸尊との合一を目的とするもので、経題の「大乗現証」の現証

「abhisamaya 現観」もそれを意味している。なお、施護訳には「金剛頂」が冠せられていない。代わりに「仏説」とあり、通常の翻訳である。

以上、開題風に『金剛頂経』の一端を述べたに過ぎないが、多少煩瑣となったかも知れない。ここでは「金剛界大曼荼羅儀軌品」の最後に説かれる「四智の梵讃」をもって結語としたい。

五　むすび

「金剛界大曼荼羅広大儀軌品」の最後に、金剛の歌詠が歌われる。いうところの「四智梵語」である。不空訳と施護訳とは音写語のみであるので、金剛智訳と、法要等で唱えられる読み方を付しておく。

梵讃（堀内本314）
おんばざらさとばそうぎゃらか
om vajrasattvasaṃgrahād
ばざらあらたんのうまどたらん
vajraratnam anuttaram
ばざらたらまぎゃやたい
vajradharmagāyanaiś ca
ばざらきゃらまきゃろはんば

漢讃　金剛智訳（大正一八、二四八a）
金剛薩埵攝受故
（金剛薩埵の摂受の故に）
得爲無上金剛宝
（無上の金剛宝と為ることを得）
金剛言詞歌詠故
（金剛言詞を歌詠するが故に）
願成金剛勝事業

vajrakarmakaro bhava ||　（金剛の勝れたる事業を成ずることを願わん）

金剛智訳に今一つある。

金剛薩埵攝授故（金剛薩埵摂授の故に）　得成無上金剛寶（無上の金剛宝を成ずることを得）
今以金剛法歌詠（今金剛法の歌詠を以て）　願爲我作金剛事（願わくは我が為に金剛の事を作したまえ）
（大正一八、二五三b）

漢訳を書き下しても今一つ意味不明である。次に意訳を施しておきたい。

〔訳1〕向上門から
金剛薩埵を象徴とする菩提心を獲得し、大円鏡智を具え
無上なる宝冠をもって三界の法王として灌頂され、平等性智を得た。
妙観察智をもって仏法を敷延させることにより、
さまざまな所作をなし、あらゆる人々の願いを満たす者とならん。

〔訳2〕向下門から
遍く行き渡る慈悲心（普賢大菩提心）をもって、
宝珠が宝を雨降らすが如く布施行を実践し、
般若の智を磨き、教化に励み、

一切衆生を救済するに、決してくじけることなく精進するものであれかし。

この四智の梵讃は金剛界曼荼羅と金剛頂経の理想を表現したものと思っている。

注

（1）乾　仁志『新国訳大蔵経⑫　インド撰述部　密教部4金剛頂経、理趣経、他』大蔵出版、二〇〇四年

川﨑一洋「『真実摂経』後期密教の源流」『インド後期密教　上』〔松長有慶編著〕春秋社、二〇〇五年

（2）Paramādi: 北京版 No. 120, 252b4~253a1, デルゲ版 No. 487, 242b4~243a2.

①又復一切適悦相応者。謂一切三昧相応成就故。行人修此法者。当与適悦心相応。何以故若勤苦加行。即於自体而生困苦。由是於法而生散乱。不能専注作諸成就。②是故修相応行者。随意随力而於飲食受用。③乃至四威儀中戯笑語言。於一切処無復罣礙。④⑤⑥設有未入曼拏羅及有諸障悩。但当依本尊相応行修成就法者。於刹那間。皆悉円満此大欲楽三昧自在主諸金剛部王。⑦若求証諸仏及諸大菩薩。由此相応法尚得成就。何況求諸成就事。⑧此決定成就法。一切皆得成。能成諸密印能尽苦辺際。以此相応微妙。是名金剛薩埵最上適悦法。

（『仏説最上根本大楽金剛不空三昧大教王経』巻第六　大正八、八一九a）

また、同じ主旨を偈頌にしていう。

所言非勤苦　謂所作成就　而不須加行　随意随処所
随欲随飲食　乃至四威儀　語言及戯笑　但発至誠心
住等引相応　依本尊儀法　如是相応理　速成一切法
此根本大教　是甚深秘密　若依法修習　所願皆円満
所有諸如來　及諸大菩薩　常受持此法　是最上大楽

真実微妙句　大欲大妙楽

（『仏説最上根本大楽金剛不空三昧大教王経』巻第七　大正八、八二四ａ）

（３）Paramādi: 北京 238b6~8,『仏説最上根本大楽金剛不空三昧大教王経』（大正八、八一五ｂ一三～ｂ一七）

此阿闍梨得諸仏三昧同諸如来。若人得此最上秘密安慰称讃者。所有一切罪業応時銷散。
滅尽無餘永離苦悩。諸天不能見所行無畏。尽三有苦成最上法。而此最勝調伏之法。

（『仏説最上根本大楽金剛不空三昧大教王経』巻第七　大正八、八二四ａ）

（４）なお、『一切金剛出現』については以下を参照。

密教聖典研究会『Vajradhātumahāmaṇḍalopāyikā-sarvavajrodaya　梵文テキストと和訳（Ｉ）』
（大正大学綜合仏教研究所年報　第八号、一九八六年）

同『Vajradhātumahāmaṇḍalopāyikā-sarvavajrodaya　梵文テキストと和訳（II）』
（大正大学綜合仏教研究所年報　第九号、一九八七年）

＊従来、筆者は『一切金剛出現』のサンスクリットを vajrodaya であると誤解していた。種村氏の示唆により vajrodayā と改める。筆者の愚迷を恥じるとともに、種村氏に甚深の謝意を表する次第である。その詳細は省略するが、写本のコロフォンにある次の一文がそれを決定している。

kṛteyaṃ mahāvajrācāryānandagarbhapādair iti //

（５）アーナンダガルバによれば、第一から第五まで順に、阿閦・宝生・弥陀・不空成就・毘盧遮那の五仏を成就するという。

参考文献

『金剛頂経』に関する文献は枚挙に暇がない。テキストに関するもののみ一点に限り記しておく。

〔梵文校訂本〕

堀内寛仁、一九七四、『梵蔵漢対照　初金剛頂経の研究　梵本校訂篇（下）』密教文化研究所
堀内寛仁、一九八三、『梵蔵漢対照　初金剛頂経の研究　梵本校訂篇（上）』密教文化研究所

〔蔵訳校訂〕

高橋尚夫、一九九五、「チベット文『初金剛頂経』——金剛界大曼荼羅儀軌品——」『梵語仏教文献の研究』山喜房仏書林

〔国　訳〕

乾　仁志、二〇〇四、『新国訳大蔵経⑫　インド撰述部　密教部4　金剛頂経、理趣経、他』大蔵出版

〔梵文和訳〕

津田真一、一九九五、『和訳　金剛頂経』東京美術

第3章 『理趣経』

川崎一洋

一 真言宗の常用経典

弘法大師空海が入定留身《にゅうじょうるしん》する、霊峰高野山の朝。午前六時になると、定時の勤行の始まりを知らせるために打ち鳴らされる半鐘の音が、あちこちの宿坊寺院から聞こえてくる。その響きは、深山幽谷に漂う霊気と一つになって、荘厳な雰囲気が満ちる。

すると間もなく、それぞれの宿坊寺院の本堂では、『理趣経』の読誦《どくじゅ》が始まる。そして、僧侶たちが総出で唱えるその重厚な音声《おんじょう》は、勤行に参加した参拝者たちをみな、法悦の世界へと誘《いざな》う。

『理趣経』は、毎日の勤行のみならず、葬儀や年忌の法要、祈願に際しても読誦される、真言宗の常用経典である。それではなぜ、「両部の大経」と称され、真言密教の所依の経典とされる『大日経』と『金剛頂経』ではなく、『理趣経』が頻繁に読誦されるのであろうか。

その理由は、『理趣経』が、代表的な大乗経典の一つである「般若経」の血を引いているからである。多くの民衆を仏教に引き入れることを意図して編纂された大乗経典には、高度な思想体系とともに、経典読誦の功徳が高らかに謳われている。『般若経』もその例外ではなく、『般若経』の一部から発展した『理趣経』の中には、「若《も》し此《こ》の理趣を聞きて、受持し、読誦し、作意思惟《さいしゆい》すること有らば……」というフレーズによって、経典を保持し、読誦し、内容について思索することによって得られるさまざまな効能が、繰り返し説かれている。それに対して、『大日経』と『金剛頂経』は、曼荼羅の描き方や瑜伽《ゆが》の観法《かんぼう》など、実践作法を述べたマニュアル（儀軌《ぎき》）を主な内容としている。よって、読誦には適さない。

なお、漢訳仏典やその中の仏教用語は呉音を用いて音読されるのが一般的であるが、『理趣経』に限っては漢音で読誦する習いになっている。たとえば、『理趣経』の正式な経題「大楽金剛不空真実三麼耶経」は、呉音では「だいらくこんごうふくうしんじつさんまやきょう」と読むが、実際には「たいらきんこうふこうしんじさんまやけい」と漢音で発音される。これは、奈良時代から平安初期にかけて、仏典を漢音で読むことを規定する法令が発布されたことに起因し、当時の読み方がそのまま残されたためと考えられている。

その他、『理趣経』を読誦するに際しては、経文の各所にさまざまな抑揚や旋律が定められている。それらは、師から弟子へ口伝《くでん》によって伝承されるものであり、高野山と京都の密教寺院、古義真言宗と新義真言宗の間で、多くの差異がある。読誦経典ならではの展開といえよう。

二　『理趣経』の資料

（1）類本

『理趣経』には、漢訳、チベット語訳、サンスクリット本にわたり、多くの類本《るいほん》（バージョン）が存在する。

現時点で確認されているだけでも、その数は一一種にのぼる。

漢訳には、訳出の古い順に、①玄奘訳『般若理趣分《はんにゃりしゅぶん》』、②菩提流志《ぼだいるし》訳『実相《じっそう》般若波羅蜜経』、③金剛智訳『金剛頂瑜伽理趣般若経』、④不空訳『大楽金剛不空真実三麼耶経』、⑤施護訳『偏照《へんじょう》般若波羅蜜経』、⑥法《ほう》賢《けん》訳『最上根本大楽金剛《さいじょうこんぽんだいらくこんごう》不空《ふくう》三昧《さんまい》大教王経《だいきょうおうきょう》』の六種がある。

真言宗で常用経典として読誦されるのは、不空訳のテキストであり、他の類本と区別するため、『般若理趣経』と通称される。玄奘訳『般若理趣分』は、西暦六六〇年から六六三年にかけて翻訳された『大般若波羅蜜多経』六〇〇巻のうちの第五七八巻に相当し、『理趣経』の原初と考えられている。ただし、六世紀に活躍したチャンドラキールティが著した『プラサンナパダー』に『理趣経』の一部が引用されることから、『理趣経』の成立をその時代にまで遡らせる意見もある。また、他がいずれも略本《りゃくほん》であるのに対し、法賢訳のテキストは、曼荼羅の描き方や成就法などを付加した広本《こうほん》の『理趣経』であり、『七巻《しちかん》理趣経』あるいは『理趣広《こう》経』と略称される。

チベット語訳の類本には、⑦『般若波羅蜜多理趣百五十頌《ひゃくごじゅうじゅ》』、⑧『吉祥最勝本初大乗儀軌王《きちじょうさいしょうほんじょだいじょうぎきおう》』、⑨『金《こん》剛場荘厳《ごうじょうしょうごん》タントラ』の三種がある。

『般若波羅蜜多理趣百五十頌』は、不空訳と近い内容をもつ略本で、訳者不明ながら、チベット仏教前伝期に翻訳された旧訳《くやく》である。他の二種はいずれも広本のテキストであるが、特に重要なのは、リンチェンサンポなどによって共訳された『吉祥最勝本初大乗儀軌王』である。この類本は、法賢訳『七巻理趣経』の第一分から第十三分に相当し、インドやチベットでは、金剛薩埵十七尊曼荼羅を主題とする『吉祥最勝本初真言儀軌品』と合わせて『吉祥最勝本初タントラ』と呼ばれる。『吉祥最勝本初真言儀軌品』はさらに、「大楽金剛秘密儀軌」、「吉祥最勝本初儀軌」という二つの儀軌に分かれており、後半の儀軌は、法賢訳の第十四分から第二十五分に相当する。

サンスクリット本には、中央アジアのカシュガルで蒐集された写本に基づいてE・ロイマンが刊行した⑩カシュガル本と、チベットの首都ラサにあるノルブリンカ宮で発見された写本を用いて苫米地等流によって校訂出版された⑪チベット本の二種がある。両者とも略本のテキストで、不空訳にもよく対応するが、いずれも完本でないことが惜しまれる。またカシュガル本は、一部がコータン語で綴られている。

（2）注釈書

『理趣経』の注釈書として主なものを挙げれば、漢訳の資料では、不空三蔵訳の『般若理趣釈』が重要である。空海によって請来され、わが国では古来、この『般若理趣釈』によって『理趣経』の学習が行われてきた。『般若理趣経』に対する注釈書であるが、各段の曼荼羅の描き方を説くなど、広本の内容が反映されている。また、この注釈書の借覧の許否を巡って、伝教大師最澄と空海が袂を分かったというエピソードは、人口に膾炙《かいしゃ》している。『性霊集《しょうりょうしゅう》』巻第十には、空海が最澄に宛てたとされる「叡山の澄法師、理趣釈経を求むるに答する書」が収められているが、それを偽作とする意見もある。

他方、チベット大蔵経の論疏部《ろんしょぶ》にも、インド撰述の『理趣経』の注釈書がいくつか収録されている。ジュニャーナミトラ作の『般若理趣百五十頌釈』は、略本に対する注釈であるが、そこに引用されるテキストは、現存するいずれの類本とも系統を異にすることが知られている。また、瑜伽部密教の権威として知られるインドの成就者アーナンダガルバは、『吉祥最勝本初タントラ』すなわち『理趣広経』に対して、『広釈』『略釈』の二種の注釈書を著している。その他、プラシャーンタミトラ作の『金剛場荘厳タントラ細疏』がある。

（3）空海の著作

空海の『理趣経』関連の著作には、三種の『理趣経開題』と、『理趣経』の全体を分科の仕方を中心に注釈した『真実経文句』、東大寺の華厳和尚・奉実《ほうじつ》という人物が菩提流志訳『実相般若波羅蜜経』の内容に関して投げかけた四つの疑問に対する回答である『実相般若経答釈《たっしゃく》』がある。他に、もう二種の『理趣経開題』が存在するが、それらは偽撰として扱うことが定説となっている。

ちなみに、空海が故人の追善や廻向のために、しばしば『理趣経』を書写したり講讃《こうさん》したりしたことを、『性霊集』に収録されたいくつかの願文《がんもん》などによって知ることができるが、『理趣経』を死者儀礼に用いることは空海に限ったことではなく、チベットの学匠プトゥンも、『理趣広経』に基づく荼毘《だび》の儀軌を著している。このような事実は、『理趣経』に滅罪の功徳が説かれることに起因するものと思われる。

三　『理趣経』のタイトル

「名は体を表す」といわれるが、それは、経典のタイトルにも当てはまる。経典の題名は、それぞれの経典の内容を凝縮したエッセンスであるといってもよい。空海はそのことに着目し、「開題」と呼ばれるジャンルの文章を数多く著した。その範囲は、密教経典である『大日経』や『金剛頂経』だけに留まらず、『法華経』などの大乗経典にも及ぶ。開題とは、経題を一字一句にわたり説明することによって、経典全体の趣旨を示そうとする文献である。

先述のように、空海の真作とされる『理趣経』の開題には三種があり、それぞれ書き出しの文言を取って、

「弟子帰命《でしきみょう》」「生死之河《しょうじしが》」「将釈此経《しょうしゃくしきょう》」と呼び分けがなされている。

さて、不空訳『般若理趣経』の正式なタイトルは、『大楽金剛不空真実三麼耶経』であり、さらに「般若波羅蜜多理趣品」の副題をもつ。

経題の冒頭にある「大楽」とは、涅槃の境地を、最高の快楽に喩えて表現した言葉である。そして、「金剛」「不空」「真実」は、その大楽が堅固で永遠で絶対なものであることを形容する修飾語である。

末尾にある「三麼耶」は、サンスクリット語の「サマヤ（samaya）」の漢字音写であり、三摩耶、三昧耶などとも表記される。この言葉は、約束や誓願、平等を意味するが、密教では、真理そのもの、あるいは、その真理が何らかの形をもって顕現した聖なる存在を指す場合が多い。

『理趣経』は、大乗経典の「般若経」を原点として出発した経典であるが、密教の時代になると、大楽の境地に住する金剛薩埵の内証《ないしょう》を説き明かした経典であると考えられるようになり、それを可視的に表現した曼荼羅や、金剛薩埵を本尊とした瑜伽観法を説く儀軌が考案された。よって、経題にある「三麼耶」は、金剛薩埵が具える悟りの智慧、あるいは、金剛薩埵そのものと考えてもよい。

試みにタイトル全体を解釈すれば、「金剛薩埵が住するところの、堅固で永遠で絶対なる大楽の境地を説き示した経典」とでもなろうか。

空海は『理趣経開題』（弟子帰命）において、「大楽不空」とは金剛薩埵の異名であり、「三昧耶（三麼耶）」とは、その金剛薩埵と入我《にゅうが》我入《がにゅう》して合一することであると、さらに踏み込んだ理解を示している。また、別の『理趣経開題』（将釈此経）では、経題を「大楽」「金剛」「不空」「真実」「三麼耶」の五つに分け、それらを順に大日如来《だいにちにょらい》、阿閦《あしゅく》如来、宝生《ほうしょう》如来、無量寿《むりょうじゅ》如来、不空成就《ふくうじょうじゅ》如来の金剛界五仏に対応させている。

なお、『般若理趣分』を嚆矢《こうし》とする『理趣経』の古くからの伝統的な名前は、むしろ副題として保存されている。副題にある「般若波羅蜜多」は「プラジュニャーパーラミター（prajñāpāramitā）」の音写語で、大乗仏教において悟りの本質とされる般若の智慧を獲得することをいい、「理趣」とは、そのための方法や道程を意味する。

四　『金剛頂経』としての『理趣経』

空海は、『理趣経』に関する著作の中で、『理趣経』が『金剛頂経』の一部であることを再三にわたって述べている。そして、二種の『理趣経開題』（弟子帰命、生死之河）ではより具体的に、『理趣経』が、龍猛《りゅうみょう》菩薩が南天《なんでん》の鉄塔の中から取り出して人間界に伝えた、十八会《じゅうはって》十万頌《じゅうまんじゅ》からなる広本の『金剛頂経』の、第六会に相当すると指摘している。

『金剛頂経』といえば一般に、施護三蔵によって漢訳された三十巻本、あるいは不空三蔵がその一部を訳出した三巻本の『真実摂経《しんじつしょうきょう》』を指すが、『金剛頂経』という経典は本来、全体が一〇万詩頌の分量をもち、一八の経典や儀軌を集めて編纂された厖大な叢書であったと伝えられている。これを、広本の『金剛頂経』という。『真実摂経』は、その巻頭に当たるので、広本の『金剛頂経』と区別するため『初会《しょえ》金剛頂経』と呼ばれるのである。

一八の経軌すべてが現存するわけではなく、それらが過去に実在したかどうかについても確証はないが、不空三蔵は『十八会指帰《じゅうはってしいき》』なる著作において、タイトルと説処（説かれた場所）、主題など、それぞれの経軌についてのアウトラインを示している。そして『十八会指帰』には、『金剛頂経』の第六会として、他化《たけ》自在天宮《じざいてんぐう》で説かれた『大安楽不空三昧耶真実瑜伽』なる儀軌が挙げられており、空海はこの儀軌こそが、不空訳などの略本の『理趣経』であると捉えたのである。

なお現在では、『十八会指帰』に記される『大安楽不空三昧耶真実瑜伽』は、『理趣広経』の前半、チベット語訳の『吉祥最勝本初大乗儀軌王』に相当し、『吉祥最勝本初真言儀軌品』を構成する二種の儀軌が、第七会の『普賢瑜伽』と第八会の『勝初瑜伽』に当たると考えられている。

現存する最も古い類本である『般若理趣分』を含め、『理趣経』の序分と『真実摂経』の序分は酷似しており、『真実摂経』が『理趣経』を参照して成立したことは明らかであるが、不空訳の『般若理趣経』と『真実摂経』の前後関係については、さまざまな議論があり、定説を見ていない。

『般若理趣分』などの原初的な『理趣経』が密教化する過程で『真実摂経』が生み出され、さらにその後、密教経典としての体裁を整えた新たな『理趣経』と『真実摂経』が互いに影響を与えながら展開したと想定するのが、無難なように思われる。

ジュニャーナミトラが『般若理趣百五十頌釈』において提示する「『理趣経』は、「般若経」の一形態である『吉祥最勝鬘《きちじょうさいしょうまん》』を母とし、『真実摂経』を父として生まれた」という説は、示唆に富む。

五　『理趣経』の構成

ここで、不空訳の『般若理趣経』を中心に、『理趣経』のテキストの構成を概観しておこう。

『理趣経』は、他の仏教経典と同じように、序分《じょぶん》（縁起分）、正宗分《しょうしゅうぶん》（正説分）、流通分《るずうぶん》の三つの部分から構成されている。空海も、『理趣経開題』（将釈此経）および『真実経文句』においてこの三分科法を示すが、両者で、序分と正宗分の区切りの位置が多少異なる。

（1）序　分

序分は、欲界の最高処である他化自在天の宮殿において、密教の教主である大毘盧遮那《だいびるしゃな》如来が、金剛手《こんごうしゅ》、観自在《かんじざい》、虚空蔵《こくうぞう》、金剛拳《こんごうけん》、文殊師利《もんじゅしり》、纔発心転法輪《ざいほっしんてんぼうりん》、虚空庫《こくうこ》、摧一切魔《ざいいっさいま》の八大菩薩を代表とする無数の菩薩たちに囲まれて、説法を始める場面で始まる。

他化自在天は、衆生の快楽を奪っては享受する魔物たちが住むとされる天界である。経典の説処としては奇異な感じを受けるが、「煩悩即菩提《ぼんのうそくぼだい》」の理論を標榜する『理趣経』には、最も似つかわしい場所である。インドやチベットでは、『理趣経』は、欲望にまみれた魔物たちを調伏《ちょうぶく》し、仏教に引き入れるために説かれたともいわれている。

（2）正宗分

本論に当たる正宗分は、不空訳『般若理趣経』では、さらに一七の章段に分かれている。そして、各段の終わりに、心真言《しんしんごん》（hṛdaya）と呼ばれる一シラブルのサンスクリット文字が記されていることも、『理趣経』の特徴である。

経文の中に各段の章題は示されないが、空海は『真実経文句』において、『般若理趣釈』を参考にしてそれらを定めている（表1）。なお現在の学会では、栂尾祥雲博士が『理趣経の研究』において提唱した章題が一般によく用いられている。

一七の章段のうち、総論に相当する初段では、序分に続いて、「空」の理論に立脚して自我を捨て去った際に現れる、すべての事象が本来の清浄な価値を発揮して光り輝く涅槃の世界が、いわゆる「十七清浄《じゅうしちしょうじょう》」

表1　『般若理趣経』各段の章題

	『般若理趣釈』	『真実経文句』	栂尾祥雲博士
初段	大楽不空金剛薩埵集会品	金剛薩埵章	大楽の法門
第二段		毘盧遮那章	証悟の法門
第三段	降三世品	降三世章	降伏の法門
第四段	観自在菩薩般若理趣品	観自在章	観照の法門
第五段	虚空蔵品	虚空蔵章	富の法門
第六段	金剛拳理趣会品	金剛拳章	実動の法門
第七段	文殊師利理趣品	文殊章	字輪の法門
第八段	纔発意菩薩理趣品	纔発意章	入大輪の法門
第九段	虚空庫菩薩理趣品	虚空庫章	供養の法門
第十段	摧一切魔菩薩理趣品	摧魔章	忿怒の法門
第十一段	降三世教令輪品	降三世教令輪章	普集の法門
第十二段	外金剛会品	外金剛部章	有情加持の法門
第十三段	七母天集会品	七母天章	諸母天の法門
第十四段	三兄弟集会品	三兄弟章	三兄弟の法門
第十五段	四姉妹集会品	四姉妹章	四姉妹の法門
第十六段		四波羅蜜部中大曼荼羅章	各具の法門
第十七段		五種秘密三摩地章	深秘の法門

句《く》」によって比喩的に表現される。そしてその教説を、金剛薩埵としての金剛手菩薩が、フーム（hūṃ）という心真言に凝縮して示す。

第二段では、報身《ほうじん》の毘盧遮那如来が登場し、仏陀が得た現等覚《げんとうがく》の本質が、金剛界曼荼羅に象徴される金剛部、宝部、法部（蓮華部）、羯磨部《かつまぶ》の四種の智慧にほかならないことを示し、智拳印《ちけんいん》を結びながら、その教説をアーッハ（āḥ）という心真言に集約させる。

第三段から第十段では、大毘盧遮那如来がさまざまな名をもつ如来に化身して、序分に登場した八大菩薩それぞれの内証を説き明かしてゆく。そして各段の終わりでは、八大菩薩が順に現れて、それらの教説を心真言にまとめて説く。衆生の救済に邁進する菩薩たちには、それぞれ得意分野が存在し、悟りの境地にも各自の個性がある。それを、内証という。心真言は順に、第三段がフム（huṃ）、第四段がフリーッヒ（hrīḥ）、第五段がトラーム（trāṃ）、第六段がアッハ（aḥ）、第七段がアム（aṃ）、第八段がフーム（hūṃ）、第九段がオーム（oṃ）、第十段がハッハ（haḥ）である。

これら八つの章段には、初段で示された「現実がそのまま涅槃の世界にほかならない」というテーゼの下、実際の社会の中で真言行者が菩薩行を実践してゆくための、多角的な智慧が披瀝されている。

そして第十一段では、第三段から第十段までに説かれた八大菩薩の内証が、金剛部、宝部、法部、羯磨部の四つの側面に集約されることを一切平等建立という名の如来が説き、菩薩たちの筆頭である金剛手菩薩が、フーム（hūṃ）の心真言を説く。

第十二段では、毘盧遮那如来が再び現れて、ヒンドゥー教の神々もまた仏性を具えた尊い存在であると宣言する。それを聞いた神々は歓喜し、首領である大自在天《だいじざいてん》（シヴァ）が、その喜びをトゥリー（trī）という心真言に込めて献上する。続く十三段から第十五段では、七母天《しちもてん》、三兄弟《さんけいてい》、四《し》姉妹《しまい》というヒンドゥー神のグループが、順に仏を礼拝して、それぞれビョー（bhyo）、スヴァー（svā）、ハム（haṃ）という心真言を献上する。これら三つの章段は、『般若理趣経』をはじめ比較的成立の新しいと思われる類本にしか見られず、仏教とヒンドゥー教との交渉が盛んになるに従って、加えられたものと思われる。

第十六段は、今までの章段のまとめに当たり、無量無辺究竟という名の如来が、般若の智慧をわがものとすれば、菩薩行を完成させる方法は無量・無辺であり、現実の世界がそのまま仏の世界になると説く。なお、この段には心真言が記されていない。

そして第十七段では、菩薩行の完成によって獲得される大楽の境地が、いわゆる「五種《ごしゅ》秘密《ひみつ》成就《じょうじゅ》の句《く》」と「百字《ひゃくじ》の偈《げ》」によって説明される。

（3）流通分と付加句

経典の締めくくりである流通分では、一切の如来や菩薩たちが参集して、金剛薩埵とその大楽の境地、大乗仏教、そして般若の智慧が勝れたさまを、「すばらしいかな、すばらしいかな」と讃嘆する。そして、『理趣経』の教えを聞いて実践する者には、悟りが獲得されるのみならず、さまざまな願望が叶えられると功徳が謳われ、終幕を迎える。

なお、真言宗で読誦に用いられる『般若理趣経』のテキストでは、冒頭に、勧請句《かんじょうく》あるいは啓請句《けいじょうく》といわれる偈文《げもん》が、末尾に、大日如来の名号である「毘盧遮那仏」を八回連ねた合殺《かっさつ》と、廻向句といわれる偈文が付加されている。『理趣経』や法要次第の古写本を比較した結果、これらの付加句は別々に成立し、三種が揃えられたのは一二世紀後半の頃であることが明らかにされている。

六　大楽思想

『理趣経』は、大楽思想を説く経典であると一般に理解されている。しかし、その大楽について直接言及されるのは、不空訳『般若理趣経』では第十七段に当たる、最終の章段においてのみである。

そこではまず、「五種秘密成就の句」によって五つの命題が示されるが、その最初の二句に、「偉大な菩薩は、大欲《だいよく》の成就によって大楽を成就する。偉大な菩薩は、大楽の成就によって大菩提を成就する」と定義されている。また、『理趣経』全体の要旨を五つの偈頌によってまとめた「百字の偈」の中には、「清浄な大欲を得た者は、大安楽に住して豊饒であり、三界の自在者となって、確実に衆生を利益することができる」と説かれている。つまり大楽とは、自我を捨て、すべての生きとし生けるものの幸福を求める「大欲」を発《お》こすことによって獲得される、偉大な菩薩の境地であると理解することができる。加えて、その境地は、豊かであり、自由であり、悟りそのものであるとされる。

そして、そのような大楽の世界を、性愛の快楽をもって喩えたのが、『般若理趣経』の初段に説かれる、有名な「十七清浄句」である。そのうち第一の清浄句を、次に示してみよう。

「妙適《みょうてき》清浄の句、是《こ》れ菩薩の位なり」

「妙適」とは、サンスクリット語のスラタ（surata）の訳語で、男女の交接によるエクスタシーを指す。

「清浄」は、ヴィシュッディ（viśuddhi）の訳語で、単に穢れがないことを意味するだけではなく、「空」の肯定的な側面を表現する言葉である。また、「句」と「位」は、パダ（pada）という同じ原語を、不空三蔵が訳し分けたもので、いずれも境地や立場と理解してよい。そして「菩薩」とは、俗世にあって衆生の救済に励む聖者をいう。

よって、この清浄句を解釈すれば、「分別《ふんべつ》を超えてすべてをありのままに見る般若の智慧を得れば、性交の快楽も本質的には清浄な境地であり、それは菩薩の境地にほかならない」ということになる。

さらに、続く第二から第十三までの清浄句では、②恋に落ちる速さを喩えた「欲箭《よくせん》」、③異性に触れる「触《そく》」、④恋い焦がれる気持ちに束縛される「愛縛《あいばく》」、⑤相手を自在に支配する「一切自在主《いっさいじざいしゅ》」、⑥男女がお互いに見つめ合う「見《けん》」、⑦性的な喜びを指す「適悦《てきえつ》」、⑧貪欲に愛情を求める「愛《あい》」、⑨情事が果たされて慢心を得た「慢《まん》」、⑩身を飾る「荘厳《しょうごん》」、⑪心に満足を感じる「意滋沢《いじたく》」、⑫相手を注視する「光明《こうみょう》」、⑬身体の快楽である「身楽《しんらく》」が、すべて清浄な菩薩の境地であると謳われる。さらに、第十四から第十七の清浄句では、一般の仏教では悟りの妨げとして排除される「五境」のうちの、⑭色《しき》、⑮声《しょう》、⑯香《こう》、⑰味《み》もまた、清浄な菩薩の境地であると説かれる。

このような大胆な表現から、『理趣経』は性愛を説いた経典であると、好奇の目で見られることもある。

しかし、『理趣経』はセックスの実行を勧めているわけではなく、欲望を含むすべての事象が、本質的に清浄であるということを主張するために、性愛のプロセスを、その例として挙げているに過ぎない。そして裏を返せば、欲望がまた衆生を悟りの境地へ導く方便ともなり得、人間が生きていくための大きな原動力になることを示しているのである。

なお、清浄句の数は類本によって異なり、玄奘訳『般若理趣分』では最も多い六四、金剛智訳『金剛頂瑜伽理趣般若経』では最も少ない一三の清浄句が挙げられている。『般若理趣経』において清浄句が一七とされるのは、大楽に住する金剛薩埵の内証を可視的に表現した十七尊曼荼羅の尊数との整合性を図るためであったと思われる。不空三蔵の『般若理趣釈』をはじめ、空海の『真実経文句』においても、十七清浄句と十七尊曼荼羅の諸尊との対応関係が説明されている（本書二六〇頁の**表2**を参照）。

七　四つの課題

次に、空海の著作『実相般若経答釈』に取り上げられた、四つの課題について考えてみたい。東大寺の奉実は、八〇歳を超えて密教を学び始めたとされる碩学である。彼が呈した質問はいずれも、『理趣経』を理解する上で核心を捉えている。

第一と第四の質問は、いずれも即身成仏に関係している。『理趣経』（『実相般若波羅蜜経』）の初段と第十七段には、「この法門を保持、読誦、思惟、実践すれば、一切法平等性金剛《いっさいほうびょうどうしょうこんごう》の三昧（一切の存在を平等で価値あるものと見る境地）を得て、現身において仏となることができる」、あるいは「菩薩が一六回生まれ変わって通過する修行の過程を即座に経て、仏位を獲得できる」と功徳が述べられており、成仏にはとてつもなく長い年月が必要であると考える顕教《けんぎょう》の立場にある奉実は、その真偽を問うている。

それに対して空海は、「一切法平等性金剛の三昧」とは金剛薩埵が住する大楽の境地であり、行者が、三《さん》密《みつ》瑜《ゆ》伽《が》の行法《ぎょうぼう》によって身体、言語、精神の働きをその金剛薩埵と合一させるとき、不壊で不生不滅の金剛の身体を獲得できると答えている。また、菩薩が歩む十六生とは、金剛界曼荼羅の十六大菩薩であるとして、金剛薩埵と瑜伽することは、これら十六大菩薩の悟りの智慧を一度に身につけることにつながると主張している。

第二の質問は、降伏《ごうぶく》に関する質問である。『理趣経』の第三段には、自我を滅して自他の対立を超えれば、貪《とん》・瞋《じん》・痴《ち》の煩悩も衆生を救済するための方便に転化すると説かれ、「三界のすべての衆生を殺害し尽くしても、悪趣に堕ちることはない」と断言されている。奉実は、この殺生容認論に疑義を呈したのである。空海は『般若理趣釈』の解釈を継承して、ここにいう三界とは貪・瞋・痴の三毒煩悩を指し、殺害とは、それらを断ずることであると回答を与えている。

ただ、『実相般若波羅蜜経』よりも密教化の進んだ『般若理趣経』の第三段では、さらに、恐ろしい降三《ごうざん》世明王《ぜみょうおう》に身を変じた金剛手菩薩が現れて、フム（hūṃ）の心真言を説く場面が加えられている。降三世明王は、『真実摂経』の「降三世品」に登場し、仏法を受け容れない大自在天を殺害し、仏国土へ再生させる尊格である。また、後期密教の聖典では、忿怒尊を本尊とする度脱《どだつ》（敵の呪殺）の修法が、しばしば説示されている。インドのタントリズムにおいては、一定の条件の下、実際に殺生が許容されていたであろうことも、想像に難くない。

第三の質問は、第七段の内容に関するものである。般若の智慧を説明する第七段では、現実の一切の存在について、実体をもたぬ「空」であり、形をもたぬ「無相」であり、願い求められるものではない「無願」であり、さらに「自性光明《じしょうこうみょう》」であると定義される。空・無相・無願は、顕教においても「三解脱門《さんげだつもん》」あるいは「三三昧門《さんざんまいもん》」として重視される観念である。しかし『理趣経』は、それに続いていきなり、すべての現象を光り輝く清浄な存在として肯定する「自性光明」の理論を挙げる。奉実は、その点に疑問を懐いたのであろう。

空海は、自性光明の境地は、空・無相・無願ともども、般若の智慧を司る文殊菩薩との瑜伽によって実現されると答えるが、その方法については、阿闍梨《あじゃり》から面受によって教わるべきであるとして、具体的な記述を避けている。

『般若理趣釈』には、文殊菩薩の修法として、それぞれ不生《ふしょう》、無染《むぜん》、平等《びょうどう》、無有行《むうぎょう》、無有性《むうしょう》の字義をもつア（a）、ラ（ra）、パ（pa）、チャ（ca）、ナ（na）の五つの種子《しゅじ》を順逆に観じて一切の無自性《むじしょう》を体験的に悟る、「五字輪《ごじりん》」の瞑想法が紹介されている。空海が示唆したのは、この観法であったものと思われる。

八　『理趣経』と儀礼

最後に、『理趣経』と儀礼の関係について、簡単に触れておこう。

日本の密教では、「理趣三昧」と称される、『理趣経』の読誦を中心に組み立てられた法要の形式が定められている。理趣三昧の法要では、導師は修法壇を整えて「理趣経法」を修し、その間、式衆《しきしゅう》と呼ばれる他の僧侶たちは、「中曲《ちゅうきょく》」という華やかなメロディーを付して『理趣経』を誦えながら、修法壇の周りを右回りに巡って行道《ぎょうどう》する。中曲理趣三昧の起源については、高野山の明算《めいざん》大徳（一〇二一〜一一〇六）が、空海の住坊であった中院《ちゅういん》の大堂で経行《きんひん》していたところ、不空三蔵の使者と名乗る二人の僧が現れ、大徳に中曲の譜を伝授したと伝えられる。ただし、実際に中曲の譜を定めたのは、広沢流の祖として知られる寛朝《かんちょう》僧正（九一六〜九九八）であることが知られている。

また、導師が修する理趣経法については、『般若理趣経』の漢訳者である不空三蔵が、唐の宮中の紫寝殿で修したのがその濫觴《らんしょう》とされる。空海の師である長安・青龍寺《しょうりゅうじ》の恵果和尚《けいかかしょう》は、不空三蔵への報恩のため、五日間にわたって一日に三度ずつこの秘法を修したといわれ、さらに空海はそれに倣い、高雄山寺《たかおさんじ》において、弘仁一三年（八二二）の一二月一一日より五日三時にこの法を厳修《ごんしゅ》したといわれる。しかし、いずれのエピソードも、潤色された伝説の域を出ない。

理趣経法は、『理趣経』の精神を三密瑜伽の行によって体得しようとする修法で、インドの賓客接待の作法になぞらえて本尊を壇上に招いて供養し、その後、本尊と入我我入して一体化をはかる、「供養法」の手順に則って実践される。

しかし、この本尊を何にするかに関して、金剛薩埵、五秘密尊、般若菩薩など、多種多様な説があり、流派によって一定していない。最も深秘な本尊は、胎蔵と金剛界の両部の大日如来が融合した、法性不二の大日如来であるとされる。また、掲げられる曼荼羅も、説会曼荼羅、十七尊曼荼羅、十八会の総曼荼羅、五秘密曼荼羅など、区々である。

修法の中で、『理趣経』の初段から第十七段に至る各段の印契《いんげい》と真言を順に結誦《けつじゅ》することも、理趣経法の特徴である。これら一七種の印契と真言は「段々《だんだん》の印明《いんみょう》」と呼ばれ、日常において『理趣経』を読誦する際にも結誦すべきであるとされている。その結誦の方法にも、章段ごとに順に結誦する、すべての印明を結誦してから『理趣経』を読誦する、総印明一つを結誦するなど、流派によって異なる口伝がある。

なお、ともすれば誤解を招いてしまうような表現が随所に見られる『理趣経』は、古来より秘経とされ、一般信者の閲覧が禁止されてきた。得度を受けた僧侶にあっても、それを読誦するために、「理趣経加行《けぎょう》」

という一定期間の行位を課す流派もある。

真言密教において『理趣経』は、最も身近で、なおかつ、最も深奥な経典なのである。

参考文献

弘法大師著作研究会（編）、一九九五、『定本弘法大師全集　第四巻』高野山大学密教文化研究所
小峰彌彦・勝崎裕彦・渡辺章悟（編）、二〇一五、『般若経大全』春秋社
高木訷元、二〇一六、『空海の座標　存在とコトバの深秘学』慶應義塾大学出版会
田中公明、一九九六、「『一切仏集会拏吉尼戒網タントラ』とその曼荼羅について」『インド・チベット曼荼羅の研究』法蔵館
智山勧学会（編）、二〇〇七、『福田亮成先生古稀記念　密教理趣の宇宙』（『智山学報』五六）
栂尾祥雲、一九三〇、『理趣経の研究』高野山大学出版部
八田幸雄、一九八二、『秘密経典　理趣経』平河出版社
福田亮成、一九八七、『理趣経の研究　その成立と展開』国書刊行会
松長有慶、二〇〇六、『理趣経講讃』大法輪閣
Toru Tomabechi, 2009, *Adhyardhaśatikā Prajñāpāramitā: Sanskrit and Tibetan Texts*, 中国蔵学出版社

第Ⅳ部

空海とインド中期密教［2］曼荼羅篇

第1章　胎蔵曼荼羅

現図曼荼羅・『秘蔵記』・『摂無礙経』・三輪身説の成立問題について

田中公明

一　はじめに

弘法大師空海が伝えた胎蔵曼荼羅は、現行の図像という意味で、現図《げんず》曼荼羅と呼ばれてきた。その現図曼荼羅を理解する上で、大きな役割を果たしてきたのが、『秘蔵記《ひぞうき》』である。その重要性は、大正新脩大蔵経図像部の劈頭に置かれることが、何よりも雄弁に物語っている。

ところが近年の密教学界では、『秘蔵記』の成立年代を下げる意見が有力になっている。それはまた、『秘蔵記』と内容的に関連する『摂無礙経《しょうむげきょう》』（大正蔵二〇、一〇六七番）の成立時期、さらにこれら両者を典拠とする三輪身説《さんりんじんせつ》の成立問題にも影響を及ぼしている。

いっぽう美術史の領域では、石田尚豊《ひさとよ》の詳細な研究により、両界曼荼羅の成立に、『摂無礙経』が大きな役割を果したことが明らかになっている。つまり空海請来の両界曼荼羅の図像が、『摂無礙経』に依存している以上、同経が不空訳ではないとしても、その成立を恵果《けいか》の晩年以後に下げることはできないという議論も成り立つ。また三輪身説についても、その名称が確立するのは後代であるとはいえ、空海が晩年に構想した東寺講堂諸尊が、後世「三輪身」と呼ばれる思想に基づいていることは明白である。

両界曼荼羅の研究、とくに胎蔵曼荼羅の図像学的研究は、大村西崖《せいがい》、高田修、石田尚豊など、主として真言・天台の宗門外の美術史学者によって担われてきた。そのため宗門系の密教学者と、宗門外の美術史学者の間では十分な情報共有がなされていなかった。

一九八二年に、佐和隆研、田村隆照、頼富本宏など、宗門系でありながら、密教美術を専攻する研究者の尽力によって密教図像学会が創設されてから、この傾向にも変化が現れてきた。しかし現在もなお、密教学・美術史学間の情報共有の必要性が、十分に認識されているとはいいがたい。

いま現図曼荼羅・『摂無礙経』・『秘蔵記』・三輪身説の成立について、密教学・美術史双方の研究成果を踏まえながら、総合的に考察することが求められている。それは空海の時代における中期密教を考える上でも、重要であると思われる。

二　胎蔵曼荼羅の諸本

それでは現図曼荼羅の成立を考えるに先立って、現図に先行する胎蔵曼荼羅の異本について、紹介することにしよう。

日本には、恵果によって完成された両界曼荼羅が、その直弟子である空海によって伝えられた。そこで現行の両界曼荼羅と同じものが、かつてはインドにも存在したかのように思われてきた。これに対して空海が請来しなかった、恵果以前の両界曼荼羅の資料を精力的に蒐集したのは、天台寺門宗の祖、智証大師円珍

（八一四〜八九一）であった。

円珍の入唐旅行記をまとめた『行歴抄』によれば、彼は、大中九（八五五）年に長安青龍寺において、恵果の孫弟子に当たる法全《はっせん》から胎蔵灌頂を受け、その後、「手を下して胎蔵を画」いたとされている（小野、一九八二、二二九〜二三二頁）。『智証大師請来目録』（大正蔵五五、二一七三番）に「胎蔵諸尊様一巻」とあるのが、このとき円珍が写した「胎蔵図像」と考えられる。現存の胎蔵図像（奈博本）は上下二巻だが、巻末には「珍自ずから之を分かち、上下巻と為す」とあり、円珍が請来後、二巻に分巻したことがわかる。これに対し「胎蔵旧図様」は、越州（現在の紹興）滞在中の大中八（八五四）年に、弟子の豊智とともに開元寺で転写したものである。

このうち胎蔵図像は、巻末に善無畏《ぜんむい》の肖像とともに、「中天竺那蘭陀寺三蔵法師善無畏於大唐東都河南府大聖善寺訳出」と記されており、『大日経』を漢訳した善無畏系の胎蔵曼荼羅の図像であることが明記されている。

これに対して胎蔵旧図様は、巻頭に「今不依之」とあり、円珍在唐時には、すでに用いられなくなっていた古い胎蔵曼荼羅を転写したものと考えられる。胎蔵旧図様がどの系統に属するかは、奥書等からは確認できない。しかし、『大日経』の所説通りに描くと空白になる部分に、金剛界曼荼羅の諸尊を借用して補充しているので、唐に『金剛頂経』系の密教を伝えた不空系の胎蔵曼荼羅の遺品と考えられている。なお浜田隆は、かつて最澄が越州で善無畏の孫弟子に受法したことに注目し、胎蔵旧図様も善無畏系である可能性を示唆したが（浜田、一九七〇、九六頁）、金剛界曼荼羅から補充された四波羅蜜の図像が、不空に帰せられる『摂無礙経』に一致することから考えて、やはり不空系と考えるのが妥当である。

残念ながら円珍請来の原本は失われたが、明治三〇（一八九七）年、大村西崖が滋賀県東浅井郡速水村

(現長浜市)で、鎌倉初期に遡りうる胎蔵図像(東博本)胎蔵旧図様(武藤本)の転写本を発見し、世に知られるようになった。なお胎蔵旧図様については、この他に、久保惣本(鎌倉中期)も知られている(内田、二〇〇六)。いっぽう大悲胎蔵三昧耶曼荼羅は、胎蔵諸尊の三昧《さんま》耶形《やぎょう》を描いた白描図像で、円仁請来の原本は失われたが、一一世紀初頭の転写本が醍醐寺に伝存している。そこに描かれる三昧耶形は、現図曼荼羅とは一致せず、胎蔵図像と表裏相応じるように対応するので、善無畏系であることが明らかになっている。

これら先行する胎蔵曼荼羅の諸本を参照しつつ、恵果がどのように現図曼荼羅を作り上げたかは、長らく謎のままであった。胎蔵旧図様は、胎蔵図像や現図曼荼羅と、図像や諸尊の配置において著しい差違があることが知られていたが、石田尚豊は、これらの多くが、図像を転写した円珍の記入尊名の誤りに起因することを発見した。これによって胎蔵図像・胎蔵旧図様・現図の三本と、大悲胎蔵三昧耶曼荼羅の詳細な比較が可能になった。石田の研究によって、恵果が、漢土に伝えられた諸資料を参照しつつ、現図曼荼羅を構成したプロセスが解明されたのである(石田、一九七五)。

三　胎蔵曼荼羅の問題点

胎蔵曼荼羅は『大日経』に基づくといわれるが、本書第Ⅱ部第2章で見たように、現図曼荼羅に描かれる四一四尊に対して、『大日経』に説かれるのは一二〇尊余りに過ぎない。つまり現図曼荼羅は、『大日経』所説の二倍以上の尊格を、他の経軌から補充しているのである。これは金剛界曼荼羅が、あくまで『初会金剛頂経』所説の金剛界三十七尊を基本とするのと好対照をなしている。

このように『大日経』と現図曼荼羅の差異が大きいのは、『大日経』所説の胎蔵曼荼羅に、種々の問題点が存在したからである。以下では、そのうちのいくつかを紹介しよう。

『大日経』所説の胎蔵曼荼羅では、中台と初重は大日如来の曼荼羅、第二重は釈迦牟尼の曼荼羅、第三重は文殊を中心とする菩薩の曼荼羅となっていた。

そこで第二重の東面には釈迦如来が描かれ、南西北の三面には釈迦牟尼の教化を受けた天部、つまりインドの神々が配された。したがって南西北の三面では、第二重に護法天が描かれ、第三重に菩薩が配されるということになる。曼荼羅の構成上からは、内側に重要な尊格を描き、護法天は外側に配置するのが通則である。

この難点を解消するため、善無畏は『大日経疏《しょ》』（大正蔵三九、一七九六番）において、胎蔵曼荼羅の二重と三重を入れ換えるように指示し、善無畏系の胎蔵図像と阿闍梨所伝曼荼羅は、これに従っている。

これに対して胎蔵旧図様は、『大日経』所説の三重構造を改め、護法天を配する天部を外側に加えて四重構造とした。しかし本来の天部である第二重の南西北の三面は、そのまま残されたので、天部が内外で重複することになった（図1参照）。

また胎蔵曼荼羅の諸尊を『大日経』の所説に従って配置すると、曼荼羅の上下左右が非対称になったり、空白になる部分が生じる。一例を挙げると、第三重北面の地蔵部は六尊、南面の除蓋障《じょがいしょう》部は九尊となり、左右がアンバランスになる。

いっぽう初重北面の観音部は、『大日経』「具縁品」では七尊、南面の金剛部は五尊となり、ほぼバランスが取れていたが、「秘密漫荼羅品」では、金剛部の眷属として十六執金剛（チベットでは十二執金剛）が追加された。これを金剛部に描くと、七尊しかない観音部に比して著しい左右の不均衡が生じる。

そこで胎蔵図像では、観音部も大幅に増補して四〇尊とした。これに対して胎蔵旧図様は、十六執金剛（実際には九尊中の七尊）を持明部の空白域に移動させ、左右の不均衡を解消している。なお本書第Ⅱ部第２

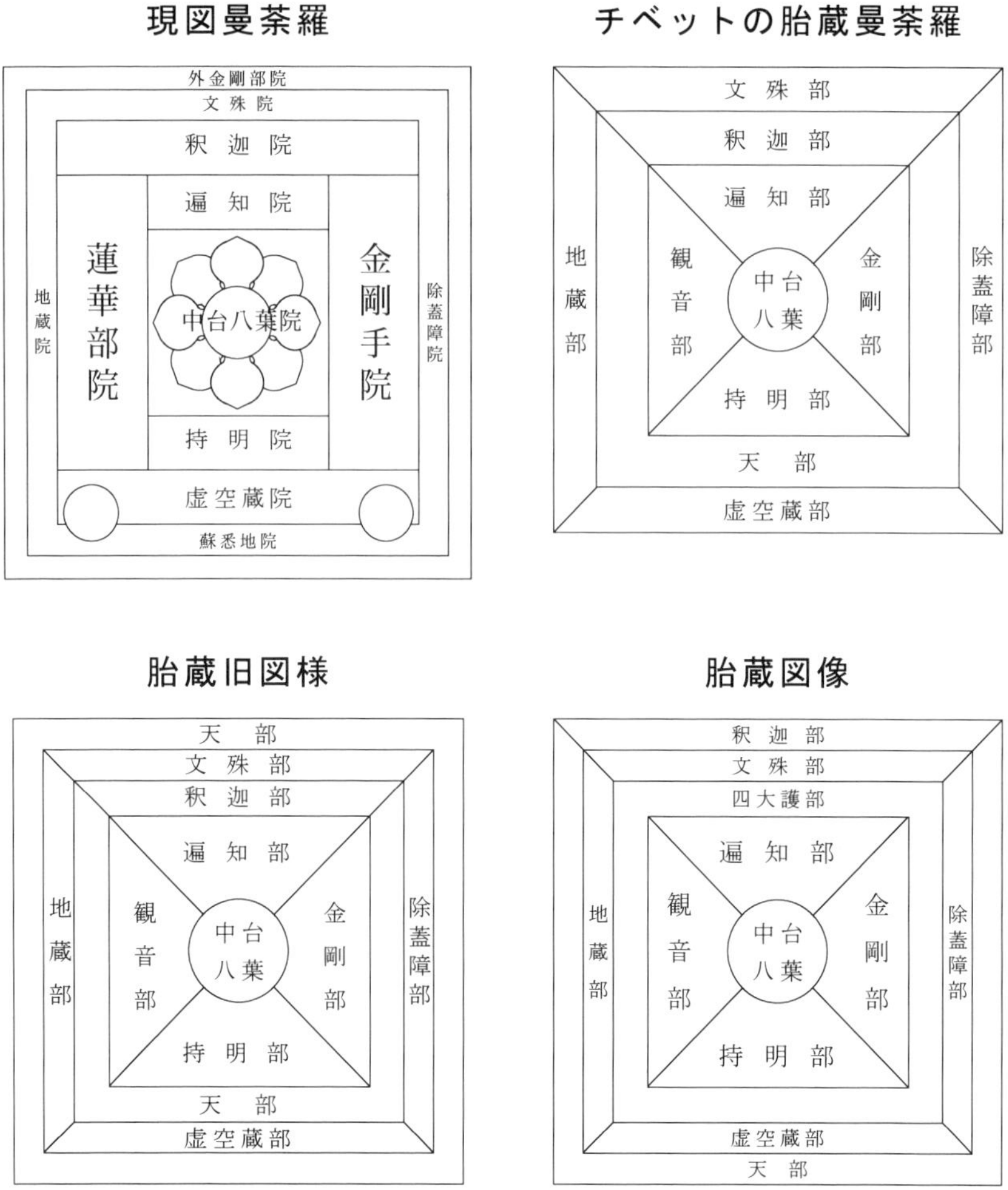

現図曼荼羅
外金剛部院
文殊院
釈迦院
遍知院
蓮華部院
中台八葉院
金剛手院
地蔵院
除蓋障院
持明院
虚空蔵院
蘇悉地院
チベットの胎蔵曼荼羅
文殊部
釈迦部
遍知部
地蔵部
観音部
中台八葉
金剛部
除蓋障部
持明部
天部
虚空蔵部
胎蔵旧図様
天部
文殊部
釈迦部
遍知部
地蔵部
観音部
中台八葉
金剛部
除蓋障部
持明部
天部
虚空蔵部
胎蔵図像
釈迦部
文殊部
四大護部
遍知部
地蔵部
観音部
中台八葉
金剛部
除蓋障部
持明部
虚空蔵部
天部

図1　胎蔵界十二大院

表1　虚空蔵部諸尊の三昧耶形と印

尊　名	不空羂索神変真言経	漢　訳		チベット訳	
		秘密漫荼羅品	密印品	秘密漫荼羅品	密印品
①虚空蔵		剣		白蓮上に剣	刀印
②虚空無垢	剣	輪	刀印	輪	未敷青蓮印
③虚空慧	輪	商佉	輪印	商佉	輪印
④安慧		金剛蓮	青蓮華印	蓮上金剛杵	金剛印
⑤行慧	開蓮華	車渠瓶上挿青蓮華	蓮華印	商佉上挿青蓮華	蓮華印
⑥清浄慧	螺	白蓮	商佉印	白蓮	商佉印

章で見たように、同じ問題がチベットの胎蔵曼荼羅でも生じているのは興味深い。

また『大日経』では、「具縁品」に諸尊を尊形で描く大曼荼羅が説かれ、「秘密漫荼羅品」では諸尊をシンボルで描く三昧耶曼荼羅、「転字輪漫荼羅行品」に種字曼荼羅、「密印品」に諸尊の印、「普通真言蔵品」には諸尊の真言が説かれるが、これら各品に説かれる諸尊の名と尊数、三昧耶形と印にも、不一致が認められる。

一例を挙げると、現図の虚空蔵院に対応する虚空蔵部には、①虚空蔵、②虚空無垢、③虚空慧、④安慧、⑤行慧、⑥清浄慧の六尊が説かれるが、「秘密漫荼羅品」に説かれる三昧耶形は、虚空蔵＝剣・虚空無垢＝輪・虚空慧＝商佉・安慧＝金剛蓮・行慧＝車渠瓶上挿青蓮華・清浄慧＝白蓮であるのに、「密印品」所説の印は、虚空無垢＝刀印・虚空慧＝輪印・安慧＝青蓮華印・行慧＝蓮華印・清浄慧＝商佉印となり、明らかにズレている。いっぽうチベット訳の「密印品」では、虚空無垢の刀印が虚空蔵の印とされているが、虚空慧は輪印となっており、やはり不整合が生じている（表1参照）。

このように『大日経』では、テキスト上の問題が意図的に放置（乱脱《らんだつ》）されており、それが胎蔵曼荼羅の構成を妨げる要因となっているのである。

四　現図曼荼羅の成立

これに対して現図曼荼羅では、従来の胎蔵曼荼羅の問題点に一応の解決が与えられている。以下では、三節で指摘した点が、どのように解決されたかを見ていきたい。

まず『大日経』所説の胎蔵曼荼羅の三重構造、胎蔵図像と胎蔵旧図様の四重構造に対して、現図では第二重の東面だけを釈迦院として二重に残し、他の南西北の三面に東面を加えて第三重のさらに外に配し、外《げ》金剛部院（最外《さいげ》院ともいう）とした。

これによって、護法天の外側に菩薩が描かれるという難点は解消されたが、東面では曼荼羅が四重になるという問題が生じることになった。そこで現図では、第三重の西面にあたる虚空蔵院を大幅に拡張し、そこから蘇悉地《そしつじ》院を独立させることで、上下のアンバランスを解消した。そのため現図曼荼羅は、縦四重・横三重という変則的な構造となった（図1参照）。なお石田の研究により、虚空蔵院と蘇悉地院に増補された尊格のうちの五尊が、『摂無礙経』から取られたことが明らかになっている。

さらに現図では、画面の左右相称を保つため、種々の配慮がなされている。前述のように『大日経』の所説では、第三重北面の地蔵院は六尊、第三重南面の除蓋障院は九尊となり、左右に不均衡が生じていた。

善無畏は、『大日経疏』において、第二院（善無畏系では、『大日経』の第三重は第二院となる）の空白域を補充する方法として、「所有の諸の闕位の処には、皆賢劫の菩薩を置け」と説いている。現図曼荼羅では、地蔵部に除一切《じょいっさい》憂冥《うみょう》、不空見、除蓋障の三尊を補って、地蔵部・除蓋障部ともに九尊としているが、これら三尊は、みな金剛界曼荼羅の賢劫十六尊から採られている（除蓋障のみ図像が一致しない）。この事実は、不空の弟子でありながら、善無畏の弟子玄超から胎蔵法を承けた恵果が、善無畏系の所伝を重視していたことを示している。

これに対して胎蔵旧図様は、画面の対称性を維持するため、同じ金剛界曼荼羅から十六大菩薩や四波羅蜜菩薩を補充している。これは胎蔵旧図様が、金剛界を重視した不空系であることを示唆するものといえる。

いっぽう胎蔵図像で尊数が著しく増加した蓮華部・金剛手の二院は、諸尊を三列七段に配置することで、全体をみごとに整理した。なお、ここで七段としたのは、『大日経』所説の蓮華部が七尊から構成されるので、当初の七尊を最前列に出し、胎蔵図像で付加された尊格を第二列以下に配置したことによる（例外がある）。また主要尊を三列七段（眷属尊を除く）に配置したのは、「具縁品」所説の金剛部の五尊に十六執金剛を加えると、二一尊になることによると思われる。

さらに虚空蔵部に見られた三昧耶形と印の不一致に関しては、現図では『大日経』所説の尊名を変更し、輪をもつ菩薩を共発意転輪《ぐほついてんりん》（後述の転法輪菩薩の異名）、螺貝（商佉）をもつ菩薩を生念処《しょうねんじょ》、蓮上金剛杵をもつ菩薩を金剛針と呼ぶことで、矛盾を解消したと思われる。

このように恵果は、『大日経』所説の胎蔵曼荼羅に見られた上下左右の非対称や矛盾点を改善して、十二大院からなる整然とした現図曼荼羅を作り上げた。それはまた、初期密教から発展してきた三部立ての曼荼羅の最終的な到達点を示すものとなった。

五　残された問題

このように恵果が現図曼荼羅を構成したプロセスは、石田尚豊によって、ほぼ解明されたが、その後の研

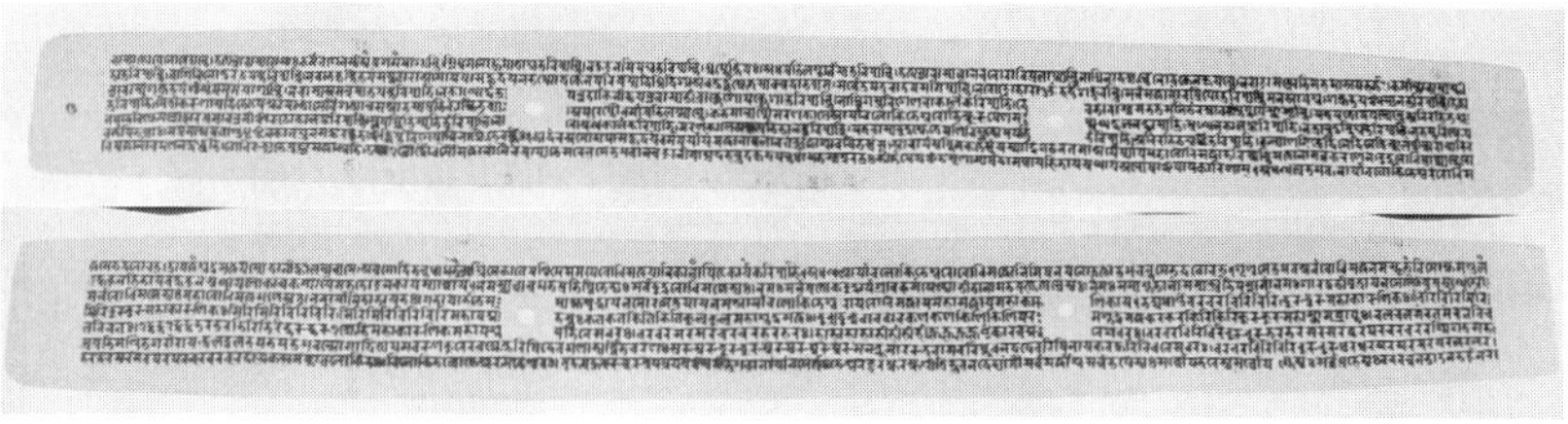

図2 『不空羂索神変真言経』の梵本 写真提供：大正大学綜合仏教研究所

究の進展によって、いくつかの問題が明らかになってきた。

石田が採用した手法は、胎蔵図像・胎蔵旧図様・大悲胎蔵三昧耶曼荼羅・現図曼荼羅の図像を、大正新脩大蔵経所収の経軌と比較し、正しい尊名を確定するとともに、恵果がどのように図像を取捨選択し、現図を構成したかを明らかにするものであった。この際、石田が主として参照したのは、『不空羂索神変真言経』（大正蔵二〇、一〇九二番）と『一字仏頂輪王経』（大正蔵一九、九五一番）であった。これらはいずれも、『大日経』の漢訳に先立って、菩提流志《ぼだいるし》（〜七二七）によって漢訳されていたので、善無畏がこれらを参照したとしても不思議ではない。

このうち『一字仏頂輪王経』は、対応するサンスクリット原典、チベット訳ともに発見されていないが、『不空羂索神変真言経』は、対応するチベット訳だけでなく、チベットからサンスクリット写本も発見された（図2、大正大学綜合仏教研究所、一九九七）。ところがここに、一つの問題が生じることになった。石田が胎蔵図像の典拠として最も頻繁に参照したのは、同経の「広大解脱曼荼羅品」であるが、そこに見られる図像学的記述の大半が、梵蔵両本には見出されないのである。そこで菩提流志は、原始的な『大日経』と胎蔵曼荼羅について何らかの資料を所持しており、それらを参照しつつ、『不空羂索神変真言経』の原本に存在しなかった多数の尊格と、その図像的記述を増補したのではないかと考えられた（頼富、一九九〇、一〇五頁）。

なお密教経典では、他にもサンスクリット原典やチベット訳に見られない図像的記述が、特定の漢訳にのみ存在するケースがある。従来は、これらを写本系統の相違や漢訳者の増補と見るのが一般的であったが、筆者はこれとは異なる背景を想定している。それは梵本に何らかの白描図像が付帯していた可能性である。

かつてのインド大乗仏教と密教の混淆形態が唯一残存するネパールのサンスクリット語密教写本には、図像や印図が付帯するテキストがある。また善無畏は、『大日経疏』で胎蔵曼荼羅の図像を説くに当たっても、「所持の密印は図の如し」「其の形相《ぎょうそう》は皆図に説くが如し」というように、しばしば図像の参照を指示している。

『不空羂索神変真言経』の漢訳のみに見られる図像記述は、禅定印を「右手の背を以て左手の掌を押す」と表現するなど、形態的な記述に終始している。これに対して、同じ初期密教経典に分類される『文殊師利根本儀軌経』のサンスクリット原典には、与願、禅定など、主要な印の先駆的な用例が見られ、すでに六～七世紀のインドでは、主要な印の呼称が定着していたことを示している。したがって菩提流志は、梵本に存在した図像的記述を訳したのではなく、写本に付随していた図像の形状を漢語で記述したと推定されるのである。

後代に成立した文献では、善無畏は当初から、『大日経』を伝えるために唐に渡ったように語られる。しかし善無畏が『大日経』の漢訳に用いた底本は、北インドで六七四年に客死した無行《むぎょう》が蒐集した写本であった。『大日経』の宣布を意図して来朝した人物が、そのテキストを携行していなかったというのは理に合わない。いっぽう菩提流志は長命で、善無畏が長安に到着した開元四（七一六）年には存命であった。善無畏が漢訳に用いた無行蒐集の『大日経』梵本には胎蔵諸尊の図像はなく、善無畏自身も図像を所持していなかったが、菩提流志が所持していた『不空羂索神変真言経』の梵本には、胎蔵曼荼羅から増補された諸尊の図像が付せられていたので、胎蔵図像を編集するときに、主として参照したと考えれば、石田の研究成果とも矛盾しない。

いっぽう胎蔵旧図様は、胎蔵図像と重複する尊格は、そのまま継承することが多いが、若干の尊格では、本来あるべき持物が欠落している。この事実も、胎蔵図像が胎蔵旧図様に先行することを示唆している。いっぽう胎蔵図像にない尊格では、金剛界曼荼羅から借用された図像が、かなりの数認められる。このうち遍知部の四波羅蜜菩薩などは、『摂無礙経』に一致することが明らかになっているが、『摂無礙経』の成立年代を下げると、胎蔵旧図様の年代と齟齬をきたすことになる。

六　『秘蔵記』の成立問題

それではつぎに、両界曼荼羅の解釈に関して、宗門内で並びない権威をもっていた『秘蔵記』の成立問題について考察しよう。

『秘蔵記』の成立については、従来から異なった解釈が行われてきた。まず①不空述・恵果記とするのは、台密の伝統説といわれる。これに対して東密では、②恵果述・空海記が正統説として行われてきた。これに対して『秘蔵記』末の奥書「大唐青龍寺東塔院承襲傳五部金剛界持念沙門文秘奉上。日本傳燈大徳阿闍梨等共為授持。開成四年正月三十日寄上」に基づき、恵果の高弟、義操の弟子で、恵果ゆかりの青龍寺東塔院を継承した③文秘《もんぴ》の撰とする意見もある。いっぽう本末二巻のうち、④本（略本）のみを恵果述・空海記と認め、末を文秘の撰とする説もある。さらに本末二巻ともに中国撰述を否定し、⑤平安中期の日本撰述とする説も現れた。

表2　中台八葉院の九尊の身色

尊名	『秘蔵記』	『諸説不同記』(現図)	白描本高雄曼荼羅	『玄法寺軌』『青龍寺軌』
大日	黄金色	金色、肉色(円覚寺曼荼羅)	黄金色	
宝幢	赤白色	浅黄色	白黄色	◎日暉色
開敷華王	黄金色	金色	黄色	浄金色
阿弥陀	赤金色	浅黄色	白黄色(軌云黄金色)	◎真金色
天鼓雷音	赤金色	金色	黄金色	
普賢	白肉色	肉色	肉色	
文殊	黄色	金色	黄金色	◎鬱金色
観音	白肉色	記述なし	肉色	頗梨色
弥勒	白肉色	記述なし	肉色	黄金色

◎を付した部分で、『秘蔵記』と『玄法寺軌』『青龍寺軌』が合致する

『秘蔵記』について多くの論考を発表している大澤聖寛の最新の研究によれば、同書の成立は九世紀末から一〇世紀前半にまで下がる(大澤、一九九八)。九世紀末から一〇世紀前半といえば、すでに空海の曽孫弟子の世代である。

また『秘蔵記』には、両界曼荼羅の尊名と身色が記載されるが、その一部が空海請来の現図曼荼羅と一致しないという問題がある。これについては、従来指摘されていなかったので、その概要を説明しよう。『秘蔵記』末には、中台八葉の五仏四菩薩の身色が記述されている。いっぽう真寂法親王(八八六〜九二七)の『諸説不同記』には、空海請来の現図(弘仁転写本)、円仁請来の山図(叡山本)、そして或図の三本間の異同が、細大漏らさず記録されている。ところが『秘蔵記』の五仏四菩薩の身色を、『諸説不同記』の現図や白描本高雄曼荼羅の記入身色と比較すると、一部が一致せず、むしろ法全の『玄法寺軌』(大正蔵一八、八五二番)や『青龍寺軌』(大正蔵一八、八五三番)に一致するという結果が得られる(表2参照)。『秘蔵記』の成立が空海の時代に遡るなら、どうして空海存命中に転写された唯一の彩色本である弘仁転写本に一致しないのかを、合理的に説明する必要がある。

この問題については、さらなる検討が必要であるが、かつて大村西崖が『秘蔵記』末の奥書に基づいて主張したように（大村、一九一八、五巻七九五〜七九六頁）、文秘が、開成四（八三九）年に青龍寺に滞在していた入唐八家の一人、円行（八三八〜八三九年在唐）に託したと見るのが妥当ではないかと思われる。

円行は、空海の死（入定）を青龍寺に報じる実恵《じちえ》ら伝灯大法師八名の書状を携えて入唐した。彼は短期留学の請益僧《しょうやく》として、「両部之大法の決疑」を求めていた（山下、一九九六、三七七〜三七八頁）。文秘の奥書は、まさにこのような状況を反映したものと思われる。また日本撰述説の根拠となっている『秘蔵記』の和製漢文調の文体も、文秘の決答を円行が筆記したと考えれば、説明できるのではないだろうか。

このように考えれば、『秘蔵記』所説の五仏四菩薩の身色が、現図より『青龍寺軌』『玄法寺軌』に合致するという事実も、合理的に説明することができる。

七 『摂無礙経』と現図曼荼羅

さらに大澤は、『秘蔵記』と『摂無礙経』が内容的に深く関連していることから、『摂無礙経』についても、成立時期を下げる見解を採っている。

前述のように現図曼荼羅の虚空蔵院・蘇悉地院は、『摂無礙経』から五尊を補充している（図3参照）。石田によって、『摂無礙経』所説の千手観音曼荼羅の中核を構成する九尊のうち、現図の蓮華部院と重複する四尊を除いた五尊が、千手観音とその周囲に配されたことが解明された（石田、一九七五、一一一〜一一四頁）。したがって『摂無礙経』が、現図から図像を採取したとは考えにくい。また胎蔵旧図様の四波羅蜜菩薩も、『摂無礙経』以外には典拠を求めがたい。

空海が請来した九会曼荼羅以外の異本に、胎蔵旧図様と一致する四波羅蜜が存在すれば、それらを参照した可能性が考えられるが、現在知られている金剛界曼荼羅の異本、①最澄請来の青蓮院本、②円仁請来の金剛界八十一尊曼荼羅、③円珍請来の「五部心観」、④真言系の金剛界八十一尊曼荼羅（石山寺版）等は、いずれも胎蔵旧図様や九会曼荼羅とは異なる図像を採用している。

図３　現図曼荼羅の虚空蔵院・蘇悉地院

またその他の経軌で、胎蔵旧図様や九会曼荼羅に一致する四波羅蜜の図像を説くものも、現在のところ発見されていない。つまり『摂無礙経』の成立年代を下げると、胎蔵旧図様や九会曼荼羅の成立年代とも齟齬をきたすことになるのである。

したがって不空の訳経とするには無理があるが、恵果の晩年までに、何らかの形で存在していたと考えざるをえない。しかし空海の『御請来目録』（大正蔵五五、二一六一番）、安然の『八家秘録』（大正蔵五五、二一七六番）ともに記載がないことは不審である。

筆者は、『摂無礙経』のケースでは、恵果の手許には、同経所説の千手観音を本尊とする大規模な曼荼羅が伝存しており、恵果はそれを参照しつつ、現図曼荼羅を構成したと考えたい。なお恵果は、その生涯を通じて国外に出たことがなく、不空から恵果が千手観音曼荼羅を伝領したと仮定すれば、『摂無礙経』が不空に仮託されたことも首肯できる。また不空系の胎蔵旧図様に、同経に一致する四波羅蜜が現れることとも矛盾しない。

そしてこの千手観音曼荼羅に文献的典拠を与えるため、恵果の没後に『摂無礙経』が編集されたと考えれば、この問題を、合理的に解決できるのではないだろうか。

八　三輪身説

空海が晩年に構想した東寺講堂諸尊は、五智如来・五大菩薩・五大明王・梵天・帝釈天・四天王の二一尊からなり、空海請来の「仁王経五方諸尊図」などに基づく一大立体曼荼羅であった（図4参照）。中央の五智如来（自性輪身《じしょうりんじん》）は、柔和な姿で衆生を教化するときは五大菩薩（正法《しょうぼう》輪身）となり、仏教に敵対する悪しき者を調伏《ちょうぶく》する場合は、忿怒の形相著しい五大明王（教令《きょうりょう》輪身）に変身する。東寺講堂諸尊は、このような三輪身説に基づいて構想されたと、高田修、石田尚豊などの美術史家は考えてきた。

ところが宗門系の密教学者の間では、三輪身説が日本撰述の仏典に明確に説かれるのは平安後期以後であり、空海が三輪身説に基づいて東寺講堂諸尊を構想したとするのは無理があるとの説が現れた。そこで下松徹は、先行研究を検討しつつ、「講堂の諸尊に対しての三輪身の配当は造顕当初から行われたわけではなかった」と結論づけた（下松、一九八六）。

従来、三輪身説が中国日本密教起源であることの証左として、教令輪・正法輪のサンスクリット原語が知られていないことが挙げられていた。しかしこれは、『初会金剛頂経』等の主要な密教聖典の原典がほとんど刊行されていなかった頃の話である。

その後、多数の密教聖典や注釈書・儀軌類の校訂テキストが刊行されたことにより、状況は変わってきた。それらによれば、教令輪の原語はājñācakraであったと推定できる。この語は『初会金剛頂経』には出ないが、後期密教の根本聖典『秘密集会タントラ』と、その注釈書類には、複数の出現例がある。これらによると、曼荼羅の図絵や灌頂に先立って、忿怒尊を勧請し、仏菩薩の命令ājñā（＝教令）によって、神聖な道場から魔や障碍神などを退散させる輪が、教令輪と呼ばれることが多い。その形状は、『秘密集会タントラ』「第十八分」によれば、高速で回転する黄色の十輻輪《じっぷくりん》でありそれぞれの輻上には、八方と上下を守護する十大忿怒明王が配される。

いっぽう敦煌出土のチベット語密教文献では、輻上に八大忿怒明王を配した八輻輪が、「御命令の輪」bka'i 'khor lo すなわち教令輪と呼ばれている（田中、二〇〇〇、一五〇〜一六二頁）。

これらの輪は、いずれも高速で回転するチャクラ、すなわち忍者の手裏剣のように投げつけて敵を殺傷する武器をイメージしている。なお敦煌出土の曼荼羅の多くは八輻輪の形状をとるが、それらの多くは仏教のシンボルである法輪ではなく、輻の先端が尖った武器としてのチャクラの形状で描かれている。

これらの事実から、教令輪とは、仏教の敵対者を仏菩薩の命令によって退散させるため、輻上に忿怒尊を配したチャクラ状の曼荼羅を指し、そこに描かれた忿怒尊が教令輪身と呼ばれるようになったと推定できる。

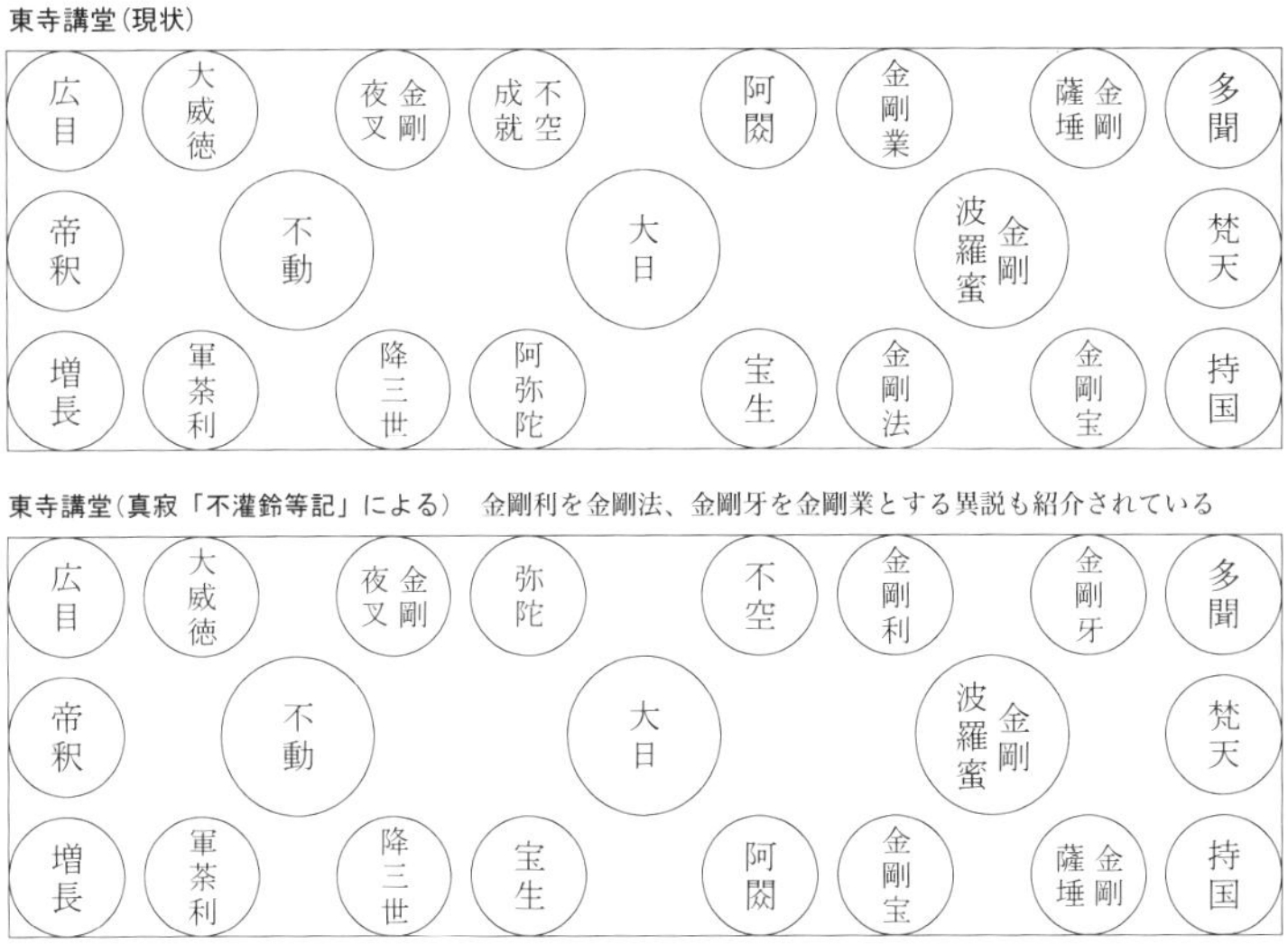

図４　東寺講堂諸尊の配置

いっぽう正法輪は、『摂無礙経』では単に「法輪」と呼ばれることから、その原語はダルマチャクラと考えられる。ここで想起されるのは、前述の教令輪が、忿怒尊を輻上に配した武器のチャクラの形状をとる曼荼羅であったのに対し、日本・チベットには仏教のシンボルである法輪の形状をとる曼荼羅も存在することである。

『理趣経』十八会曼荼羅には、法輪を三昧耶形とする転法輪菩薩を中心に『理趣経』系の八大菩薩を八輻輪に配する入大輪曼荼羅が含まれている。実作例では、主尊に転法輪菩薩の忿怒形である大輪明王を描くが、これは八大菩薩中の転法輪との重複を避けたものと思われる（図5参照）。このように八輻輪に八大菩薩を配した曼荼羅こそ、正法輪の原型であったと考えられる。

つまり武器状の八輻輪に八大明王を配した曼荼羅が教令輪、法輪状の八輻輪に八大菩薩を配した曼荼羅が（正）法輪と考えれば、教令輪・正法輪の原語と、それが何を意味するのかを、明確に理解することができ

図5　大輪明王曼荼羅

るのである。

九　輪と曼荼羅そして東寺講堂諸尊

かつて酒井真典は、『大日経』系の曼荼羅は八葉九尊、『初会金剛頂経』系では主仏を中心とする五尊形式であるのに対し、『理趣経』系では八輻輪が曼荼羅の主軸になることを指摘した（酒井、一九八五）。いっぽう筆者は、『初会金剛頂経』系の五尊形式の曼荼羅は、多くの場合、輪円を井桁で区切ったパターンになることを指摘し、これをサンスクリットの原語 navakoṣṭha を訳して「九格子」と名づけ、前述の八葉蓮華、八輻輪とともに、曼荼羅の三種の主要パターンに数えた（田中、二〇〇七、七～九頁）。

さらに酒井は、『理趣経』『降三世軌』など、中期密教経典所説の曼荼羅の多くが八輻輪の形状をとることを指摘した。なおチベットの現存作例を見る限り、これらの曼荼羅の多くは、実際には八輻輪ではなく、前述の九格子パターンで描かれている。

しかし『初会金剛頂経』の金剛因出生段には、金剛因（＝転法輪）菩薩の三昧耶形である輪と曼荼羅を同一視する思想が、明確に示されている。金剛界曼荼羅自体は八輻輪ではなく九格子パターンであるにもかかわらず、輪と曼荼羅が同一視されたのは、インドでは八輻輪曼荼羅が、広く流布していたからと思われる。酒井が曼荼羅の主要パターンとして輪、とくに八輻輪に注目し、それが『理趣経』起源であることを指摘したのは卓見というべきである。

晩唐期に訳された達磨栖那訳『大妙金剛経』（大正蔵一九、九六五番）には、八大仏頂から八大菩薩を出生し、八大菩薩から八大明王を出生するという記述が見られる。つまり八大菩薩と八大明王には、三輪身説に

図6　仏眼曼荼羅

おける五大菩薩と五大明王と同様の関係が設定できる。

そして『瑜祇《ゆぎ》経』(大正蔵一八、八六七番)所説の仏眼《ぶつげん》曼荼羅では、三重八葉蓮に仏頂転輪王＋七曜・八大菩薩・八大明王を配している。そしてこの曼荼羅では、金剛因と同躰の転法輪菩薩が大輪明王と関係づけられている(図6参照)。なお『大妙金剛経』では、標準型の八大菩薩と八大明王が関連づけられていたが、仏眼曼荼羅では『瑜祇経』の割注に基づいて、『理趣経』系の八大菩薩を配している。これまで筆者には、標準型の八大菩薩が『理趣経』系に替えられた理由が釈然としなかったが、本稿を執筆中に、『理趣経』系の八大菩薩には転法輪菩薩が含まれるので、八大明王中の大輪明王と整合的になることに気づいた。

転法輪菩薩は、ブッダが成道したとき、法輪を献じて説法を勧請した菩薩であるが(谷川、一九九九)、『転法輪菩薩摧魔怨敵法』(大正蔵二〇、一一五〇番)では調伏法の本尊となり、まさにチャクラの二面性を象徴する尊格といえる。そして良賁の『新訳仁王経疏』(大正蔵三三、一七〇九番)では、通常は金剛波羅蜜あるいは般若菩薩とされる五大菩薩（正法輪身）の中尊が、転法輪菩薩とされている。これも従来は、『旧訳仁王経』（大正蔵八、二四五番）所説の五大力菩薩の中尊、金剛吼菩薩が千宝相輪を持つことに影響されたと見られていたが、本章で論じた輪と曼荼羅の同一視、チャクラの二面性とも関係する可能性がある。

なお現図曼荼羅の虚空蔵院に、主尊の向かって左が四尊、右は五尊という、不自然な形で割り込んだ忿怒尊がある。これは図像学的には大輪明王であり、輪を持つ虚空慧が現図で共発意転輪＝転法輪菩薩と呼ばれるようになったため、その忿怒形として加えられたと思われるが、忿怒尊でありながら「曼荼羅菩薩」と呼ばれている。

このような事実は、すべて状況証拠ではあるが、輪と曼荼羅を同一視する思想が、唐代の密教に広く知られていたことを示唆している。したがって教令輪・正法輪の「輪」も、曼荼羅と同義に解すべきであると思われる。

図７　降三世明王　大安国寺址出土
西安碑林博物館　著者撮影

最後に、東寺講堂諸尊のプロトタイプについて紹介したい。空海が留学した長安には、鎮護国家の道場＝大安国寺が存在した。同寺は前述の良賁が『新訳仁王経疏』を著した道場であり、一九五九年には、その遺址から一一躯の白玉の密教像が出土した（図７参照）。会昌《かいしょう》の廃仏で同寺が破却されたとき、地中に埋められたものと推定されている（金、二〇〇三）。これらの中には、宝生如来、不動明王、降三世明王など、東寺講堂諸尊と共通する尊格が少なくない。いっぽう西安東関景龍池発現の聖観音（金剛法）像も、これらと様式的に近いので、おそらく同寺の遺物と思われる。

東寺を金光明四天王教王護国寺と名づけるなど、鎮護国家に並々ならぬ関心を寄せていた空海が、大安国寺に安置された密教仏の存在を知らなかったとは思われない。今後は、東寺講堂諸尊と大安国寺についても、考察の必要があると思われる。

一〇　まとめ

以上、見てきたように、空海が東寺講堂諸尊を構想した時点で、現在行われているような三輪身説は成立していなかった可能性は高い。しかし空海が、五智如来・五大菩薩・五大明王を一具とする立体曼荼羅を構想したという事実は、『金剛頂経』の五元論を発展させ、五智如来・五大菩薩・五大明王を、五部の尊格の異なった顕現と見る思想が、すでに形成されていたことを示している。現在行われていた自性輪身、正法輪身、教令輪身の用語が確定するのは平安後期であるとしても、空海が東寺講堂諸尊を構想するに当たって、その脳裏にあった思想は、今日「三輪身」と呼ばれているものと大差ないと見てよいであろう。

それと同様に、両界曼荼羅に描かれる多数の図像が、『摂無礙経』を典拠としており、他の経軌には見出されないことも事実である。このように、文献よりも図像が先行するという事実を、どのように解釈すべきであろうか？

これは筆者が、インド・チベット密教の研究においても、しばしば遭遇する事実であるが、密教教理上の新解釈は、まず注釈や成就法など人師の著述や、師資相承《ししそうじょう》で伝えられるアームナーヤ（口伝）やウパデーシャ（教誡）の類に現れ、仏説とされる経典やタントラに明確に説かれるようになるまでには、百年ないし二百年のタイムラグが生じる場合が多い。

それと同様に、『摂無礙経』の成立が遅れ、その日本請来が脩然《ちょうねん》まで下がるとしても（向井、一九八二、八〇四頁）、その内容に恵果の時代にまで遡りうる要素があっても不思議ではない。空海が長安に留学していた時期、すでにインドでは『金剛頂経』系の発展形態である後期密教が現れ、その一部は、吐蕃が占領していた敦煌など河西回廊に伝播していたことが確認されている。

『秘蔵記』・『摂無礙経』・三輪身説の成立を論じた研究者の多くは、日本密教の専門家であった。唐の密教は会昌の廃仏を機に衰え、宋時代にはほとんど地を払うに至った。そのため平安後期以後、外界から隔絶された日本密教は独自の発展を遂げることになる。

したがって平安後期以後の日本密教を論じる場合、海外からの影響は、ほとんど無視してよいほどに小さい。ところが平安中期までは、唐と日本の密教交流は濃密であり、不空以後にインド・シルクロード地域から伝播した密教の新思潮も、空海をはじめとする入唐八家によって紹介されてきた。つまり『秘蔵記』・『摂無礙経』・三輪身説の成立を論じる場合も、同時代の唐やインド・シルクロード地域の密教の動向を、視野に入れておかなければならない。日本密教の専門家によって行われてきた従来の研究には、このような視点が軽視されていたように思われてならない。

空海とその思想を、アジアの密教史上に位置づける作業は、まだその緒に就いたばかりといえるのである。

参考文献

石田尚豊、一九七五、『曼荼羅の研究』東京美術
内田啓一、二〇〇六、「和泉市久保惣記念美術館蔵胎蔵旧図様について―西大寺性瑜の事蹟―」『仏教芸術』二八六、五七～七七頁
大澤聖寛、一九九八、「『秘蔵記』の成立年代再考」『印仏研究』四七－二、六二三～六二七頁
大村西崖、一九一八、『密教発達志』仏書刊行会図像部
小野勝年、一九八二、『入唐求法行歴の研究（上）』法藏館
金　申、二〇〇三、「西安安国寺的密教石像考」『敦煌研究』二〇〇三年第四期四
酒井真典、一九八五、「八輻輪曼荼羅」『酒井真典著作集　第三巻』法藏館、二五〇～二七〇頁
下松徹、一九八六、「東寺講堂の諸尊と三輪身説」『密教文化』一五七、五〇～六六頁
大正大学綜合仏教研究所、一九九七、『不空羂索神変真言経梵文写本影印版』
田中公明、二〇〇〇、『敦煌　密教と美術』法藏館
田中公明、二〇〇七、『曼荼羅グラフィクス』山川出版社
谷川泰教、一九九九、「纔発心転法輪菩薩考」『密教文化』二〇二、一～四四頁
浜田隆、一九七〇、『図像』（日本の美術五五）至文堂
向井隆健、一九八二、「不空訳『摂無礙経』をめぐる問題」『印仏研究』三〇－二、二九四～二九七頁
山下克明、一九九六、『平安時代の宗教文化と陰陽道』岩田書院
頼富本宏、一九九〇、『密教仏の研究』法藏館

第2章

金剛界曼荼羅

乾 仁志

一 わが国に伝来した金剛界曼荼羅

両部曼荼羅が伝来するのは平安初期である。これには唐に渡って密教を学び、数々の密教経典や曼荼羅等を持ち帰った入唐八家《にっとうはっけ》の功績が大きい。入唐八家というのは、空海、円行《えんぎょう》、常暁《じょうぎょう》、恵運《えうん》、宗叡《しゅえい》の真言系（東密）五人と、最澄、円仁、円珍の天台系（台密）三人である。では入唐八家によってどのような金剛界曼荼羅が請来《しょうらい》されたのか。各請来録と安然の『八家秘録』等（大正蔵五五巻所収本）によって列挙すると、およそ以下の通りである。

最澄（在唐八〇四～八〇五）
　△三十七尊様一巻
　三十七尊供養具様一巻

空海（在唐八〇四～八〇六）
　◎金剛界九会《くえ》曼荼羅一鋪　七幅（一丈六尺）
　○金剛界八十一尊大曼荼羅一鋪　三幅

（注）東寺本『御請来目録』は「七十三」と訂正する。
白緤金剛界三昧耶《さんまや》曼荼羅尊一百二十尊

常暁（在唐八三八～八三九）
金剛海三十七尊種子《しゅじ》曼荼羅一面

円行（在唐八三八～八三九）
金剛界三摩耶曼荼羅一鋪（録外）

円仁（在唐八三八～八四七）
◎金剛界九界曼荼羅一鋪　五幅苗
○金剛界大曼荼羅一鋪　五幅苗
○金剛界大曼荼羅一鋪　七幅綵色
金剛界三十七尊種子曼荼羅様一張
（注）『在唐送進録』では「一鋪」とする。
○金剛界八十一尊種子曼荼羅様一張
（注）『在唐送進録』では「一鋪」とする。
金剛界曼荼羅位様一帖
○金剛三蔵手絵金剛界大曼荼羅一鋪（録外）

恵運（在唐八四二～八四七）
諸曼荼羅図一茶
（注）異本に「一茶」「一巻」とする。仁和寺本唐本曼
茶羅（金剛界五仏等）を含むか。

円珍（在唐八五三～八五八）
◎金剛界九会曼荼羅楨一鋪　六幅此進奉内裏了
○金剛界八十一尊法曼荼羅壇面一鋪　紙様
（注）『青龍寺目録』には「大毘盧遮那仏八十一尊種子
曼荼羅一張」、『八家秘録』には「金剛界八十一
尊種子曼荼羅様一張」とする。
七十三尊様一張
三十七尊壇様一巻
三十七尊供具様一巻
○金剛界八十一尊壇面一鋪　四副
（注）『入唐求法目録』にのみ見える。なお『智証大師
全集』には「六副」とする。
護摩壇様并三十七尊三昧耶形一巻（録外）
◇哩多僧蘖羅五部心観一巻（録外）
生身会降三世会三昧耶形一巻（録外）

宗叡（在唐八六二～八六五）
○金剛界大曼荼羅苗子一張　天竺和尚所図作者五副
金剛界壇面月輪像等　員具足於長安城慈恩寺、造玄
和尚付属也
降三世会像様一本
（注）大覚寺蔵「金剛界降三世会曼荼羅」が相当する
との指摘もある。
金剛界一会曼荼羅（録外）

まず注目しなければならないのは金剛界九会曼荼羅（◎印）である。わが国で金剛界曼荼羅といえば、通常はこの九会曼荼羅を指すといってもよい。東密では空海が請来し、台密では円仁と円珍が伝えている。ただし円仁のものは「苗」とあり白描本である。九会曼荼羅は東密で重視されたが、台密でも用いられてきた。

次に注目されるのが、請来件数も多い金剛界八十一尊曼荼羅（〇印）である。東密では空海と宗叡が請来している。ただし宗叡のものは白描本である。天台宗では円仁が白描本とともに彩色本を請来し、録外に金剛智の制作になるものを伝えている。また円仁と円珍は「種子曼荼羅」（法曼荼羅）を伝え、円珍は「壇面」も請来している。八十一尊曼荼羅は主に台密で用いられてきた。

これらの他に円珍の録外請来になる「哩多僧蘗羅五部心観」（◇印）があり、さらに最澄請来の「三十七尊様」（△印）も現存遺品との関係で注目されている。そこで、これらの曼荼羅の流伝の歴史を含めて、代表的な遺品に限定して紹介したいと思う。

二　金剛界九会曼荼羅

（1）九会曼荼羅の構成

九会とは九つの曼荼羅を意味する。九つの曼荼羅を縦横三つずつの九つの区画に分けて配分し、これらを一画面上に描いたものが九会曼荼羅である。成身会《じょうじんね》（羯磨会《かつまえ》ともいう）を中心に、その下には三昧耶会があり、以下左下から右回りに微細《みさい》会、供養《くよう》会、四印《しいん》会、一印《いちいん》会、理趣《りしゅ》会、降三世《ごうざんぜ》会（降三世羯磨会ともいう）、降三世三昧耶会の順に九つの曼荼羅が配置されている。これら九会の中で、理趣会のみが理趣経系の曼荼羅であり、残りの八会が『初会《しょえ》金剛頂経』（正式には『真実摂経』という）所説の曼荼羅である。八会のうちでは最初の六会が金剛界品に、後の二会が降三世品に説かれる。

金剛界曼荼羅の基本尊格は、五仏・四波羅蜜・十六大菩薩・内外八供養女・四摂《ししょう》菩薩の三七尊である。成身会は三七尊に四大神・賢劫《げんごう》千仏・外金剛部二十天を加えた一〇六一尊から構成される。三昧耶会・微細会・供養会・降三世三昧耶会は三七尊に賢劫十六尊と二十天を加えた七三尊によって構成され、降三世会のみビーマー（Bhīmā 東南）、シュリー（Śrī 西南）、サラスヴァティー（Sarasvatī 西北）、ドゥルガー（Durgā 東北）の四明妃を加えた七七尊構成になっている。四印会は大日如来・四大薩埵・四波羅蜜（三昧耶形）・内四供養女の一三尊構成である。一印会は大日如来一尊である。理趣会の中尊は金剛薩埵で、四金剛菩薩・四金剛女・内四供養女・四摂菩薩を加えた一七尊からなる。したがって、金剛界曼荼羅には一四六一尊描かれている。なお三昧耶会と降三世三昧耶会には尊形《そんぎょう》ではなく三昧耶形《さんまやぎょう》（諸尊の持物・法具）が描かれる。また降三世会は忿怒形の諸尊から構成されるのが本来であるが、金剛薩埵の位置に降三世明王のみが描かれるにすぎない。

わが国に伝来した九会曼荼羅は、だいたい以上のような構成である。そこで次に主な遺品について紹介したいと思う。

（2）空海正系の曼荼羅

入唐八家の伝えた両部曼荼羅の中でもっとも有名なのが、京都・東寺に伝来する空海正系の曼荼羅である。この系統のものを現図《げんず》曼荼羅と呼んでいる。「現図」というのは、一〇世紀初めに真寂法親王《しんじゃくほっしんのう》が『諸説不同記』の中で東寺の胎蔵曼荼羅に対して用いた用語で、後に金剛界にも適用され、東寺の空海正系の両部曼荼羅を現図と呼ぶようになった。もっとも今日では後述の非正系のものも含めて現図系とする。

空海は入唐した翌年の貞元二一年（八〇五）に青龍寺《しょうりゅうじ》の恵果阿闍梨《けいかあじゃり》より灌頂を受けている。空海請来の曼荼羅は、このときに師の恵果が宮廷画師の李真たち一〇余名に描かせたものである。胎蔵三本と金剛界二本で、この他に阿闍梨付嘱物として胎蔵と金剛界の白緤曼荼羅各一本を空海は授かっている（『御請来目録』）。請来録に「七幅（一丈六尺）」と記された大幅の曼荼羅が、空海正系の根本曼荼羅となった。七幅は絹の反物を縦に七本並べて継いだもので、一丈六尺の大幅であったとの意味である。しかし帰朝後一五年にして傷みがひどくなり、弘仁一二年（八二一）に胎蔵（八幅）と金剛界（九幅）の曼荼羅が新たに造られた（『性霊集』巻七）。空海が東寺を給預されたのは弘仁一四年であるから、高雄山寺で写されたものであろう。

これら空海請来本と第一転写本（弘仁本）は現存しないが、昭和二九年に実施された宝蔵の解体修理の際に、第二転写本（甲本）と第三転写本（永仁本）の残欠本（断片）が発見された。『東宝記』は、甲本は俊証が長者であった建久二年（一一九一）に宅間勝賀が描き、永仁本は憲静（〜一二九五）が大勧進であった永仁年中に寒典主が描いたと記す。

東寺では空海請来本を受け継いで、弘仁本・建久本（甲本）・永仁本と写され、灌頂や御修法《みしほ》に用いられてきた。その最後の写しとなる第四転写本が元禄本である。元禄六年（一六九三）に桂昌院が施主となり、仁和寺の孝源が発願し、久宗園院の宗覚が描いたものである。しかし永仁本の損傷が激しく、胎蔵曼荼羅を『諸説不同記』に拠って制作したこともあり、金剛界もふくめて空海正系とは多くの相違が生じた。たとえば賢劫千仏は過去仏を表す四体の仏形も菩薩形になり、降三世会の四明妃も四大明王に変更された。

なお『東宝記』等では、灌頂院の大曼荼羅は空海の弟子実恵《じちえ》が東寺の長者であった承和三年から一四年（八三六〜八四七）の間に制作されたとして、弘仁本に言及しないことから、東寺における第一転写本を承和本とする意見がある。ただし承和本は高雄曼荼羅に拠ったとの説があり、彩色本ではなかった可能性もある。

空海請来の正系に連なり、歴史的に貴重な曼荼羅が東寺以外にも伝わっている。その代表的なものが京都・神護寺の高雄曼荼羅と高野山金剛峯寺の血曼荼羅である。

高雄曼荼羅は高雄山寺（神願寺）が和気氏から空海に付嘱され神護国祚寺と改称した天長年中（八二四〜八三〇）に淳和天皇の御願のもと灌頂堂に掛けるために描かれたものである。空海請来本や弘仁本に依拠しており、空海正系では現存最古の遺品である。ただし紫綾地に金銀泥で描かれている。

血曼荼羅は久安六年（一一五〇）に再興された金堂の壁に掛けるために制作されたものである。平清盛が胎蔵大日の宝冠を彩るのに自身の頭血を混じて彩色したとの逸話があり（『平家物語』第三）、血曼荼羅の異名をもつ。空海正系では現存最古の彩色本である。高雄曼荼羅の転写本である兼意本を参照した可能性が指摘されている。

また高雄曼荼羅には金銀泥と白描による転写本が存在する。金銀泥の模本には、実恵の承和本の他に、源頼朝夫妻の寄進で宅間勝賀の筆になる転写本、西大寺の叡尊が尭尊《ぎょうそん》に描かせた西大寺本などがかつて存在した。これらは現存しないけれども、近世の江戸期に制作された大幅の曼荼羅が新たに確認されつつある。

しかし、なんといっても、高雄曼荼羅の名を高めたのは白描本の存在であった。祖本となったのは高野山の成蓮房兼意の本である。弘法大師三〇〇年御遠忌の長承三年（一一三四）に模写したもので、常喜院心覚が兼意から授かり護持していた。この兼意本は現存しないが、転写本の長谷寺本と高山寺本が伝わっている。長谷寺本は醍醐寺の勝賢《しょうけん》（一一三八〜一一九六）が高野山で修行していたときに転写したものである。巻子本で胎蔵五巻と金剛界三巻の計八巻からなるが、胎蔵の第二巻と金剛界の下巻（四印会以下の五会分）を欠く。また長谷寺本の系統に属するものに醍醐寺本があり、金剛界の一巻のみ（成身会および微細会の一部）現存する。

一方、高山寺本は兼意本が高山寺に伝来していた鎌倉後期か末期に転写されたものと推定されている。現在は個人蔵である。二帖現存し、ほぼ完本である。版本の御室版（仁和寺本）は、高山寺本をもとに明治二年に志摩の僧、法雲阿闍梨尊峰によって開版されたものである。大正二年に大村西崖によって印行頒布され広く知られた。

最後に版本に触れておきたい。その嚆矢となったのが亀龍院曼荼羅である（次頁の図1参照）。高野山引摂院の常塔が東寺の空海正系の現図曼荼羅を世に弘めるために、清水宜雅に模写させて安永二年（一七七三）に開版した。ただし四分の一（三尺五分）の大きさに縮小したため、一部の描きにくい箇所は省略したという。京都・亀龍院に保存されていた版木は後に焼失した。その他、版本として伝わるのは、天保前後に石山寺の尊賢によって再刻された石山版と、天保五年（一八三四）に新たに刻された豊山版（長谷寺版）、および御室版等である。

（3）空海正系とは別系統の曼荼羅

東寺には空海正系とは系統を異にする曼荼羅も伝わっている。西院曼荼羅とその系統のものである。西院曼荼羅は彩色本では現存最古のものである。平安末期の一時期（治承年中）、宮中真言院の後七日御修法に使用されたことから、伝真言院曼荼羅と呼ばれた。しかし『東宝記』に記す東寺西院のお堂に掛けてあった三副彩色本にあたると考えられることから、最近では西院曼荼羅と呼ばれている。祖本は台密の円珍が大中九年（八五五）に長安龍興寺において宮廷画師の刁慶《ちょうけい》等に描かせ、帰朝後に清和天皇の天覧に供し進上した曼荼羅と推定されている。そのようなことから、西院本は九世紀後半に清和天皇の信任が篤かった宗叡が制作させた可能性が高いといわれる。

図１　亀龍院曼荼羅（1935 年印刷の後藤信教氏複製本による）の金剛界曼荼羅

成身会（中央）、三昧耶会（中央下）、微細会（左下）、供養会（左中）、四印会（左上）、一印会（中央上）、理趣会（右上）、降三世会（右中）、降三世三昧耶会（右下）の九会よりなる

西院本と同じ系統のもので、甲本・永仁本と一緒に発見された残欠本（断片）に乙本がある。『東宝記』に仁和寺の寛恵が宮中での後七日御修法のために施入したとの記載があり、寛恵が東寺の長者であった暦応三年から同五年（一三四〇～一三四二）の間に東寺に施入したものと見なされる。この乙本は宗叡が制作して安置した宮中真言院の大幅の曼荼羅の形式を伝えるもので、宗叡が制作した大幅の曼荼羅と三副の西院本は同じ円珍請来本を祖本としたものと推測されている。さらに西院本の系統をひく彩色の曼荼羅として注目されるものに、天暦五年（九五一）に完成した醍醐寺五重塔の壁画がある。

平安中期以降になると、空海正系や西院本とも異なった曼荼羅の制作も行われた。有名なのが奈良県高市郡子島寺（観覚寺）に伝わる子島曼荼羅である。紺綾地に金銀泥で描かれ、高雄曼荼羅よりもやや小ぶりである。子島の真興《しんごう》が長保年間（九九九～一〇〇四）に一条天皇の病気平癒を祈願した恩賞として下賜されたものと伝わり、飛行曼荼羅の異名をもつ。最近では寛弘元年から四年（一〇〇四～一〇〇七年）にかけての時期に、藤原道長が真興の追善供養のために制作させたものと推定されている。胎蔵曼荼羅に空海正系との違いが目立つが、金剛界でも供養会の持物が相違し、降三世会の賢劫十六尊を省略する。

台密系の曼荼羅については、とくに胎蔵曼荼羅に空海正系と相違する点が指摘されているが、顕著な違いは金剛界曼荼羅に八十一尊曼荼羅を用いた組み合わせが多い点である。四天王寺本（鎌倉期）や園城寺本（南北朝期）等は金剛界に九会曼荼羅を用いている。

別系統の曼荼羅の遺品として最後に町版に言及しておきたい。前に亀龍院曼荼羅を紹介したが、開版者の常塔が正伝現図曼荼羅を開版したのは、坊間（市中）に流布している曼荼羅に誤りが多く、由緒ある正しい曼荼羅を普及させたいとの思いをもったからである。常塔はそのような曼荼羅を町版と呼んでいる。常塔の『正伝現図曼荼羅印行記』（安永二年）によると、町版には次のような変更が加えられている。すなわち、①

宝冠中の五仏を六仏とし、②四波羅蜜を胎蔵四仏にし、③降三世明王を菩薩形にし、④供養会の賢劫十六尊をみな智拳印にし、⑤五色界道を省略する。これらは主に金剛界に関係するが、尊容・持物・印像等に関して、正伝の図と異なるのが両部合わせて二百尊に及ぶという。

町版は江戸時代の中・後期に制作され、縦一メートルを切る小幅の例が多い。このような町版に類するものとして、京都・随心院本、兵庫・周辺寺本、兵庫・常楽寺本の絹本着色が確認されている。金剛峯寺蔵の両界曼荼羅（室町時代、栄賢法橋筆と伝わる）も町版の特徴をいくつか備えているが、それらと比較して一回り大きい。町版の初期に位置するものであろうか。

三　金剛界曼荼羅の異図

（1）金剛界八十一尊曼荼羅

八十一尊曼荼羅は、九会曼荼羅の成身会一会に相当する。成身会は『初会金剛頂経』金剛界品の最初に説かれる金剛界大曼荼羅に当たる。請来録には九会と区別して「金剛界大曼荼羅」と記されているものが、この曼荼羅に相当すると見なされている。構成は金剛界三十七尊に四大神・賢劫十六尊・外金剛部二十天・四大明王の四四尊を加えた八一尊から構成され、さらに賢劫十六尊の間に賢劫千仏が描かれる。成身会と比べて賢劫十六尊と四大明王が多いが、妙法院版のように賢劫千仏を描かないものもある。なお四大明王は根津本・石山寺版等、東北より右回り降三世・大威徳・馬頭・軍荼梨と配置するものが多い。叡山本と妙法院版は不動・降三世・軍荼梨《ぐんだり》・大威徳と配置する。

八十一尊曼荼羅の特色については、根津本によって四点指摘されている。第一に五仏がいずれも宝冠（五仏宝冠）を戴き、七頭の鳥獣に乗御する。すなわち大日は獅子、阿閦《あしゅく》は象、宝生《ほうしょう》は馬、阿弥陀は孔雀、不空成就は金翅《こんじ》鳥《ちょう》をそれぞれ座とする。このうち四仏の鳥獣には翼があり、しかもその翼を左右に広げている。第二に他の四波羅蜜・十六大菩薩・内《ない》四供養・外《げ》四供養も、四仏の方位に応じて、それぞれが一頭の有翼の鳥獣に乗御する。これらの鳥獣も四仏と同様に翼を広げている。第三に賢劫千仏の間に賢劫十六尊を配置する。第四に曼荼羅の第三重の四隅に忿怒形の四大明王を配置する。なお第二点に関しては奈良博本（如法寺旧蔵）や叡山本等のように、四摂も乗御するものがあり、また石山寺版のように内四供養も蓮華座のものがある。

さて八十一尊曼荼羅の伝来であるが、東密では空海が請来している。しかし『御請来目録』の東寺本に「七十三」とある訂正に注意する必要がある。台密の円珍も「七十三尊様一張」を請来しているので七十三尊であった可能性もあるかも知れない。

空海以後の資料では、大和八年（八三四）の海雲記『略叙金剛界大教王經師資相承付法次第記』に金剛界八十一尊の構成に関する記述があるので、義操等の恵果の門下で伝えられていたことは間違いない。入唐八家では、空海の後、円仁・円珍・宗叡が請来している。宗叡請来本には天竺和尚の制作と記す。天竺和尚は不空の後、大興善寺を継承した恵朗（〜七八一頃）の付法であり、不空門下で用いられていた可能性がある。

現在知られている八十一尊曼荼羅は主として台密系である。台密の両部曼荼羅には金剛界に九会を用いたものもあるが、八十一尊曼荼羅との組み合わせが多い。これに対して、叡山本・石山寺版・出光美術館本などが真言宗寺院に伝わるが、叡山本は別にして必ずしも東密系のものと確認されていない。

東密側の伝承では、寛平法皇が仁和寺の南御室に一会の曼荼羅を掛けられていたとの記録があり、また石山寺版（江戸期）の包紙に南御室に懸けられていた両界曼荼羅が空海請来のもので、そのうち金剛界は八十一尊曼荼羅であると記すなど、東密系の八十一尊曼荼羅の存在が推察されるが、詳しくはわかっていない。東密では江戸時代に新安流を興した浄厳が経軌に拠って両部の曼荼羅を制作した。金剛界は八十一尊曼荼羅に準じた一会の曼荼羅であるが、四大明王を除いて七七尊の構成にし、また鳥獣座を用いない。なお東寺講堂の立体曼荼羅については、空海請来の八十一尊曼荼羅と関係する可能性も指摘されている。

金剛界八十一尊曼荼羅で絹本着色のものとしては、根津本（鎌倉期・一三世紀）、奈良博本（鎌倉期・一三世紀）、太山寺本（南北朝期）、奈良博本（室町期・応永四年・如法寺旧蔵）、白毫寺本（南北朝期）、出光美術館本（南北朝期・鎮国寺旧蔵）、寛永寺本（江戸期）、円福院本（江戸期・文政五年）等が知られている。この中、根津本（東京根津美術館蔵）は金剛界のみで伝わる。一三世紀前半に台密小川流祖の忠快が、宇治の経蔵にあった円仁請来本を写したもので、もとは近江湖東の金剛輪寺に伝来していた。なお奈良博本（鎌倉期）は両部の組合わせでの最古級の作例として知られている。

一方、白描本では、江戸時代の版本に妙法院版と石山寺版があり、巻子本形式に叡山本（醍醐寺蔵）が知られている。叡山本は胎蔵の方に永暦（一一六〇）元年と記しており、四大神を欠くものの八十一尊形式のものでは最古級のものである。

（2）『五部心観』と『金剛界曼荼羅諸尊図様』

円珍請来の『五部心観』は具には「哩多僧蘖羅五部心観」という。白描本で巻子本形式である。巻末に善無畏の肖像画とともに梵語で善無畏の所伝なることを記し、奥書に大中九年（八五五）に青龍寺の法全から円珍に付与された旨の記入がある。また円珍請来本には巻末の四種仏身観図中の第二法身観図に円珍による「准釈似欠杵」の裏書きがある。

『五部心観』は内容的には金剛界品の六種曼荼羅（六会）に相当する。九会の成身会から一印会までの諸尊の尊容・真言・標幟（三昧耶形）・手印等が順に描かれている。成身会は三七尊、三昧耶会は三四尊、微細会三三尊、供養会は三三尊である。四印会の円内には三昧耶形を含む九尊が描かれ、一印会は金剛薩埵である。成身会の中、五仏は七頭の鳥獣座に、他は一頭の鳥獣座に乗御する。注釈に『六種曼荼羅略釈』がある。

善無畏はかつて大日経系と見なされてきた。『五部心観』や『六種曼荼羅略釈』はそのような善無畏に対する再評価を促した資料である。円珍ゆかりの園城寺（円満院）には完本と前欠本があり、完本の方が円珍請来本と確認されている。その他、高野山西南院本（前欠）、武藤氏蔵禅覚本（中欠）、園城寺法明院本、東京博物館蔵写本（醍醐寺蔵本の模写）があり、また高野山正智本等が新たに確認されている。

最澄請来の「三十七尊様」を伝えるものに、もと台密系の青蓮院に所蔵されていた『金剛界曼荼羅諸尊図様』がある。現在はメトロポリタン美術館に所蔵されている。白描本で形式は巻子本である。奥書には永保三年（一〇八三）に比叡山の「前唐院御本」をもって写したとあることから、円仁請来の「金剛界曼荼羅位様」にあたるとの意見もある。

『前唐院見在書目録』（嘉保二年）には「金剛界三十七尊形像一巻（苗）」なる本図様に同定されるものがある。しかも前唐院所蔵の中には僅かに最澄請来のものもあったと推測されている。このことから、この形像はむしろ名称からも最澄請来本と考えるのが妥当とされた。内容は成身会に相当する。金剛界三十七尊に無能勝と降三世の二大明王、水輪王と火輪王の二大神、八方天等が描かれている。三十七尊の中、五仏は七頭の鳥獣座に、他は一頭の鳥獣座に乗御する。また阿閦と宝生の鳥獣には翼があるという。本図様は善無畏の弟子義林に密教を学んだ順教から受法した最澄の密教を見直させる資料といえる。

四　金剛界大日如来像と五智如来像のこと

（1）金剛界大日如来像

わが国に伝来した金剛界大日如来像は、一面二臂の菩薩形で、宝冠を戴き、智拳印を結ぶ、というのが基本である（図2参照）。しかし、ややスタイルを異にしたものも見られる。たとえば御室版の供養会では大日は螺髪《らほつ》の仏形《ぶつぎょう》で、しかも上下から両拳を合わせるような仕草をしている。『五部心観』の供養会の大日も仏形で、右手の頭指を屈して大指の中節を押し、他の三指を伸べて胸前に掌を外に向け、左拳は衣角を握り臍下に置く。ただし下段の印図には施無畏印が描かれている。『六種曼荼羅略釈』では、右手の中指を屈して大指の中節を押すと釈す。また西院本の供養会も、偏袒右肩《へんだんうけん》に大衣《だいえ》を纏った仏形という点でこれらと共通しているが、宝冠を戴き瓔珞《ようらく》・腕釧《わんせん》・臂釧《ひせん》を着けて両手で智拳印を結ぶ点が異なっている。宝冠については、御室版では四印会と一印会に化仏が確認できる。ただし一印会では十字形に五体、四印会では左右に二体ずつの四体になっている。東寺甲本や御室版等の現図系だけでなく西院本も同じである。八十一尊曼荼羅の根津本や『金剛界曼荼羅諸尊図様』は十字形に五体が確認できるが、『五部心観』は正面から真横に左右に配置されている。その他、八十一尊曼荼羅や『五部心観』等では七獅子座に坐す点が異なることはすでに指摘した。なお『五部心観』の四印会の中尊は定印を結び、『六種曼荼羅略釈』は阿弥陀如来と解釈する。

ところで、金剛界大日如来の造像例として注目されるものに、東寺講堂の立体曼荼羅の本尊がある。現在の像は一五世紀末に復興されたものである。『東宝記』に記す本来の像は、宝冠の正面に十字形に化仏が配置され、蓮華座の下に八獅子が配されていた。しかも宝冠五仏の中尊は法界定印とある。現在の像は宝冠の胎蔵五仏が正面から左右に配置され獅子座も存在しない。八獅子座は安然の『金剛界大法対受記』等に見え、九世紀後半にまで遡る可能性があるが、宝冠に胎蔵大日を配した両部不二形式の大日像が創設当初に遡るとは思えない。両部曼荼羅では宝冠の化仏は両手を衣で覆っており印相は確認できない。なお本尊の光背には金剛界三十七尊の小像が配されている。このような大日如来像は、かつての高野山大伝法院や菩提心院大日堂の本尊がそうであったといわれ、また天野山金剛寺の金堂や多宝塔の本尊等に見ることができる。栃木の光得寺の大日如来像にも七獅子座（八獅子座か）があり、光背周辺に三十七尊が配されている。

図２　金剛界曼荼羅四印会の大日如来　大正蔵図像部１巻より

金剛界如来については四面大日像にも触れておきたい。『初会金剛頂経』の記述に基づく限り金剛界曼荼羅の本尊は一切方に向くとあり、四面に描くのが本来であったと解釈される。そのためチベットの金剛界曼荼羅では中尊は四面に描かれている。またインド、チベット、インドネシアには四面大日像の遺品が存在する。四面大日のことは『略出経』および『金剛頂経義訣』に説かれ、安然の『金剛界大法對受記』等にも取り上げられている。ところが、四面大日を描いた金剛界曼荼羅そのものは確認できない。

しかし四面大日像はわが国でも制作されてきた。大江匡房の『江都督納言願文集』に小野の曼荼羅寺に多宝塔が造立され、そこに金色の四面大日像が祀られたと伝える。また『覚禅抄』には「高野山龍光院の経蔵に五面二臂の大日これあり」と記す。五面は四面の誤りと考えられ、平安末期に四面大日像が安置されていたと推測される。現存の高野山龍光院の本尊は素木の像で木目がはっきり見え、時代的には室町初期のものと推定されている。また長野県東御市の長命寺大日堂にも南北朝期と推定されている前立て本尊が現存する。この他、神戸市摩耶山天上寺にもかつて四面大日が存在し、近年新たに制作されている。

(2) 五智如来像

金剛界曼荼羅の中心は中尊大日と阿閦等の四方四仏である。これらは如来の五つの根本の知恵を象徴し五智如来と称される。御室版の成身会では四仏は仏形(比丘形)で偏袒右肩に大衣を纏っている。これに対し八十一尊曼荼羅では、四仏も宝冠を戴くところに特色がある。根津本では、阿弥陀は通肩で、他の三仏は偏袒右肩で大衣を纏い、頭部は垂髪で耳環も着けている。石山寺版では他の三仏の右腕に腕釧と臂釧も見え、叡山本では通肩の阿弥陀にも瓔珞があり、他の三仏には臂釧と瓔珞が見える。一方、妙法院版は宝生と不空成就の二仏が仏形で、阿閦と阿弥陀の二仏は菩薩形になっている。菩薩形の二仏には瓔珞・腕釧・臂釧が描かれている。前に取り上げたように、西院本供養会の中尊大日もこれらの四仏と共通する特色をもつ点は興味深い。なお仏形に菩薩の装身具を加えたスタイルは、インドにおける宝冠仏や王冠仏の特色として見出すことができるので、インド起源と考えてよいであろう。しかしこれらの宝冠仏の要素は、曼荼羅においては九会曼荼羅よりも八十一尊曼荼羅の方が新しい展開と考える判断材料になるのであろうか。

さて創設時の東寺講堂の金剛界五仏像はもっとも古い作例になるが、鳥獣座であったことから八十一尊曼荼羅との関係が指摘されている。ただし東寺五仏像の造像当初の姿を伝えるとの指摘のある『仁王経五方諸尊図様』（ボストン美術館蔵）では四仏は現存のものと同じく仏形である。現存最古のものは、恵運によって建立された京都・山科安祥寺の五智如来像（京都国立博物館）で、九世紀中頃から後半にかけての造像と見られている。大日如来は菩薩形で智拳印を結び、四仏はいずれも如来形である。また阿弥陀のみ通肩で、他は偏袒右肩である。印相は弥陀定印を結ぶ阿弥陀を除いて、他の三仏は左手を拳にして臍前に置き、右手はそれぞれ阿閦が触地印、宝生が与願印、不空成就が施無畏印を結んでいる。現在の東寺講堂の四仏はみな偏袒右肩で、弥陀定印の阿弥陀を除いた三仏は左拳で衣角を握っており、安祥寺の四仏とはやや異なる。なお安祥寺の五仏は恵運請来の可能性のある唐本曼荼羅（金剛界五仏）に一致することが確認されている。

一方、新安流の曼荼羅では四仏ともに菩薩形であるが、同じ例は現在の高野山根本大塔に見られ、浄厳ゆかりの釈迦文院の五智如来像も同じである。根本大塔は印相から見て胎蔵五仏であるが、平安後期に流行した両部不二思想の影響で、信仰上は胎蔵大日と金剛界四仏の組み合わせで解釈されている。因みに五智如来像は金剛界五仏が基本であるが、胎蔵五仏も少ないながら見られ、四仏を薬師・宝生・阿弥陀・釈迦とする『金剛峯寺解案』に見られる仁海の解釈に基づいた組み合わせのものも少なからず確認される。

以上、日本伝来の金剛界曼荼羅に関する遺品について述べてきたが、紙数の関係上、一部の代表的な曼荼羅に限定して紹介した。また大日如来像と五智如来像についても主要な作品を紹介するにとどめた。

参考文献

加賀屋誠、一九八一、「子島曼荼羅試論」『京都大学文学部美学美術史研究紀要』九
小久保啓一、一九八六、「東密の八十一尊曼荼羅」『大和文華』七五

紺野敏文、一九七八、「仁和寺本五仏図像と安祥寺五智如来像について」『仏教芸術』一二一
高田修・秋山光和・柳澤孝編、一九六七、『高雄曼荼羅の研究』吉川弘文館
高田　修、一九六九、『佛教美術史論考』中央公論美術出版（所収論文）
田中一松、一九四八、「金剛界八十一尊大曼荼羅の一考察」『國華』六七四（再録『日本絵画史論集　仏画・漢画篇』中央公論美術出版、一九六六年）
松浦正昭、一九八三、「東寺講堂の真言彫像」『仏教芸術』一五〇、毎日新聞社
中村凉應、二〇〇五、「江戸時代の正系現図曼荼羅」『密教学』四一
長谷法寿、二〇〇六、「金剛界八十一尊曼荼羅諸本に於ける各尊像の若干の相違について―五仏を中心に・制作側の観点から」『密教図像』二五
柳澤　孝、一九七七、「東寺の国宝両界曼荼羅」『曼荼羅　教王護国寺蔵伝真言院両界曼荼羅』西武美術館
柳澤　孝、二〇〇六、『柳澤孝仏教絵画史論集』中央公論美術出版（所収論文）
山本　勉、一九九七、『大日如来像』（日本の美術）至文堂
頼富本宏、一九九一、『曼荼羅の鑑賞基礎知識』至文堂
頼富本宏、二〇〇四、「江戸時代制作の両界曼荼羅」『小野塚博士古稀記念論集　空海の思想と文化　上』（同記念論文集刊行会）ノンブル社

第3章

『理趣経』の曼荼羅

川崎一洋

一　空海と理趣経曼荼羅

弘仁九年（八一八）一一月一〇日、弘法大師空海の入唐に際して遣唐大使を務めた藤原葛野麻呂《ふじわらのかどのまろ》が、六四歳で没した。それに接して空海の許へ、形見の品として、葛野麻呂が生前に着用していた紫綾《しりょう》の文服《あやのふく》が届けられた。三〇日を超える漂流の日々をともに経験し、九死に一生を得て唐の地を踏んだ二人は、無二の友情で結ばれていたのであろう。

弘仁一二年（八二一）九月七日、空海はその文服をキャンバスとして、そこに金銀の糸で「大楽不空十七尊《だいらくふくうじゅうしちそん》の曼荼羅」を刺繍し、さらに『般若理趣経《はんにゃりしゅきょう》』一巻を書写して、葛野麻呂のために追善の法要を営んだ。法要の趣旨を述べた「故《もと》の藤中納言《とうちゅうなごん》の為に十七尊の像を造り奉る願文《がんもん》」が、『性霊集《しょうりょうしゅう》』巻第七に収録されている。

空海は願文の中で、その十七尊曼荼羅について以下のように説明している。

「蘇羅多《そらた》の妙相は澹然《だんねん》として色悦《いろよろこ》び、吉利羅《きりら》の尊容は寛爾《かんに》として意《こころ》を示す。慾箭《よくせん》は厭離《おんり》の意を射《い》、悲幢《ひどう》は愛縛《あいばく》の心を吸う。八供《はっく》の侍女は法界に満ちて尽くること無く、四摂《ししょう》の使天は四生《ししょう》に遍じて以て饒益《にょうやく》す」

ここにいう十七尊曼荼羅とは、わが国において『理趣経』の曼荼羅として知られる金剛薩埵《こんごうさった》十七尊曼荼羅のことで、空海は、高弟の一人であった忠延《ちゅうえん》の亡き母の追善のためにも、この曼荼羅を描いたといわれている。

十七尊曼荼羅は、金剛薩埵を中尊として、その四方に欲《よく》・触《そく》・愛《あい》・慢《まん》の四金剛菩薩を描き、周囲に八尊の供養女と、門衛の四摂菩薩《ししょうぼさつ》を配した曼荼羅で、金剛界九会《こんごうかいくえ》曼荼羅の理趣会《りしゅえ》も、この曼荼羅に相当する。引用文にある〈蘇羅多〉は金剛薩埵を、〈吉利羅〉は触金剛菩薩を、〈慾箭〉は欲金剛菩薩を、〈悲幢〉は愛金剛菩薩を指す。

なお〈蘇羅多〉とは、性的な快楽を意味するサンスクリット語の名詞「スラタ（surata）」の漢字音写であり、同じく〈吉利羅〉は、男女の戯れを指す「ケーリキラ（kelikila）」の音写語である。また〈慾箭〉とは、ヒンドゥー神話に愛の神として登場するカーマが手にする矢のことで、この矢で射られた者は、深い恋に落ちてしまうといわれる。そして〈愛縛〉は、恋愛の感情に駆られ、愛欲の虜になってしまった状態をいう。

それでは、仏教にはまるで不釣り合いな、数々の官能的な言葉によって形容される十七尊曼荼羅とは、いかなる曼荼羅なのであろうか。本稿では、空海が制作したとされるこの十七尊曼荼羅を中心に、日本に伝わる『理趣経』の曼荼羅について紹介したい。

二　理趣経曼荼羅を説く文献

一般に『理趣経』といえば、真言宗の常用経典である不空三蔵《ふくうさんぞう》訳の『般若理趣経』を指す。しかし、この『般若理趣経』には、曼荼羅の描き方に関する記述はまったく見られない。理趣経曼荼羅が説かれるのは、『般若理趣経』などの略本の『理趣経』が、本格的な密教経典としてさらなる展開を遂げた『理趣広経《りしゅこうきょう》』においてである。

『理趣広経』は、インドやチベットでは『吉祥最勝本初《きちじょうさいしょうほんじょ》タントラ』と呼ばれ、現存するチベット語訳のテキストでは、前半の「般若分」（『大乗儀軌王《だいじょうぎきおう》』）と、後半の「真言分」（『真言儀軌品《しんごんぎきほん》』）に分かれており、さらに「真言分」は、「大楽金剛秘密儀軌《だいらくこんごうひみつぎき》」、「吉祥最勝本初儀軌」という二種の儀軌から構成されている。宋の時代に法賢《ほうけん》によって漢訳された『最上根本大楽金剛不空三昧大教王経《さいじょうこんぽんだいらくこんごうふくうさんまいだいきょうおうきょう》』は、「般若分」に「吉祥最勝本初儀軌」をつないで一経典とした文献であり、「大楽金剛秘密儀軌」の部分を欠いている。

「般若分」は、『般若理趣経』などの略本と同じ構成をもつが、各段（各章）に一つずつの曼荼羅が説かれている。他方、「真言分」は、大楽思想を説く『理趣経』の最終段から発展した文献で、十七尊曼荼羅を中心に、それを如来部、金剛部、蓮華部、宝部にアレンジした四部の曼荼羅など、複数の曼荼羅が、「大楽金剛秘密儀軌」と「吉祥最勝本初儀軌」に反復的に説かれている（表1）。これら二種の儀軌は、もともと別行していたとされる。

ただし、『理趣広経』における曼荼羅に関する記述は簡略で、実際に曼荼羅を描くには、注釈書を参照する必要がある。チベットでは、『真実摂経《しんじつしょうきょう》』（『初会《しょえ》金剛頂経』）をはじめとする瑜伽部《ゆがぶ》密教のエキスパートとして敬われるインドの成就者アーナンダガルバが著した『理趣広経広釈』に権威が与えられており、チベットにおける理趣経曼荼羅の作例は、ほとんどがアーナンダガルバの流儀に基づいている。

それに対して、中国や日本では、不空三蔵の『般若理趣釈』が参考にされた。空海よりのちに入唐した円《えん》仁《にん》と宗叡《しゅえい》が請来した「十八会《じゅうはって》曼荼羅」は、『般若理趣釈』の記述に基づいて、『理趣経』の各段の曼荼羅を

表1 『理趣広経』所説の曼荼羅と「十八会曼荼羅」の対応関係

	『理趣広経』	「十八会曼荼羅」(『般若理趣釈』)
般若分		序分　大日尊理趣会(説会)
	金剛薩埵曼荼羅	
	毘盧遮那曼荼羅	第二段　大日尊理趣会
	降三世曼荼羅	第三段　降三世理趣会
	観自在曼荼羅	第四段　観自在理趣会
	虚空蔵曼荼羅	第五段　虚空蔵理趣会
	金剛拳曼荼羅	第六段　金剛拳理趣会
	文殊曼荼羅	第七段　文殊師利理趣会
	金剛輪曼荼羅	第八段　金剛輪菩薩理趣会
	虚空庫曼荼羅	第九段　虚空庫菩薩理趣会
	金剛夜叉曼荼羅	第十段　摧一切魔菩薩理趣会
	摂部曼荼羅	第十一段　金剛手菩薩理趣会
	大自在天曼荼羅	第十二段　摩醯首羅天理趣会
	八母天曼荼羅	第十三段　七母女天理趣会
	三兄弟曼荼羅	第十四段　三兄弟天理趣会
	四姉妹曼荼羅	第十五段　四姉妹女天理趣会
真言分・大楽金剛秘密儀軌	金剛薩埵曼荼羅(十七尊)	(初段　金剛薩埵理趣会)
	如来曼荼羅	
	極喜金剛忿怒曼荼羅	
	世自在曼荼羅	
	虚空蔵曼荼羅	
	摂部曼荼羅	
	三兄弟曼荼羅	
	四姉妹曼荼羅	
	阿修羅曼荼羅	
	龍曼荼羅	
	金剛薩埵秘密曼荼羅	
真言分・吉祥最勝本初儀軌	金剛薩埵曼荼羅(十七尊)	初段　金剛薩埵理趣会
	如来曼荼羅	
	火焔金剛曼荼羅	
	世自在曼荼羅	
	虚空蔵曼荼羅	
	三兄弟曼荼羅	
	四姉妹曼荼羅	
	龍曼荼羅	
	魔曼荼羅	
	集会曼荼羅	
	金剛薩埵布絵曼荼羅(五秘密)	第十七段　五秘密会
	三三昧耶布絵曼荼羅	
	火焔金剛布絵曼荼羅	
	世自在布絵曼荼羅	
	虚空蔵布絵曼荼羅	

※第十六段の曼荼羅「五部具会」は『金剛頂タントラ』を典拠とする

一具で描いた作品である。日本においても古来、『般若理趣釈』を根本資料として、理趣経曼荼羅の研究が行われてきた。

『般若理趣釈』は、略本に属する『般若理趣経』に対する注釈書であるが、各段の解説に際して曼荼羅の描き方を述べており、不空三蔵は『理趣広経』の内容を把握していたものと推測される。ただし三蔵は、金剛界曼荼羅の諸尊を導入するなどして、アーナンダガルバとは異なった曼荼羅の図像の解釈を示している。そして、初段の曼荼羅として十七尊曼荼羅を、第十七段の曼荼羅として五秘密《ごひみつ》曼荼羅を説くことも『般若理趣釈』の特徴であり、両曼荼羅はいずれも、『理趣広経』後半の「真言分」を典拠とする。さらに三蔵は、第十六段の曼荼羅として、『理趣広経』以降に成立したとされる『金剛頂タントラ』所説の五部具会《ごぶぐえ》曼荼羅にも言及している。

また、大正新脩大蔵経第二〇巻には、不空三蔵によって訳出された十七尊曼荼羅を単独で説く儀軌が六種収められており、「金剛薩埵儀軌類」と呼ばれている。また、失訳の『金剛頂普賢瑜伽大教王経大楽不空金剛薩埵一切時方成就儀』も同類の儀軌である。なお、⑥『金剛頂瑜伽金剛薩埵五秘密修行念誦儀軌』は、実際には五秘密曼荼羅を主題としているが、空海は、この儀軌を即身成仏の理論の典拠となる文献としてことのほか重視し、『弁顕密二教論《べんけんみつにきょうろん》』や『即身成仏義《そくしんじょうぶつぎ》』などの著作にその文言を引用している。

①『大楽金剛薩埵修行成就儀軌』
②『金剛頂勝初瑜伽経中略出大楽金剛薩埵念誦儀』
③『金剛頂瑜伽他化自在天理趣会普賢修行念誦儀軌』
④『金剛頂勝初瑜伽普賢菩薩念誦法』
⑤『普賢金剛薩埵略瑜伽念誦儀軌』

⑥『金剛頂瑜伽金剛薩埵五秘密修行念誦儀軌』

これらの儀軌のいずれもが、「広経」あるいは「大経」から略出されたものであることを自称しているが、『理趣広経』「真言分」の内容と完全に一致する儀軌はなく、多くが五相成身観《ごそうじょうしんがん》や五仏灌頂《ごぶつかんじょう》を説くなど、むしろ金剛界系の成就法の影響を受けている。インドには、『理趣広経』「真言分」を構成する「大楽金剛秘密儀軌」や「吉祥最勝本初儀軌」以外にも、十七尊曼荼羅を説く儀軌が複数存在し、『真実摂経』とも関連しながら、独自に展開していたものと思われる。

三　十七尊曼荼羅の構成と作例

十七尊曼荼羅の尊格構成には、いくつかのバリエーションがある。以下では、実際の作例を紹介しながら、それらを比較してみよう。

標準となる第一のタイプは、中尊の金剛薩埵の四方に欲・触・愛・慢の四金剛菩薩を配し、内供養《ないくよう》に華《け》・香《こう》・灯《とう》・塗香《ずこう》の四供養女、外供養《げくよう》に嬉《き》・笑《しょう》・歌《か》・舞《ぶ》の四供養女、四門に鉤《こう》・索《さく》・鎖《さ》・鈴《れい》の四摂菩薩を巡らせる構成である（図1）。『理趣広経』「真言分」のほか、金剛薩埵儀軌類の多くがこの配列を説いており、中央チベットのシャル寺南堂やネパール領ムスタンのローマンタン弥勒堂など、チベット文化圏に遺る作例では、この構成が採用されている。

第二のタイプは、空海が請来した金剛界九会曼荼羅の理趣会に見られる構成であり、標準型と比べて、内供養を香・華・灯・塗香、外供養を嬉・鬘《まん》・歌・舞とする（図2）。これら八尊は、金剛界曼荼羅における八供養女に一致し、その影響を受けたものと思われるが、金剛界曼荼羅では、内供養と外供養の位置が逆で

図１　標準タイプの十七尊曼荼羅

図２　理趣会タイプの十七尊曼荼羅

ある。円仁、宗叡が請来した「十八会曼荼羅」に含まれる、「金剛薩埵理趣会」と名付けられた『理趣経』初段の曼荼羅（図３）もこの配列を示しており、唐代の中国では、このタイプが一般的であったと思われる。空海が描いた十七尊曼荼羅も、この型式であったと推測される。

「十八会曼荼羅」は、『理趣経』の各段の曼荼羅に、序分に基づく説会《せつえ》曼荼羅を加えた一八種の曼荼羅を巻子に描いた白描画で、さらにその巻末には、『瑜祇経《ゆぎきょう》』などを典拠とする五大虚空蔵《ごだいこくうぞう》菩

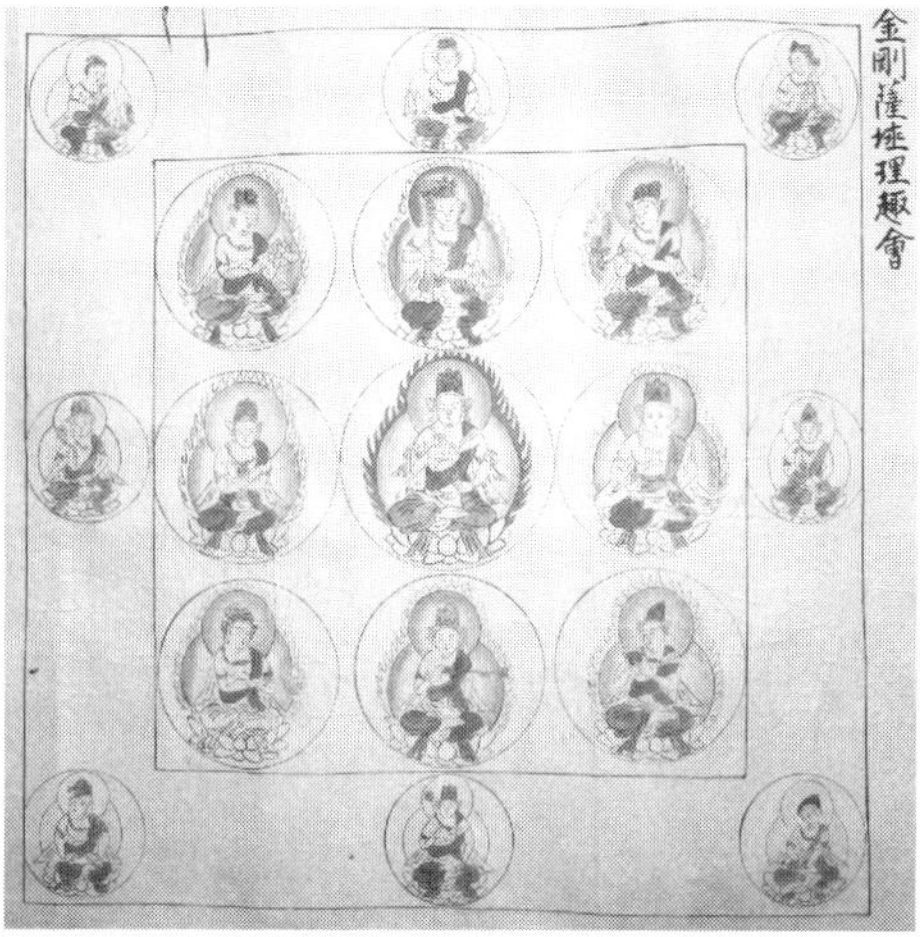

図３「十八会曼荼羅」収載の十七尊曼荼羅
岡山・安住院蔵

薩、仏眼《ぶつげん》曼荼羅、尊勝《そんしょう》曼荼羅、愛染明王《あいぜんみょうおう》の図像が付け加えられている。わが国では、この「十八会曼荼羅」をプロトタイプとして、細部に変更を加えながら、種々の理趣経曼荼羅が描かれてきた。

第三のタイプは、『般若理趣釈』をはじめ、不空三蔵訳の『十七尊《じゅうしちそん》義述《ぎじゅつ》』や、訳者不明の『金剛頂普賢瑜伽大教王経大楽不空金剛薩埵一切時方成就儀』に説かれる構成で、内供養を四金剛菩薩と同じ姿をした欲女・触女・愛女・慢女とし、外供養を華・香・灯・塗香とするところに特徴がある（図4）。この特殊な構成には、『般若理趣釈』などに示される、十七尊曼荼羅の諸尊を『般若理趣経』の十七清浄句《じゅうしちしょうじょうく》に結び付ける思想が反映されている（表2）。なお、十七尊と十七清浄句の対比は、アーナンダガルバの『理趣広経広

図4　『般若理趣釈』タイプの十七尊曼荼羅

表2　十七清浄句と十七尊の対応関係

十七清浄句	『般若理趣釈』		『理趣広経広釈』
①妙適	金剛薩埵	oṃ	金剛薩埵
②欲箭	欲金剛（欲）	ma	金剛意生（欲）
③触	金剛髻離吉羅（触）	hā	金剛頂（触）
④愛縛	愛金剛（愛）	su	金剛念（愛）
⑤一切自在主	金剛傲（慢）	kha	金剛慢（慢）
⑥見	意生金剛（欲女）	va	嬉女（嬉）
⑦適悦	適悦金剛（触女）	jra	笑女（笑）
⑧愛	貪金剛（愛女）	sa	金剛歌女（歌）
⑨慢	金剛慢（慢女）	tva	金剛舞女（舞）
⑩荘厳	春金剛（華）	jaḥ	金剛華女（華）
⑪意滋沢	雲金剛（香）	hūṃ	〔金剛香女（香）〕
⑫光明	秋金剛（灯）	vaṃ	金剛灯女（灯）
⑬身楽	冬金剛（塗香）	hoḥ	金剛慢女（塗香）
⑭色	色金剛（鉤）	su	金剛色（色）
⑮声	声金剛（索）	ra	金剛声（声）
⑯香	香金剛（鎖）	ta	金剛香（香）
⑰味	味金剛（鈴）	stvaṃ	金剛味（味）

※括弧内は尊容の特徴

釈』にも見られるが、不空の説とは少し異なっている。

滋賀の石山寺《いしやまでら》に伝わる「唐本理趣経曼荼羅図」は、十七種の理趣経曼荼羅の尊位を略図で記したメモランダム的な作品であり、宗叡の請来品と考えられている。このセットには、二種の十七尊曼荼羅が含まれており、「五秘密壇」と称される曼荼羅の構成は標準型に等しいが、「金剛薩埵壇」と呼ばれる曼荼羅のそれは、第三のタイプに一致する。

四　十七尊の尊容

次に、ズームアップして、十七尊曼荼羅に含まれる一々の尊格に焦点を合わせて考察してみよう。

(1) 金剛薩埵

中尊の金剛薩埵は、金剛杵《こんごうしょ》を手にして釈尊を護衛した守護神を起源とする金剛手《こんごうしゅ》と、大乗菩薩の理想像として『華厳経《けごんぎょう》』などに説かれる普賢《ふげん》が合糅《ごうじゅう》した尊格で、『理趣経』と関係の深い『真実摂経』では、聖なる真理の世界と俗なる衆生の世界をつなぐ媒介者として、大きな役割を果たす。

十七尊曼荼羅を説く儀軌では、特に「大楽」の語を冠して大楽金剛薩埵と呼ばれ、その真言として「オーム、大楽金剛薩埵よ、ジャッハ、フーム、ヴァム、ホーッホ、汝は妙適《みょうてき》である。(oṃ mahāsukhavajrasattva jaḥ hūṃ vaṃ hoḥ suratas tvam)」が説かれている。〈妙適〉とは、サンスクリット語の「スラタ」の訳語で、性交によるエクスタシーを意味する。〈大楽〉とは、涅槃の境地をその快楽に喩えた言葉であり、『理趣経』では、金剛薩埵は大楽の境地を自身に示して、衆生を涅槃の世界へ誘《いざな》うと考えられた。真言の中にある〈ジャッハ、フーム、ヴァム、ホーッホ〉の四つの種子《しゅじ》は、行者が大楽金剛薩埵を自身へと招き寄せ、引入し、縛り、合一する、四つのプロセスを象徴している。

大楽金剛薩埵は、日本、中国、チベットを問わず、ほとんどの作例で、右手に五鈷《ごこ》金剛杵、左手に金剛鈴《こんごうれい》を持つ姿に表現されている。その身体の色は月のような光輝く白、あるいは水晶のようであると説かれる。

（2）四金剛菩薩

金剛薩埵の大楽の境地を四つに開いたのが四金剛菩薩である。これら五尊はまとめて五秘密尊と呼ばれる。

欲金剛菩薩は、矢を持って、それを射る姿勢を示す。身色《しんじき》は赤。金剛眼箭《げんせん》、意生《いしょう》金剛とも呼ばれ、異性を見て恋に落ちる様子を、矢の飛ぶ速さで表現している。

触金剛菩薩は、両手を胸の前で交叉させて、大きな金剛杵を抱きしめる。身色は白。金剛ケーリキラとも呼ばれ、男女が戯れ、互いに触れ合う過程を象徴する。

愛金剛菩薩は、念《ねん》金剛という別名を有し、摩竭幢《まかつどう》を立てて持つ。身色は青。摩竭幢とは、マカラという伝説上の大魚を載せた旗竿。何でも飲み込んでしまうマカラは、貪愛のシンボルである。

慢金剛菩薩は、金剛拳《けん》を結んだ両手を腰の左右に置き、頭を少し左に傾ける。身色は黄。その姿は、異性を手中に収めた慢心を表現している。

（3）八供養女

標準型の十七尊曼荼羅において、内院の四隅に描かれる金剛華・金剛香・金剛灯・金剛塗香の四供養女は、春《しゅん》・雲《うん》・秋《しゅう》・冬《とう》という四季の名でも呼ばれ、順に供花、香炉、灯明、塗香器を持って中尊を供養する。金剛界曼荼羅において外供養とされる金剛香・金剛華・金剛灯・金剛塗香の四尊に似るが、金剛香と金剛華の順序が逆になる。『理趣広経』には、これら四尊について「頂上で合掌する」と説かれており、チベットの十七尊曼荼羅の作例では、両手を頭の上に持ち上げて合掌し、そこに各自の持物を載せる姿で描かれている。

一方、外院の四隅に描かれる金剛嬉・金剛鬘・金剛歌・金剛舞の四供養女は、金剛界曼荼羅において内供養とされる金剛嬉・金剛鬘・金剛歌・金剛舞に似るが、金剛鬘が金剛笑に替わる。金剛嬉は両手に拳を結んで腰の左右に当てる金剛慢印を結び、金剛笑は歯鬘《しまん》を持ち、金剛歌は竪琴を奏でながら歌い、金剛舞は舞踊の姿勢をとる。

十七尊曼荼羅と金剛界曼荼羅のどちらが先に成立したかについては、学界でも意見が分かれているが、『理趣広経』「真言分」をはじめ十七尊曼荼羅を説く儀軌に、いずれも金剛界曼荼羅を説く『真実摂経』の影響が見られることから、筆者は金剛界曼荼羅が先行すると考えている。

（4）四摂菩薩

曼荼羅の四方に設けられた四つの門に配される金剛鉤・金剛索・金剛鎖・金剛鈴の四尊は、金剛界曼荼羅の四摂菩薩に一致する。四摂菩薩は、門衛であるばかりではなく、衆生を曼荼羅に鉤《かぎ》で招き寄せ、羂索《けんさく》で引き入れ、鎖《くさり》で縛り、鈴を鳴らして本尊に合一させる働きを担っている。大楽金剛薩埵の真言に出たジャッハ、フーム、ヴァム、ホーッホの四つの種子は本来、四摂菩薩の機能を象徴する種子である。

なお、『般若理趣釈』や『十七尊義述』では、四摂菩薩が順に色《しき》・声《しょう》・香《こう》・味《み》の尊名で呼ばれている。これは、十七清浄句との関係にちなむものであり、持物としては、従来どおりの鉤、羂索、鎖、鈴が説かれている。

ただし、チベットに遺る『理趣広経』「般若分」の金剛薩埵曼荼羅の作例では、アーナンダガルバの注釈に従って、順に鏡、琵琶、法螺貝の香器、神饌器《しんせんき》を持つ金剛色・金剛声・金剛香・金剛味の四菩薩が四門に描かれている。この金剛薩埵曼荼羅は、十七尊曼荼羅に八大菩薩や金剛界四仏を加えてでき上がった、より規模の大きな曼荼羅である。

五　五秘密曼荼羅

日本の密教において、十七尊曼荼羅と並んで有名な『理趣経』の曼荼羅が、五秘密曼荼羅である。

この曼荼羅は、金剛薩埵と欲・触・愛・慢の四金剛菩薩を、一つの蓮台の上の一つの円光の中に集めて描く、特殊なものである。四金剛菩薩はすべて女性と化して金剛薩埵の妻妾となり、それらが主尊の金剛薩埵に寄り添う官能的な構図によって表現される。四金剛菩薩たちは金剛薩埵を誘惑の視線で見つめ、触金剛菩薩は、金剛杵の代わりに金剛薩埵の体躯を抱擁する。

五秘密曼荼羅は、『理趣広経』「真言分」の「吉祥最勝本初儀軌」に、パタ（布絵）の曼荼羅として説かれている。パタの曼荼羅とは、灌頂儀礼に際して土壇の上に描かれる一般の曼荼羅とは異なり、画布に描かれて、日々の礼拝や念誦に用いられる曼荼羅である。

不空三蔵は『般若理趣釈』において、この曼荼羅を『理趣経』の第十七段の曼荼羅として採用し、五秘密尊をそれぞれ、第十七段に説かれる「五種秘密成就の句」や「百字《ひゃくじ》の偈《げ》」に対応させている。

なお『般若理趣釈』では、五秘密曼荼羅に対して、「具《つぶさ》には、金泥《きんでい》曼荼羅像の東南隅の如きが是《こ》れなり」という説明が加えられている。ここにいう〈金泥曼荼羅〉とは、金剛智《こんごうち》三蔵が唐の薦福寺《せんぷくじ》において描いたとされる五部具会曼荼羅を指す。五部具会曼荼羅は、チベット語訳のテキストのみが遺る『金剛頂タントラ』に基づく大規模な曼荼羅で、その四隅には、金剛部（東南）、蓮華部（南西）、宝部（西北）、羯磨部《かつまぶ》（北東）の四種の五秘密曼荼羅が描かれる。「醍醐本図像《だいごほんずぞう》」や興然《こうぜん》（一一二一～一二〇三）が編纂した「曼荼羅集」などの図像資料には、「金泥曼荼羅様」と呼ばれる五秘密曼荼羅が含まれているが、慢金剛菩薩が蓮華を持つなど、『金剛頂タントラ』の所説と完全には一致しない。

「十八会曼荼羅」の中の「五秘密会」では、五秘密尊が向かって左から順に慢→触→金剛薩埵→欲→愛の順で並んでおり、一般的な欲→触→金剛薩埵→愛→慢の尊位と異なっている。大阪の金剛寺と京都の醍醐寺に伝えられる彩色作例（**カラー口絵4**）は、尊位、身色、持物などが儀軌に忠実に描かれており、いずれも鎌倉時代の古作で、美術的にも秀逸である。

チベット文化圏では、シャル寺南堂の壁画に作例が遺るが、壁画を監修したプトゥンの指示に従って、四角で四門を有する曼荼羅の外郭部（楼閣）を伴って描かれている。また、大理国《だいりこく》時代に制作された図像集『張勝温画梵像巻《ちょうしょうおんがぼんぞうかん》』には、「五秘密普賢」の名称で五秘密曼荼羅が収載されており、雲南地方にもこの曼荼羅の図像が伝播していたことがわかる。

六　説会曼荼羅と総曼荼羅

「十八会曼荼羅」の冒頭に配される説会曼荼羅も重要で、日本の密教では、理趣経法の本尊として単独で描かれることがある。

説会曼荼羅は、『理趣経』の序分に述べられる、他化自在天《たけじざいてん》の宮殿において大毘盧遮那如来《だいびるしゃなにょらい》が説法する場

図5　説会曼荼羅を基本とした総曼荼羅
京都・醍醐寺蔵／写真提供：便利堂

面を表現した図像で、「能説《のうせつ》の曼荼羅」とも呼ばれ、不空三蔵の『般若理趣釈』を典拠とする。中尊は、定印《じょういん》を結ぶ毘盧遮那如来（大日如来）で、その八方を、聴衆である金剛手、文殊、虚空蔵、纔発心転法輪《ざいほっしんてんぼうりん》、観自在、虚空庫、金剛拳、摧一切《ざいいっさい》魔《ま》の八大菩薩が東から順に右回りで取り囲み、外院には、金剛界曼荼羅の八供養女と四摂菩薩が三《さん》昧耶形《まやぎょう》（シンボル）で描かれる。

なお、京都の醍醐寺には、説会曼荼羅の外院の四門の位置に、トゥリ（trī）、ビヨー（bhyo）、スヴァー（svā）、ハーム（hāṃ）の四つの種子を描き加えた、特異な曼荼羅が伝えられている（図5）。これら四つの種子は、『般若理趣釈』において第十二段から第十五段までに配当される摩醯首羅《まけいしゅら》（外金剛部《げこんごうぶ》）、七母女天《しちもにょてん》、三兄弟《さんけいてい》、四姉妹《ししまい》の各曼荼羅を象徴しており、中心部の八大菩薩と併せて、『理趣経』のオールキャストが出揃ったことになる。よってこの曼荼羅は「総《そう》曼荼羅」と呼ばれ、説会曼荼羅の日本的展開といえる。厳覚《げんかく》（一〇八〇～一一二一）や道宝《どうほう》（一二一四～一二八一）などの学僧も、同様の曼荼羅を伝承している。

一方、『理趣広経広釈』を著したアーナンダガルバは、『理趣広経』「般若分」の第一曼荼羅である金剛薩埵曼荼羅の描き方を解説する際、十七尊曼荼羅に八大菩薩を組み込むことによって説会の場面を初段の曼荼羅に反映させようとしている。この金剛薩埵曼荼羅には、さらに金剛界の四仏や、外金剛部の二十天（五類諸天）に大自在天と他化自在天王を加えた二三尊のヒンドゥー神とその妃たちも加えられており、壮大な観を呈している（図6）。

アーナンダガルバはさらに、「般若分」の第十一段に説かれる普集《ふしゅう》曼荼羅を一種の総曼荼羅と考え、一つの大きな曼荼羅の中に「般若分」のすべての曼荼羅（第二段の毘盧遮那の曼荼羅を除く）を複合させた、摂部《しょうぶ》曼荼羅を説いている（図7）。チベットでは、金剛薩埵曼荼羅と摂部曼荼羅が、『理趣広経』の曼荼羅の代表と考えられており、作例も最も多い。

奇しくも、摂部曼荼羅のように『理趣経』の各段の曼荼羅を一画面にまとめて描く発想は、日本にも存在

図6　『理趣広経』「般若分」の金剛薩埵曼荼羅（上）
図7　『理趣広経』「般若分」の摂部曼荼羅
Lokesh Chandra, M. Tachikawa and S. Watanabe, *A Ngor Maṇḍala Collection*, Mandala Institute, Nagoya & Vajra Publications, Kathmandu, 2006, pp. 29–30 より転載

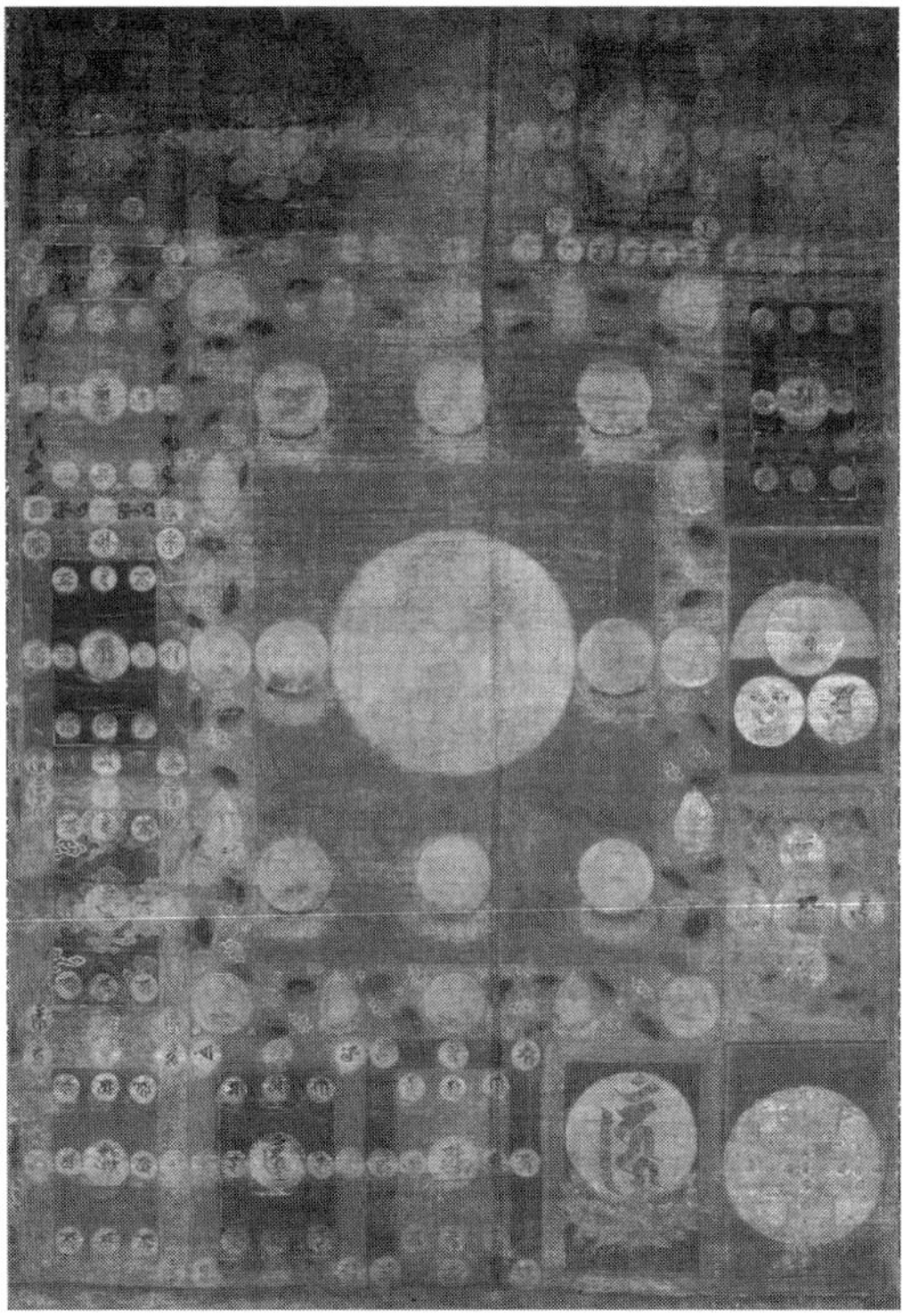

図８　一七種の曼荼羅を複合した総曼荼羅
和歌山・天徳院蔵／写真提供：高野山霊宝館

する。小野僧正として知られる仁《にん》海《がい》（九五一～一〇四六）は、「十八会曼荼羅」に含まれる一八種の曼荼羅を縦六段、横三列の構図で並べて描く、醍醐寺本とは別のタイプの総曼荼羅を提唱している。また、高野山の天徳院《てんとくいん》には、諸尊を梵字で表現した種子曼荼羅ではあるが、中央に十七尊曼荼羅を大きく描き、その周囲に『理趣経』の第二段から第十七段までの一六種の曼荼羅を右回りに巡らせた、独自の総曼荼羅の作例が伝えられている（図8）。

七　愛染明王と愛染曼荼羅

「十八会曼荼羅」の掉尾には、愛染明王一尊が大きく描かれている。わが国では、この明王が『理趣経』が説く煩悩即《ぼんのうそく》菩提《ぼだい》の精神を象徴する尊格であると考えられ、恋愛を成就させるために修される敬愛法《けいあいほう》の本尊として広く信仰を集めてきた。

その姿は、一面六臂。身色は、愛欲の炎に燃える日暉《にっき》のごとき真紅である。忿怒の相で三眼を有する。獅《し》子冠《しかん》を被り、怒髪の中には金剛鉤《こう》をのぞかせる。第一の両手には金剛杵と金剛鈴、第二の両手には弓と矢を携える。第三の右手には蓮華の蕾を持つが、第三の左手の持物は、修法の目的や施主の願意によって変更する習いとなっている。これは、愛染明王の尊容を説く『瑜祇経』に、「彼《か》を持つ」としか記されていないからである。実際の作例では、拳に握るか、日輪を持つことが多い。

図９「十八会曼荼羅」収載の愛染明王　岡山・安住院蔵

「十八会曼荼羅」収載の愛染明王（図９）は、特に「眡愛染《ていあいぜん》」と呼ばれ、頭を少し左に傾けている。真言密教の口伝によれば、愛染明王は、金剛界曼荼羅の東方輪に阿閦《あしゅく》如来の四親近《ししんごん》として描かれる金剛薩埵・金剛王・金剛愛・金剛喜の四菩薩の特徴を一身に具えているといわれる。すなわち、第一の手に持つ金剛杵と金剛鈴は金剛薩埵の持物であり、第二の手に持つ弓と矢は金剛愛菩薩の持物である。また、頭上に載せる金剛鉤は金剛王菩薩の持物である。眡愛染が頭を左に垂れるのは、金剛喜菩薩の特徴を表現したものであろうか。

ちなみに空海は、『理趣経』を解説した『真実経文《しんじつきょうもん》句《く》』の中で、欲・触・愛・慢の四金剛菩薩を「東方の四大菩薩なり」として、金剛薩埵・金剛王・金剛愛・金剛喜の四菩薩と同一視している。確かに、これら両グループの菩薩たちは、いずれも恋愛系の尊格であり、尊容にも共通点が多い。

さて、愛染明王を説く『瑜祇経』は、その正式名称を『金剛《こんごう》峰楼閣《ぶろうかく》一切《いっさい》瑜伽《ゆが》瑜祇経《ゆぎきょう》』といい、空海によって初めて日本に紹介された『金剛頂経』系の経典である。金剛智三蔵の訳とされているが、実際は中国で成立した偽経《ぎきょう》の一種である。そのため、愛染明王の作例はインドやチベットには遺されていない。

ただし、チベット語訳のテキストのみが伝存する『降三世大儀軌王《ごうざんぜだいぎきおう》』という瑜伽部のタントラ聖典には、金剛杵と金剛鈴、弓と矢を持つ四臂の金剛薩埵を中尊とする十七尊曼荼羅の変化型が説かれており、この聖典に出る金剛薩埵の真言「タッキ、フーム、ジャッハ（ṭakki hūṃ jaḥ）」が、『瑜祇経』では愛染明王の心呪とされている。よって、『降三世大儀軌王』所説の四臂金剛薩埵を、愛染明王の前身と考えることもできる。

わが国には、十七尊曼荼羅の中尊のみを愛染明王に置き換えた愛染曼荼羅の図像が伝わっている。その本軌とされる不空三蔵訳『金剛王菩薩秘密念誦儀軌《こんごうおうぼさつひみつねんじゅぎき》』にも、金剛王と呼ばれる四臂の金剛薩埵を中尊とする十七尊曼荼羅の一形態が説かれており、この儀軌は、『降三世大儀軌王』と関連する文献であると思われる。

愛染曼荼羅の代表的な作例には、京都の随心院《ずいしんいん》に伝わる彩色本がある。平安後期から鎌倉初期にかけて制作されたとされる古作で、この作例では、先述の第三のタイプの十七尊の構成が基本となっている。一方、東京の根津美術館所蔵の作例では、第二のタイプの構成が採用されている。

参考文献

川﨑一洋、二〇一〇、「金剛薩埵十七尊曼荼羅の諸相」『平安仏教学会年報』六

川﨑一洋、二〇一一、「五秘密曼荼羅について」『智山学報』六〇

川﨑一洋、二〇一四、「曼荼羅の展開から見た『理趣広経』の成立過程」『密教学研究』四六

田中公明、二〇一〇、『インドにおける曼荼羅の成立と発展』春秋社

栂尾祥雲、一九三〇、『理趣経の研究』高野山大学出版部
八田幸雄、一九八二、『秘密経典 理趣経』平河出版社
福田亮成、一九八七、『理趣経の研究―その成立と展開』国書刊行会
松長有慶、二〇〇六、『理趣経講讃』大法輪閣
頼富本宏、一九九一、『曼荼羅の鑑賞基礎知識』至文堂

【執筆者紹介】

乾《いぬい》　仁志《ひとし》　1952年生まれ。高野山大学大学院博士課程満期退学。
現在、高野山大学教授。

大塚《おおつか》伸夫《のぶお》　1957年生まれ。大正大学大学院博士課程満期退学。
現在、大正大学学長。博士（仏教学）。

奥山《おくやま》直司《なおじ》　1956年生まれ。東北大学大学院博士課程満期退学。
現在、高野山大学教授。高野山大学密教文化研究所所長。

川﨑《かわさき》一洋《かずひろ》　1974年生まれ。高野山大学大学院博士課程修了。
現在、高野山大学非常勤講師。博士（密教学）。

高橋《たかはし》尚夫《ひさお》　1944年生まれ。大正大学大学院博士課程満期退学。
現在、大正大学名誉教授。

田中《たなか》公明《きみあき》　1955年生まれ。東京大学大学院博士課程満期退学。
現在、（公財）中村元東方研究所専任研究員。博士（文学）。

種村《たねむら》隆元《りゅうげん》　1965年生まれ。オックスフォード学大学院博士課程修了。
現在、大正大学准教授。Ph.D.。

野口《のぐち》圭也《けいや》　1954年生まれ。京都大学大学院博士後期課程満期退学。
現在、大正大学教授。大正大学綜合仏教研究所所長。

森《もり》　雅秀《まさひで》　1962年生まれ。ロンドン大学大学院後期博士課程修了。
現在、金沢大学教授。Ph.D.。

山口《やまぐち》史恭《しきょう》　1974年生まれ。大正大学大学院博士課程満期退学。
現在、大正大学非常勤講師。

山口《やまぐち》しのぶ　1961年生まれ。名古屋大学大学院博士課程満期退学。
現在、東洋大学教授。博士（文学）。

空海とインド中期密教

2016年9月28日　第1刷発行

編　　者　高橋尚夫・野口圭也・大塚伸夫
発 行 者　澤畑吉和
発 行 所　株式会社 春秋社
〒101-0021　東京都千代田区外神田2-18-6
電話　03-3255-9611（営業）
　　　03-3255-9614（編集）
振替　00180-6-24861
http://www.shunjusha.co.jp/
装 幀 者　伊藤滋章
印刷・製本　萩原印刷株式会社

© 2016　Printed in Japan
ISBN978-4-393-11340-0　定価はカバー等に表示してあります

高橋尚夫・木村秀明・野口圭也・大塚伸夫 編

初期密教

わが国では「雑密」と呼ばれてきた初期密教を、「主要経典」「陀羅尼・真言」「図像・美術」「修法・信仰」の四つの面から、碩学と新進気鋭の研究者22人が総合的に解説する。　4200円

大塚伸夫

インド初期密教成立過程の研究

密教の成立と発展の過程を梵・蔵・漢の文献を渉猟して徹底的に研究し、「雑密」と呼ばれてきた初期密教の輪郭を鮮明に浮かび上がらせた世界初の画期的かつ総合的な研究書。　22000円

小峰彌彦・勝崎裕彦・渡辺章悟 編

般若経大全

『般若心経』『理趣経』等を含む膨大な般若経典群を、歴史・文献・思想から図像や美術、日本での般若経信仰の実態や儀礼・法会に至るまで、徹底解説した「般若経の百科全書」。　4800円

立川武蔵

マンダラ観想と密教思想

梵蔵文献と現地調査に基づいてマンダラの理論と実際を探究した著者の密教研究の集大成。梵文による金剛界マンダラや法界マンダラなどの解説と五〇〇点を超す貴重な図版を収録。　8000円

田中公明

図説　チベット密教

一九九三年の刊行以来、好評を博してきた『チベット密教』を最新の研究成果を盛り込んで増補改訂。図版類も大幅に増やして、レイアウトを一新し、ビジュアル面の充実をはかる。　3200円

※価格は税別